빠른독해 바른독해

유형
독해

"I find that the harder I work, the more luck I seem to have."

- *Thomas Jefferson* -

나는 더 열심히 노력할수록, 더 많은 행운을 갖게 된다는 것을 깨달았다.

- 토마스 제퍼슨 -

· STRUCTURE & FEATURES ·

① 유형기법

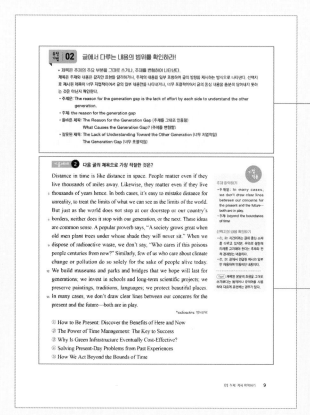

유형기법

총 34개의 유형기법을 통해 각 유형의 해결 전략을 심층적으로 이해하고, 수능독해에 전략적으로 접근할 수 있도록 하였습니다.

기출예제

각 유형기법마다 기출예제를 수록하여 해당 기법을 실전에 적용할 수 있도록 하였고, 기법적용과 **Tips!**를 통해 문제풀이에 도움이 되는 방법을 제시하였습니다.

③ REVIEW TEST

앞서 학습한 독해 지문을 활용하여 수능 어법 문제에 대비할 수 있도록 하였습니다.

② 적용독해

다양한 주제의 엄선된 독해 지문을 통해 앞에서 학습한 유형기법을
다시 한 번 확인하고 적용할 수 있도록 하였습니다.

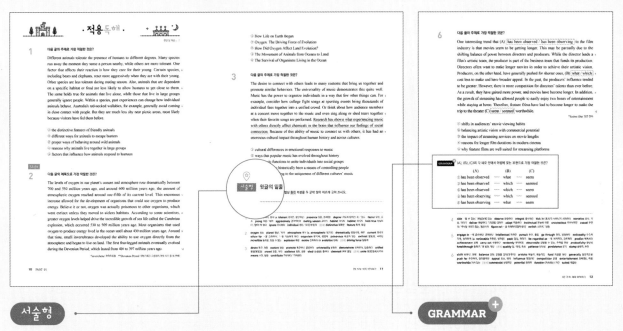

서술형

수능형 문제 이외에 추가로 서술형 문제를 제공하여 지문에 대한 이해도를
높이는 동시에 학교 내신 문제에 대비할 수 있도록 하였습니다.

GRAMMAR⁺

수능형 어법 문제를 추가로 제공하여 지문 내의
핵심 어법 사항을 파악하는 능력을 키울 수
있도록 하였습니다.

④ MINI TEST

최신 수능 경향을 반영한 독해 문제들을 통해
수능 실전에 대비하여 자신감을 키울 수 있도록
하였습니다.

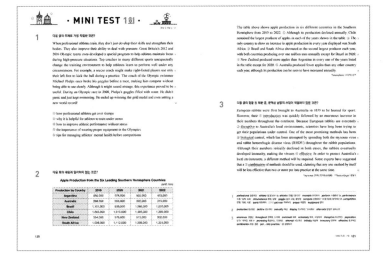

· CONTENTS ·

PART
01

핵심을 파악하라

01 주제·제목 파악하기

주제·제목 파악하기는 글에서 필자가 전달하고자 하는 핵심 내용을 찾는 유형으로, 글에 대한 종합적인 이해 능력을 측정하기 위해 출제된다. 이때, 제목은 보통 주제를 압축하여 표현하거나 비유적인 어구로 나타낸다.

유형기법 01 주제문을 이해하라!

• **주제문의 핵심이 주제이다.**
주제문은 글이 나타내고자 하는 내용을 요약해 놓은 것으로, 대개 주제와 이에 대한 글쓴이의 견해로 이루어져 있다. 또한, 주제문은 단락 내에서 가장 개괄적인 내용으로, 나머지 문장들은 이를 보충 설명하는 세부적인 내용으로 이루어진다. 따라서 주제문을 찾으면 필자가 전달하려는 핵심 내용, 즉 주제를 쉽게 파악할 수 있다.

• **글의 구성 방식에 따른 주제문의 위치를 파악한다.**
1 두괄식: 가장 흔한 경우로, 말하고자 하는 바를 글의 앞부분에서 개괄적으로 제시하고 뒤에서 이에 대한 보충 설명을 한다.
2 중괄식: 글의 앞부분에 주제와 관련된 도입 문장이나 일화 등을 소개한 후, 글의 중반에 주제문을 제시한다.
3 미괄식: 세부 사항들을 먼저 제시한 후, 마지막 한두 문장을 통해 이를 요약 및 정리한다.
4 양괄식: 글의 앞부분에 나온 주제문을 글의 뒷부분에서 다른 형태로 다시 한 번 제시하여 주제를 강조한다.

기출예제 1 다음 글의 주제로 가장 적절한 것은?

A child whose behavior is out of control improves when clear limits on their behavior are set and enforced. However, parents must agree on where a limit will be set and how it will be enforced. The limit and the consequence of breaking the limit must be clearly presented to the child. Enforcement of the limit should be consistent and firm. Too many limits are difficult to learn and may spoil the normal development of autonomy. The limit must be reasonable in terms of the child's age, temperament, and developmental level. To be effective, both parents (and other adults in the home) must enforce limits. Otherwise, children may effectively split the parents and seek to test the limits with the more indulgent parent. In all situations, to be effective, punishment must be brief and linked directly to a behavior.

*indulgent: 멋대로 하게 하는

① ways of giving reward and punishment fairly
② considerations when placing limits on children's behavior
③ increasing necessity of parents' participation in discipline
④ impact of caregivers' personality on children's development
⑤ reasons for encouraging children to do socially right things

글의 구성 방식
주제문이 글의 초반에 제시되는 구조이다.

주제문 속의 주제
• 무엇에 관한 글인가?
 → limits on children's behavior
• 글쓴이의 견해는 어떠한가?
 → Parents must agree on where a limit will be set and how it will be enforced.

글에서 다루는 내용의 범위를 확인하라!

• 제목은 주제의 주요 부분을 그대로 쓰거나, 주제를 변형하여 나타낸다.
제목은 주제와 내용은 같지만 표현을 달리하거나, 주제의 내용을 일부 포함하여 글의 방향을 제시하는 방식으로 나타낸다. 선택지로 제시된 제목이 너무 지엽적이어서 글의 일부 내용만을 나타내거나, 너무 포괄적이어서 글의 중심 내용을 충분히 담아내지 못하는 것은 아닌지 확인한다.

• 주제문: The reason for the generation gap is the lack of effort by each side to understand the other generation.
• 주제: the reason for the generation gap
• 올바른 제목: The Reason for the Generation Gap (주제를 그대로 인용함)
　　　　　　 What Causes the Generation Gap? (주제를 변형함)
• 잘못된 제목: The Lack of Understanding Toward the Other Generation (너무 지엽적임)
　　　　　　 The Generation Gap (너무 포괄적임)

기출예제 ❷ 다음 글의 제목으로 가장 적절한 것은?

Distance in time is like distance in space. People matter even if they live thousands of miles away. Likewise, they matter even if they live thousands of years hence. In both cases, it's easy to mistake distance for unreality, to treat the limits of what we can see as the limits of the world. But just as the world does not stop at our doorstep or our country's borders, neither does it stop with our generation, or the next. These ideas are common sense. A popular proverb says, "A society grows great when old men plant trees under whose shade they will never sit." When we dispose of radioactive waste, we don't say, "Who cares if this poisons people centuries from now?" Similarly, few of us who care about climate change or pollution do so solely for the sake of people alive today. We build museums and parks and bridges that we hope will last for generations; we invest in schools and long-term scientific projects; we preserve paintings, traditions, languages; we protect beautiful places. In many cases, we don't draw clear lines between our concerns for the present and the future—both are in play.

*radioactive: 방사선의

주제 파악하기
• 주제문: In many cases, we don't draw clear lines between our concerns for the present and the future—both are in play.
• 주제: beyond the boundaries of time

선택지의 내용 확인하기
• ①, ④: 시간이라는 글의 중심 소재를 다루고 있지만, 우리의 결정에 미래를 고려해야 한다는 주제와 전혀 관계없는 내용이다.
• ②, ③: 글에서 언급된 예시의 일부만 차용하여 만들어진 내용이다.

(Tips!) 제목은 본문의 표현을 그대로 쓰기보다는 동의어나 유의어를 사용하여 다르게 표현하는 경우가 많다.

① How to Be Present: Discover the Benefits of Here and Now
② The Power of Time Management: The Key to Success
③ Why Is Green Infrastructure Eventually Cost-Effective?
④ Solving Present-Day Problems from Past Experiences
⑤ How We Act Beyond the Bounds of Time

 · 적용독해 ·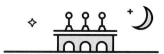

정답 및 해설 p. 2

1

다음 글의 주제로 가장 적절한 것은?

Different animals tolerate the presence of humans to different degrees. Many species run away the moment they sense a person nearby, while others are more tolerant. One factor that affects their reaction is how they care for their young. Certain species, 3 including bears and elephants, react more aggressively when they are with their young. Other species are less tolerant during mating season. Also, animals that are dependent on a specific habitat or food are less likely to allow humans to get close to them. 6 The same holds true for animals that live alone, while those that live in large groups generally ignore people. Within a species, past experiences can change how individual animals behave. Australia's red-necked wallabies, for example, generally avoid coming 9 in close contact with people. But they are much less shy near picnic areas, most likely because visitors have fed them before.

① the distinctive features of friendly animals
② different ways for animals to escape hunters
③ proper ways of behaving around wild animals
④ reasons why animals live together in large groups
⑤ factors that influence how animals respond to humans

↑고난도

2

다음 글의 제목으로 가장 적절한 것은?

The levels of oxygen in our planet's oceans and atmosphere rose dramatically between 700 and 550 million years ago, and around 600 million years ago, the amount of atmospheric oxygen reached around one-fifth of its current level. This enormous 3 increase allowed for the development of organisms that could use oxygen to produce energy. Believe it or not, oxygen was actually poisonous to other organisms, which went extinct unless they moved to airless habitats. According to some scientists, 6 greater oxygen levels helped drive the incredible growth of sea life called the Cambrian explosion, which occurred 530 to 509 million years ago. Most organisms that used oxygen to produce energy lived in the ocean until about 430 million years ago. Around 9 that time, small invertebrates developed the ability to use oxygen directly from the atmosphere and began to live on land. The first four-legged animals eventually evolved during the Devonian Period, which lasted from 416 to 397 million years ago. 12

*invertebrate: 무척추동물 **Devonian Period: 데본기(紀) (고생대의 여섯 시기 중 네 번째)

10   PART 01

① How Life on Earth Began
② Oxygen: The Driving Force of Evolution
③ How Did Oxygen Affect Land Evolution?
④ The Movement of Animals from Oceans to Land
⑤ The Survival of Organisms Living in the Ocean

3 다음 글의 주제로 가장 적절한 것은?

The desire to connect with others leads to many customs that bring us together and promote similar behaviors. The universality of music demonstrates this quite well. Music has the power to organize individuals in a way that few other things can. For example, consider how college fight songs at sporting events bring thousands of individual fans together into a unified crowd. Or think about how audience members at a concert move together to the music and even sing along or shed tears together when their favorite songs are performed. Research has shown what experiencing music with others directly affect chemicals in the brain that influence our feelings of social connection. Because of this ability of music to connect us with others, it has had an enormous cultural impact throughout human history and across cultures.

① cultural differences in emotional responses to music
② ways that popular music has evolved throughout history
③ how music functions to unite individuals into social groups
④ why music has historically been a means of controlling people
⑤ factors contributing to the uniqueness of different cultures' music

서술형 윗글의 밑줄 친 문장에서 어법상 틀린 부분을 두 군데 찾아 바르게 고쳐 쓰시오.

---

1 tolerate 용인하다, 참다 (a. tolerant 관대한, 용인하는) presence 있음, 존재(함) degree (각도의 단위인) 도; *정도 factor 요인, 요소 young 어린; *새끼 aggressively 공격적으로 mating season 교미기 habitat 서식지 hold true 진실이다, (말이) 딱 맞다 ignore 무시하다 individual 개인; *각각[개개]의 [문제] distinctive 독특한 feature 특색, 특징

2 oxygen 산소 planet 행성; *지구 atmosphere 대기 (a. atmospheric 대기의) dramatically 엄청나게, 매우 current 현재의 allow for …을 고려하다; *…을 가능하게 하다 organism 유기체, 생명체 poisonous 독성이 있는 extinct 멸종한, 사라진 incredible 놀라운, 믿을 수 없는 explosion 폭발 evolve 진화하다 (n. evolution 진화) [문제] driving force 원동력

3 desire 욕구, 욕망 custom 관습 promote 촉진하다, 증진하다 universality 보편성 demonstrate 보여주다, 입증하다 unified 통합[통일]된 crowd 군중, 무리 audience 청중, 관중 shed (눈물을) 흘리다 chemical 화학 물질 [문제] unite 통합[결속]시키다 means 수단, 방법 contribute 기부하다; *기여하다

4　다음 글의 주제로 가장 적절한 것은?

Many people suffer from a fear of speaking in front of an audience. However, from our earliest years of childhood, we develop into able storytellers. Just by observing everyday conversations at school or in the workplace, we can see that storytelling is an ₃ integral part of socializing for everyone. We all do it, all the time, to the point that we don't even notice. However, as soon as we realize that we have to tell a story in front of a crowd, our fear of public speaking kicks in. Even if we have an interesting narrative, ₆ many of us have difficulty delivering it with confidence. Adapting to storytelling on a stage is not like learning a new skill. It simply requires the use of our instinctual, unconscious abilities, but in a high-pressure environment instead of a casual one. We ₉ just need to figure out how to make that switch.

① characteristics of human language
② ways to write interesting narratives
③ humans' natural ability to tell stories
④ the importance of learning storytelling in childhood
⑤ why talented storytellers are good at public speaking

5　다음 글의 제목으로 가장 적절한 것은?

Many individuals engaged in creative or intellectual pursuits go through a period during which their performance is noticeably at its peak. For example, Vincent van Gogh produced over a hundred paintings between 1888 and 1889, including *The Starry* ₃ *Night* and *Sunflowers*, which are regarded as two of his finest works. However, a recent study has shown that it is difficult to predict when this period of great achievement, or "hot streak," might occur. The researchers who carried out the study noted that a hot ₆ streak happens randomly within an individual's series of works and is not associated with an observable change in productivity. There is, however, one thing that every hot streak seems to have in common. They always occur after a period during which ₉ improvement was not particularly noticeable. This means that, had the individuals in the study given up on their pursuits too early, their incredible breakthroughs would have never occurred.
₁₂

① The Secret Quality That Famous Artworks Share
② Patience and Persistence: The Secrets to Success
③ The Impact of a Hot Streak on an Artist's Creativity
④ How Great Artists Get Over Their Creative Slumps
⑤ How Successful Individuals Keep Their Hot Streaks Going

6 다음 글의 주제로 가장 적절한 것은?

One interesting trend that (A) has been observed / has been observing in the film industry is that movies seem to be getting longer. This may be partially due to the shifting balance of power between directors and producers. While the director leads a film's artistic team, the producer is part of the business team that funds its production. Directors often want to make longer movies in order to achieve their artistic vision. Producers, on the other hand, have generally pushed for shorter ones, (B) what / which cost less to make and have broader appeal. In the past, the producers' influence tended to be greater. However, there is more competition for directors' talents than ever before. As a result, they have gained more power, and movies have become longer. In addition, the growth of streaming has allowed people to easily enjoy two hours of entertainment while staying at home. Therefore, feature films have had to become longer to make the trip to the theater (C) seem / seemed worthwhile.

*feature film: 장편 영화

① shifts in audiences' movie viewing habits
② balancing artistic vision with commercial potential
③ the impact of streaming services on movie lengths
④ reasons for longer film durations in modern cinema
⑤ why feature films are well suited for streaming platforms

GRAMMAR⁺ (A), (B), (C)의 각 네모 안에서 어법에 맞는 표현으로 가장 적절한 것은?

	(A)		(B)		(C)
①	has been observed	⋯⋯	what	⋯⋯	seem
②	has been observed	⋯⋯	which	⋯⋯	seemed
③	has been observed	⋯⋯	which	⋯⋯	seem
④	has been observing	⋯⋯	which	⋯⋯	seemed
⑤	has been observing	⋯⋯	what	⋯⋯	seem

---

4 able ⋯할 수 있는; *재능[능력] 있는 observe 관찰하다 integral 필수적인 kick in (효과가) 나타나기 시작하다 narrative 묘사, 기술, 이야기 deliver 배달하다; *(의견을) 말하다 adapt 적응하다 instinctual 본능에 따른 unconscious 무의식적인 casual 우연의; *격식을 차리지 않는, 평상시의 figure out ⋯을 이해하다[알아내다] switch 스위치; *전환

5 engage in ⋯에 종사하다, 관여하다 intellectual 지적인 pursuit 추구, 좇음 go through 겪다, 경험하다 noticeably 두드러지게, 현저하게 (a. noticeable 뚜렷한, 현저한) peak 정상, 꼭대기 be regarded as ⋯로 여겨지다, 간주되다 predict 예측하다 achievement 성취 carry out 수행하다 randomly 무작위로 observable 관찰할 수 있는, 주목할 만한 productivity 생산성 breakthrough 돌파구; *큰 발전, 약진 [문제] quality 질; *특징, 특성 patience 인내심 persistence 끈기 slump 슬럼프, 부진

6 shift 바뀌다; 변화 balance 균형; 균형을 잡다[맞추다] artistic 예술의, 예술적인 fund 자금을 대다 generally 일반적으로 push for 추진하다, 밀어붙이다 appeal 호소, 매력 influence 영향(력) competition 경쟁 entertainment 오락(물), 여흥 worthwhile 가치 있는 [문제] commercial 상업적인 potential 잠재력 duration (지속되는) 기간 suited 적합한

O2 요지·주장 파악하기

요지·주장 파악하기는 글에서 필자가 전달하고자 하는 중심 내용이나 주장을 파악하는 능력을 평가하기 위한 유형이다. 따라서, 선택지가 글의 주요 내용을 정확하게 나타내고 있는지 살펴봐야 한다.

유형 기법 03 글의 큰 흐름을 파악하라!

- **이야기의 큰 줄기를 파악한다.**

주제·제목이나 요지·주장 등 글의 대의를 파악해야 하는 유형에서 주제문이 명시적으로 드러나지 않는 글이 제시되기도 하는데, 이러한 경우 지엽적인 사항에 집중하기보다는 큰 흐름을 파악하여 내용을 요약해 본다. 특히 요지·주장을 파악하는 글에서는 도입부에서 그에 반대되는 의견을 언급하기도 하므로, 글의 일부 내용에만 집중하지 않도록 한다.

- **매력적인 오답에 주의한다.**

필자의 요지·주장을 나타내기 위해 비유나 구체적인 예시를 들어 설명하는 경우가 빈번한데, 이 경우 글의 일부만을 다루거나 글에 나타난 표현을 그대로 사용한 선택지에 유의하도록 한다. 또한, 얼핏 보기에 합리적이고 일반적인 내용이 오답 선택지로 자주 출제되므로, 선택지가 글의 중심 내용을 제대로 반영하고 있는지 확인하도록 한다.

기출예제 1 다음 글의 요지로 가장 적절한 것은?

Being able to prioritize your responses allows you to connect more deeply with individual customers, be it a one-off interaction around a
3 particularly delightful or upsetting experience, or the development of a longer-term relationship with a significantly influential individual within your customer base. If you've ever posted a favorable comment—or
6 any comment, for that matter—about a brand, product or service, think about what it would feel like if you were personally acknowledged by the brand manager, for example, as a result. In general, people post because
9 they have something to say—and because they want to be recognized for having said it. In particular, when people post positive comments they are expressions of appreciation for the experience that led to the post. While a
12 compliment to the person standing next to you is typically answered with a response like "Thank You," the sad fact is that most brand compliments go unanswered. These are lost opportunities to understand what drove the
15 compliments and create a solid fan based on them.

*compliment: 칭찬

① 고객과의 관계 증진을 위해 고객의 브랜드 칭찬에 응답하는 것은 중요하다.
② 고객의 피드백을 면밀히 분석함으로써 브랜드의 성공 가능성을 높일 수 있다.
③ 신속한 고객 응대를 통해서 고객의 긍정적인 반응을 이끌어 낼 수 있다.
④ 브랜드 매니저에게는 고객의 부정적인 의견을 수용하는 태도가 요구된다.
⑤ 고객의 의견을 경청하는 것은 브랜드의 새로운 이미지 창출에 도움이 된다.

기법 적용

내용의 큰 줄기 파악
고객의 말에 응답하는 것은 개별 고객과 연관성을 깊게 해준다는 내용으로, 특히 고객의 칭찬에 대해 응답하는 것이 중요함을 역설하고 있다. 글 후반부에서 브랜드에 대한 고객의 칭찬 중 대부분이 무응답 처리되는 것은 확고한 고객층을 확보할 기회를 잃게 한다고 했으므로, 이를 볼 때 고객의 칭찬에 대한 피드백이 중요함을 알 수 있다.

매력적인 오답
모든 선택지가 브랜드에 관한 고객의 의견과 반응을 이용하여 서술되어 있으므로 논지를 명확히 이해하여 정답을 골라내야 한다.

- 연결사의 쓰임에 주의하여 글의 구성 방식을 파악한다.
1 예시를 나타내는 연결사(for example, for instance 등): 주제문 → 예시문
2 내용의 전환을 나타내는 연결사(but, however, yet, still, nevertheless 등): 비유적 사례 / 주제와 반대되는 내용 → 주제문
3 결론이나 요약을 이끌어내는 연결사(thus, therefore, in brief, consequently, as a result, to sum up, in short, in conclusion 등): 사례 나열 / 일화 소개 / 세부 사항 나열 → 주제문

- 주제문에 자주 등장하는 단서들에 주목한다.
주제문은 필자가 전달하고자 하는 핵심 내용을 담고 있으므로, I think, I believe, in my opinion, important, necessary, need, must, should, have to 등과 같이 의견·중요성·필요성·의무 등을 나타내는 어구가 포함된 문장이나 명령문 등이 주제문일 가능성이 높다.

기출예제 2 다음 글에서 필자가 주장하는 바로 가장 적절한 것은?

We all have set patterns in life. We like to label ourselves as this or that and are quite proud of our opinions and beliefs. We all like to read a
3 particular newspaper, watch the same sorts of TV programs or movies, go to the same sort of shops every time, eat the sort of food that suits us, and wear the same type of clothes. And all this is fine. But if we
6 cut ourselves off from all other possibilities, we become boring, rigid, hardened—and thus likely to get knocked about a bit. You have to see life as a series of adventures. Each adventure is a chance to have fun,
9 learn something, explore the world, expand your circle of friends and experience, and broaden your horizons. Shutting down to adventure means exactly that—you are shut down.

글의 구성 방식

주제와 반대되는 내용(우리는 모두 삶에서 정해진 패턴을 가지고 있으며 똑같은 일상에 만족함)을 먼저 제시한 뒤, 글의 중반부에서 내용의 전환을 나타내는 연결사 But으로 시작하는 문장(하지만 다른 모든 가능성을 차단하면 지루하고 완고하며 경직되어 지치게 될 수 있음)을 통해 글의 주제를 제시하고 있다.

주제문의 단서

You have to see life as a series of adventures.와 같이 필자의 의견을 담고 있는 문장에 주목한다.

① 반복되는 경험 속에서 인생의 의미를 발견하라.
② 도전하기 전에 실패의 가능성을 신중하게 생각하라.
③ 정해진 일상에 안주하기보다 삶에서 모험을 시도하라.
④ 타인의 삶의 방식을 수용하고 인정하는 자세를 지녀라.
⑤ 결단을 실천으로 옮기는 삶 속에서 즐거움을 발견하라.

 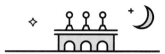
1 다음 글에서 필자가 주장하는 바로 가장 적절한 것은?

It is not unusual for people to do nice things for others. When they do, though, they almost always mention what they have done, hoping to be praised for their kindness. When we talk about the nice things we have done, we feel good about ourselves and believe that we are deserving of recognition. There is nothing wrong with this, but there is something truly special about doing something nice and never mentioning it to anyone. It is the performance of an act of kindness with no expectation of receiving anything in return that makes an act truly selfless. The rewards for such acts are the warm, positive feelings that you get from the act itself. Next time you do something nice for someone else, keep it to yourself and let the joyous feeling you get from helping others be your reward.

① 자신이 베푼 친절한 행위에 대해 말할 필요가 없다.
② 항상 긍정적인 마음을 갖는 것이 친절함의 첫걸음이다.
③ 상대방에게 존중받고 싶다면 먼저 친절을 베풀어야 한다.
④ 보상이나 대가를 바라는 선행은 본질적으로 선하지 않다.
⑤ 자신을 존중해야 타인에게 보답을 바라지 않고 도움을 줄 수 있다.

2 다음 글의 요지로 가장 적절한 것은?

Educating children about not being rude is an important part of their upbringing. But this type of teaching often focuses on influencing the children's behavior rather than changing what is in their hearts. Parents usually teach them about how their bad behavior will affect them. "If you run in the hall," we tell them, "you will hurt yourself." However, this is not the proper way to teach good manners to our children. It doesn't help them understand how others are personally affected by their behavior, so it won't make them become better people. Instead of focusing on what might happen to children if they run in the hall, we should tell them how it makes others feel. This gives them another reason to improve their behavior. Unless we teach children the responsibilities of living in a society, we aren't truly educating them.

① 예의는 어린 시절부터의 습관을 통해 형성된다.
② 아이들에게 예의를 가르칠 때는 적절한 상벌이 필요하다.
③ 부모가 본보기를 보여야 아이들이 예의 바른 행동을 하게 된다.
④ 아이들이 타인을 배려하는 법을 스스로 깨우치게 하는 것이 바람직하다.
⑤ 아이들에게 자신의 행동이 타인에게 어떤 영향을 미치는지 가르치는 것이 좋다.

3 다음 글에서 필자가 주장하는 바로 가장 적절한 것은?

Sport hunting is a recreational activity that involves the killing of animals. It is often a form of tourism, as some people enjoy traveling to other countries in order to hunt the wildlife there. In some situations, environmental groups actually support closely ₃ regulated sport hunting, arguing that it can help protect the balance of a region's biological diversity. Unfortunately, this is seldom effective. Hunters search for the biggest, strongest animals to kill, which weakens the genetic strength of the overall ₆ population. We must leave hunting to natural predators, since they have the opposite effect—by killing weak or sick prey, they actually improve the species' genetic quality. Although we should continue to encourage true wildlife tourism, this does not include ₉ sport hunting. It is simply not an acceptable way of preserving our planet's wildlife.

① 스포츠 사냥을 지지하는 동물 보호 단체에 제재를 가해야 한다.
② 생물학적 다양성의 균형을 위해 일부 포식 동물을 포획해야 한다.
③ 야생 동물 관광을 허용하더라도 스포츠 사냥은 전면 금지해야 한다.
④ 스포츠 사냥은 그것이 법적으로 허용된 국가 내에서만 이루어져야 한다.
⑤ 약한 동물 종을 보호하기 위해 스포츠 사냥을 제한적으로 허용해야 한다.

서술형 윗글의 네모 안의 this 가 가리키는 것을 찾아 우리말로 쓰시오.

_____

---

1 unusual 흔하지 않은 mention 언급하다 praise 칭찬하다 deserve …을 받을[누릴] 자격이 있다 performance 실행, 수행 expectation 기대 in return 답례로, 대신으로 selfless 사심 없는, 이타적인 reward 보상

2 educate 교육하다, 가르치다 upbringing 양육, 훈육, (가정) 교육 proper 적절한 manner (*pl.*) 예의 responsibility 책임

3 recreational 휴양[오락]의 tourism 관광업; *관광 여행 wildlife 야생 동물 regulated 통제된, 규제된 argue 언쟁하다; *주장하다 region 지방, 지역 biological 생물학의 diversity 다양성 seldom 좀처럼[거의] … 않는 genetic 유전(학)의 overall 전반적인, 전체의 population 인구; *개체군 predator 포식자, 포식 동물 prey 먹이[사냥감] acceptable 용인되는[받아들여지는] preserve 지키다, 보호하다

02 요지·주장 파악하기 **17**

4 다음 글의 요지로 가장 적절한 것은?

Although many people believe otherwise, most developing countries performed better before free-market policies were introduced. Previously, development efforts were led by the government. This sometimes ended in failure, but overall growth was faster in those days. Despite this, developed countries continue to urge developing countries to adopt free-market policies. Another incorrect belief is that the developed countries became rich because of these free-market policies. In fact, almost every rich country in the modern world obtained its wealth by protecting its industries from foreign competition and providing these industries with financial aid. These are the exact policies that developing countries are now being advised to avoid. Meanwhile, the policies they are being encouraged to pursue are unlikely to make them wealthy.

① 정부 주도하의 경제 정책은 개발 도상국에 악영향을 미친다.
② 선진국의 보호주의 정책이 세계 경제의 불균형을 가져왔다.
③ 자유 시장 정책은 개발 도상국을 부유하게 만들어주지 않을 것이다.
④ 개발 도상국은 선진국의 경제 개발 모델을 그대로 수용해서는 안 된다.
⑤ 자유 시장 경제 체제에서 가장 중요한 것은 국가의 개입을 최소화하는 것이다.

↑고난도

5 다음 글의 요지로 가장 적절한 것은?

Most of what happens in the modern world is beyond our control, and this can make life stressful and overwhelming. Interestingly, the key to being happy today might be found in a philosophy dating back to the ancient Greco-Roman world, known as Stoicism. One of its foundations is a distinction between things that are within our power to control, like our own thoughts and actions, and things that are not. By focusing on the former, we can develop a stronger sense of autonomy, and we can also deal with adversity better because we don't spend time and energy thinking about what we could do if our abilities or the circumstances were different. Instead, we simply ask ourselves what we can do to improve the situation and take action. Stoicism teaches that peace and happiness should not depend on factors we are powerless to change but on what we determine ourselves.

*autonomy: 자율성

① 현대 사회에서도 고대 철학이 주는 지혜는 여전히 유효하다.
② 자신이 통제할 수 있는 것에만 생각과 노력을 집중해야 한다.
③ 통제 불가한 외적 요인이 개인의 사고와 행동에 미치는 영향이 크다.
④ 역경을 극복하기 위해서는 생각하기보다는 직접 행동하는 것이 중요하다.
⑤ 삶의 목적과 의미를 찾는 사고와 행동이 자기 주도적인 삶을 가능하게 한다.

6 다음 글의 요지로 가장 적절한 것은?

Researchers have suggested that the average person has between 12,000 and 60,000 thoughts each day, with 80% of those being negative and 95% being repeated. If your mind keeps ⓐ <u>returning</u> to the same negative thoughts, this can produce a great deal ₃ of stress. For example, you might think, "I am upset at myself because I should have studied harder for my math test." Thinking this every day after the test will not change ⓑ <u>what</u> happened in the past. However, you can recognize that reliving this feeling ₆ repeatedly is unhealthy and unhelpful and ⓒ <u>chooses</u> to accept what happened. This doesn't mean you ⓓ <u>shouldn't have studied</u> harder for your math test. It means that you are making a choice about which thoughts are important enough for you to pay attention ₉ to. By ignoring negative thoughts that ⓔ <u>keep</u> coming back to your mind, you can live more peacefully in the present moment. This will help you to think more clearly and make better decisions in the future.   ₁₂

① 부정적인 생각을 떨쳐내는 것은 우리의 마음먹기에 달렸다.
② 인간의 생각은 긍정적인 것보다 부정적인 것이 압도적이다.
③ 부정적이고 반복적인 사고는 과거의 경험에 의해서 일어난다.
④ 과거의 일에 집착하는 것은 인격적 성장에 도움이 되지 않는다.
⑤ 평화로운 마음의 상태에서 현명하고 상식에 맞는 사고를 하게 된다.

GRAMMAR⁺ 윗글의 밑줄 친 ⓐ~ⓔ 중, 어법상 <u>틀린</u> 것은?

---

4 **otherwise** (만약) 그렇지 않으면; *(…와는) 다르게, 달리 **policy** 정책 **introduce** 소개하다; *도입하다 **previously** 이전에 **urge** 몰아대다; *강력히 권고[촉구]하다 **adopt** 입양하다; *채택하다 **obtain** 얻다 **financial** 금융[재정]의 **aid** 원조, 지원 **pursue** 추구하다, 밀고 나가다[해 나가다]

5 **overwhelming** 압도적인; *버거운 **philosophy** 철학 **ancient** 고대의 **foundation** 기반, 기초 **distinction** 구별, 구분 **former** 먼저의, 전자인 **deal with** …을 다루다 **adversity** 역경, 고난 **circumstance** 상황, 환경 **depend on** …에 달려있다 **powerless** 힘이 없는, 무능한 **determine** 결정하다

6 **suggest** 시사하다 **average** 평균의; *보통의 **a great deal of** 많은, 상당한 **upset** 화난, 기분 나쁜 **relive** 다시 체험하다, 상기하다 **ignore** 무시하다 **peacefully** 평화적으로

03 목적 파악하기

목적 파악하기는 주어진 글을 통해 필자가 전달하고자 하는 의도나 목적을 파악하는 유형이다. 실생활에서 흔히 접할 수 있는 이메일, 편지, 광고문, 안내문, 항의문 등과 같이 특정한 형식을 지닌 실용문이 주로 출제된다.

유형기법 05 글을 끝까지 주의해서 읽어라!

- **글쓴이와 독자의 관계를 파악한다.**
글의 내용을 통해 필자가 누구이고 어떤 대상에게 쓴 글인지를 파악하면 글의 의도를 파악하기가 훨씬 수월하다. 예를 들어, purchase, clothes, wrong size, refund, exchange 등의 표현이 사용되었다면 구매자가 판매자에게 물품 교환이나 환불을 요청하기 위해 쓴 글이라는 것을 추측할 수 있다.

- **글의 흐름 전환에 주의한다.**
글의 앞부분에 언급된 의례적인 표현들만 보고 성급히 글의 목적을 판단하지 않도록 한다. 궁극적으로는 거절이나 항의, 불만의 의사를 표현하는 글에서도 thank you나 I appreciate과 같은 표현이 나올 수 있기 때문에, however, but, nevertheless 등의 연결사로 흐름이 전환되는 부분에 주목한다.

기출예제 1 다음 글의 목적으로 가장 적절한 것은?

Dear Coach Johnson,

My name is Christina Markle, and I'm Bradley Markle's mother. Bradley
and I were thrilled to learn that you're holding your Gymnastics Summer Camp again this year. So I didn't hesitate to sign up and pay the non-refundable deposit for the second week program, which is from July 13 to 17. But today I remembered that our family is going to get back from a trip on July 13, and I'm afraid Bradley won't be able to make it on the very first day of the program. Rather than make him skip the day, I'd like to check to see if he could switch to the third week program. Please let us know if that's possible. Thank you.

Sincerely,
Christina Markle

① 캠프 참가를 위해 여행 일정을 조정하려고
② 캠프 참가 시기를 변경할 수 있는지 문의하려고
③ 캠프 등록 시 지불한 예치금 환불을 요구하려고
④ 캠프 일정이 분명하지 않은 것에 대해 항의하려고
⑤ 예약한 캠프 프로그램의 변경된 내용을 확인하려고

기법적용

글쓴이와 독자의 관계
Dear Coach Johnson / I'm Bradley Markle's mother / you're holding your Gymnastics Summer Camp again this year
→ 학부모가 캠프 개최자에게 보낸 글

글의 흐름 전환
하계 체조 캠프에 등록하였음
→ 흐름을 전환하는 연결사(But)
→ 가족 여행으로 인해 해당 프로그램의 첫날에 참석이 어려워, 다른 일정의 프로그램으로 변경할 수 있는지 문의함

글의 종류와 목적에 따른 특징적인 표현들을 기억하라!

- 글의 종류에 따른 표현상의 특징들을 알아둔다.
  1. 광고문: 상품명, 회사명 등을 나타내는 고유 명사와 함께 제품이나 판매와 관련된 어휘, 제품의 특징을 나타내는 형용사, 명령형 문장 등이 많이 사용된다.
     - 제품·판매 관련어: product, goods, manufacturing, price, sale, off, delivery, free 등
     - 제품의 특징을 나타내는 형용사: new, excellent, fine, better, incredible, enjoyable, pleasing 등
  2. 안내문·항의문: 시간, 장소, 사건의 내용, 관련 인물에 관한 정보 등이 제시된다. 이 경우, 내용의 출처를 인용하는 표현들(「according to ...」, 「the report showed ...」, 「the official said ...」 등)이 등장하기도 한다.

- 글의 목적에 따라 자주 쓰이는 어휘와 표현들을 알아둔다.
  1. 통보: inform, notify, announce, confirm, let ... know 등
  2. 요구·촉구: call for, ask, demand, require, must, have to, should 등
  3. 항의·불만: unfair, regret, angry, afraid, disappointed, dissatisfied 등
  4. 충고·조언: suggest, be able to, need, have to, should, be sure to, had better 등
  5. 광고·홍보: introduce, order, sign up, 「how about ...?」, 「why don't you ...?」 등

기출예제 2 다음 글의 목적으로 가장 적절한 것은?

Dear Art Crafts People of Greenville,

For the annual Crafts Fair on May 25 from 1 p.m. to 6 p.m., the
3 Greenville Community Center is providing booth spaces to rent as in previous years. To reserve your space, please visit our website and complete a registration form by April 20. The rental fee is $50. All the
6 money we receive from rental fees goes to support upcoming activities throughout the year. We expect all available spaces to be fully booked soon, so don't get left out. We hope to see you at the fair.

① 지역 예술가를 위한 정기 후원을 요청하려고
② 공예품 박람회의 부스 예약을 안내하려고
③ 대여 물품의 반환 방법을 설명하려고
④ 지역 예술가가 만든 물품을 홍보하려고
⑤ 지역 행사 일정의 변경 사항을 공지하려고

글의 종류

매년 열리는 공예품 박람회의 전시 부스 대여를 위해 예약하는 방법을 안내하는 글임을 알 수 있다.

자주 쓰인 표현

To reserve your space, please visit ... April 20. / We expect all available spaces ... don't get left out.
→ 부스 예약을 안내하는 글

 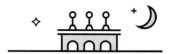
1 다음 글의 목적으로 가장 적절한 것은?

Dear Matthew,

Working for True Modern Films has been an incredibly satisfying experience over the past two years. Thanks to the company's excellent staff, I have learned a lot about the industry and have been very proud of the films we have produced. So, it is with great regret that I must inform you of the decision that I recently had to make. Due to the recent financial instability of the film industry, I have been forced to consider other career paths. Last week, I was offered an opportunity at a large company that would provide more stability for my family's future, and I have decided to accept it. My last day with True Modern Films will be September 4. It has been a pleasure working for you, and I look forward to seeing what your company produces in the future.

Kind regards,
Stella Pearson

① 부서 이동 소식을 알리려고
② 영화제 수상 소감을 전하려고
③ 영화 산업의 어려움을 토로하려고
④ 퇴사 의사를 밝히려고
⑤ 승진으로 인한 인사 발령을 통보하려고

2 다음 글의 목적으로 가장 적절한 것은?

Dear Northeast High School Students,

As the number of COVID-19 cases has fallen recently, the library is preparing to reopen many of its facilities. Areas such as study rooms, the journal section, and the photocopy center should return to normal operating hours by next month. Meanwhile, we have recently moved many of our services online, and we have also created an online help center so that you can use these services more effectively. The center contains a variety of information, including science and literature databases, along with answers to frequently asked questions. We sincerely hope that our new online features—although temporary—will help you overcome the educational challenges of COVID-19.

Northeast High School Library

① 온라인 수업 계획을 안내하려고
② 도서관의 재개관 지연을 공지하려고
③ 방역을 위한 도서관 폐쇄를 통보하려고
④ 새로운 온라인 서비스의 도입을 알리려고
⑤ 도서관 시설의 적극적인 이용을 권장하려고

3 다음 글의 목적으로 가장 적절한 것은?

Key fobs allow you the convenience of unlocking your car from a distance, so they're widely used today. However, they are a major security risk. Hackers can use a special device in order to find your key fob signal and relay it to your car. This means they can ₃ unlock your car even if your keys are lying on the kitchen counter. It's hard to believe, but criminals are already doing this. Luckily, you can prevent this in a couple of ways. You can buy special key fob holders that block the signal your key fob emits. Or, to save ₆ money, simply put your key fob in the microwave or refrigerator. These appliances have thick metal walls, which can contain your key fob's signal. Before doing this , however, read the product information for your key fob to make sure it won't cause any harm. ₉

*key fob: 무선 키, 전자 열쇠

① 자동차 무선 키 사용을 권장하려고
② 자동차 무선 키의 작동 원리를 소개하려고
③ 자동차 무선 키 사용의 편리함을 설명하려고
④ 최근 자동차 도난 사고가 증가하고 있음을 알리려고
⑤ 자동차 무선 키 관련 범죄를 방지하는 방법을 제안하려고

서술형 윗글의 네모 안의 this 가 가리키는 것을 찾아 우리말로 쓰시오.

---

1 incredibly 믿을 수 없을 정도로, 엄청나게   satisfying 만족스러운   produce 생산하다; *(영화·연극 등을) 제작하다   regret 유감, 애석
instability 불안정 (↔ stability 안정, 안정성[감])

2 facility 시설[기관]   journal 신문[잡지], 정기 간행물   operating hours 영업 시간   effectively 효과적으로   literature 문학
frequently 자주, 흔히   temporary 일시적인, 임시의

3 major 주요한, 중대한   security 보안   device 장치[기구]   relay 전달하다   criminal 범인, 범죄자   block 막다, 차단하다
microwave 전자레인지   appliance (가정용) 기기   contain …이 들어있다; *방지하다[억제하다]

4 다음 글의 목적으로 가장 적절한 것은?

As always, thank you for taking an active part in your children's education by reading this newsletter. This month, all grade levels will attend a special safety course. The local police department has received several calls about strangers trying to kidnap children. ₃ Parents said that a stranger tried to give their children candy or asked the children to get into a car. To make sure your children are safe, we're planning a new program to protect children from any dangerous incidents that might happen. Each Friday, we're going to ₆ invite teachers and police officers to teach students how to stay away from strangers. The students will also practice important skills, such as ways to avoid dangerous situations. We will send you more information soon. Thank you for reading, and have a ₉ pleasant month.

① 유괴 예방 프로그램에서의 강연을 부탁하려고
② 학생 대상의 유괴 예방 프로그램을 안내하려고
③ 유괴 사건에 대한 부모들의 주의를 요구하려고
④ 교육 과정에 대한 학부모들의 관심에 감사하려고
⑤ 실종 아동 발견을 위한 수사에 협조를 요청하려고

↑고난도

5 다음 글의 목적으로 가장 적절한 것은?

We are aware of the strong reputation Greenfresh Supermarkets has as a responsible business. As your customers, we strongly support your environmental campaigns every year and your efforts to help our neighborhood. As your company is concerned about ₃ social issues, you've undoubtedly already recognized that our society is alarmingly overweight. Despite this, we recently noticed that there are no alternatives to the pizza, burgers, and other high-fat meals served in your food courts. We therefore suggest ₆ that you offer some additional items. Vegetarian burgers and veggie wraps are good choices to think about. Both can be made completely cholesterol free, with little or no sodium. They would most likely be popular with shoppers and help increase your food ₉ court sales. You may even be able to promote Greenfresh's new menu items as part of a weight-loss campaign. We hope you consider our suggestion.

*sodium: 나트륨

① 기업의 사회적 책임이 무엇인지 설명하려고
② 직원들에게 적절한 복지를 제공하는 것을 칭찬하려고
③ 푸드코트 메뉴에 더 건강한 음식을 추가할 것을 제안하려고
④ 푸드코트에서 판매하는 음식의 염도를 낮출 것을 촉구하려고
⑤ 마을의 재정난 해결을 위한 캠페인에 매장의 지원을 요청하려고

6 다음 글의 목적으로 가장 적절한 것은?

At Leena Inc., we've been ⓐ <u>creating</u> innovative clothing designs for ten years. In our quest to continue to progress and produce even more creative designs, we recently joined forces with Sapto, a company that specializes in accessories. While Sapto used ₃ to be our competitor, it is now a strong partner. More than just an investment, this move is helping us ⓑ <u>rebrand</u> our style and products. To continue this wave of changes, we have decided to abandon the name "Leena," which we feel no longer accurately ₆ ⓒ <u>representing</u> our image. Thus, we will now be known as "Frolics." We believe this name reflects the style ⓓ <u>that</u> we aim to create through our new collaboration. We look forward to serving our customers with even more imaginative and fun designs, and ₉ we trust that they will find ⓔ <u>themselves</u> easily connecting with our reconceptualized brand.

① 사옥 이전을 통보하려고
② 사명이 변경됨을 알리려고
③ 경쟁사의 최근 행보를 설명하려고
④ 직원들의 노고에 감사를 전하려고
⑤ 다른 회사와의 협업 계획을 공지하려고

 GRAMMAR⁺ 윗글의 밑줄 친 ⓐ~ⓔ 중, 어법상 <u>틀린</u> 것은?

---

4 **newsletter** 소식지 **attend** 참석하다 **local** 지역의 **kidnap** 납치하다, 유괴하다 **incident** 일[사건] **stay away from** …을 가까이하지 않다, …에서 떨어져 있다 **pleasant** 기분 좋은

5 **reputation** 평판, 명성 **responsible** 책임이 있는; *신뢰할 수 있는 **undoubtedly** 의심할 여지 없이, 확실히 **alarmingly** 놀랄 만큼 **overweight** 과체중의, 비만의 **alternative** 대안, 선택 가능한 것 **additional** 추가의 **promote** 촉진[고취]하다; *홍보하다

6 **innovative** 획기적인 **in a quest to** …하기 위해서 **progress** 진전을 보이다, 진행하다 **join forces** 힘을 합치다, 제휴하다 **specialize in** …을 전문으로 하다 **competitor** 경쟁자[경쟁 상대] **investment** 투자 **rebrand** (기업 등이) 이미지를 새롭게 하다 **abandon** 버리다, 포기하다 **accurately** 정확하게 **represent** 나타내다, 의미하다 **reflect** 반사하다; *반영하다 **collaboration** 공동 작업, 협력 **reconceptualize** 재개념화하다

· REVIEW TEST ·

정답 및 해설 p. 11

A 네모 안에서 어법에 맞는 표현으로 가장 적절한 것을 고르시오.

1 One factor that affects their reaction is how / what they care for their young.

2 Because of this ability of music connect / to connect us with others, it has had an enormous cultural impact throughout human history and across cultures.

3 Next time you do something nice for someone else, keep it to yourself and let the joyous feeling you get from helping others to be / be your reward.

4 Instead, we simply ask ourselves whether / what we can do to improve the situation and take action.

5 This means they can unlock your car even if your keys are lied / lying on the kitchen counter.

6 We are aware of the strong reputation Greenfresh Supermarkets has / having as a responsible business.

B 다음 밑줄 친 부분이 어법상 바르면 O를 쓰고, 틀리면 바르게 고치시오.

1 The researchers who carried out the study noted that a hot streak happens randomly within an individual's series of works and <u>are</u> not associated with an observable change in productivity.

2 When they do, though, they almost always mention what they have done to someone else, <u>hope to be</u> praised for their kindness.

3 Hunters search for the biggest, strongest animals to kill, <u>which</u> weakens the genetic strength of the overall population.

4 Stoicism teaches that peace and happiness should not depend on factors we are powerless to change <u>but also</u> on what we determine ourselves.

5 Working for True Modern Films has been an incredibly <u>satisfied</u> experience over the past two years.

6 The local police department has received several calls about strangers <u>tried</u> to kidnap children.

01 글의 흐름과 무관한 문장 찾기

글의 흐름과 무관한 문장 찾기는 글의 논리적 흐름을 파악하여, 주어진 단락 안에서 글의 흐름을 방해하거나 주제에서 벗어난 내용의 문장을 찾는 유형이다.

유형기법 07 글의 초반부에 주목하라!

글은 필자의 의도를 효과적으로 전달하기 위해 통일성과 일관성을 유지하면서 다양한 방식으로 전개된다. 따라서, 글의 전개 방식과 주제를 생각하면서 글을 읽으면 흐름을 쉽게 파악할 수 있다.

• **글의 초반부 내용에 주목한다.**
이 유형의 지문은 초반부 내용의 흐름에 따라 글이 진행되는 경우가 많다. 따라서, 처음 한두 문장을 읽고 그 뒤에 이어질 전개 방식과 내용을 예상한 후, 이에 벗어나는 문장을 찾는다.

• **주제와 관련 있어 보이는 단어에 현혹되지 않는다.**
글의 각 문장은 하나의 주제를 중심으로 유기적으로 연결되어 있다. 이것이 글의 통일성이며, 이에 위배되는 문장이 글의 흐름과 무관한 문장이다. 하지만 그런 문장이라도 주제와 아예 동떨어진 내용을 다루기보다는, 글의 주요 단어를 언급하여 혼란을 유발할 수 있다. 따라서, 각 문장이 글의 주제와 충분히 관련되어 있는지 따져보아야 한다.

기출예제 1 다음 글에서 전체 흐름과 관계 없는 문장은?

Moral excellence, according to Aristotle, is the result of habit and repetition, though modern science would also suggest that it may have
3 an innate, genetic component. ① This means that moral excellence will be broadly set early in our lives, which is why the question of how early to teach it is so important. ② Freud suggested that we don't
6 change our personality much after age five or thereabouts, but as in many other things, Freud was wrong. ③ A person of moral excellence cannot help doing good—it is as natural as the change of seasons or
9 the rotation of the planets. ④ Recent psychological research shows that personality traits stabilize around age thirty in both men and women and regardless of ethnicity as the human brain continues to develop,
12 both neuroanatomically and in terms of cognitive skills, until the mid-twenties. ⑤ The advantage of this new understanding is that we can be a bit more optimistic than Aristotle and Freud about being able to teach
15 moral excellence.

*neuroanatomically: 신경 해부학적으로

글의 초반부 내용
현대 과학은 도덕적 탁월함이 선천적, 유전적인 요소를 가지고 있을지 모른다고 주장하지만, 아리스토텔레스에 따르면 그것은 습관과 반복의 결과물이다.
→ 도덕적 탁월함은 타고난 능력이 아닌 학습의 결과

주제와의 관련성 파악
도덕적 탁월함은 타고나는 게 아니라 습관과 반복으로 만들어진다는 주제에서 벗어난 문장을 찾는다. 주제어(moral excellence)의 등장에 현혹되지 말고 해당 문장의 의미를 파악하여 주제와 연관되어 있는지 확인하도록 한다.

글의 모든 문장은 논리적인 일관성을 가지고 유기적으로 연결되어야 한다. 그러므로, 각 문장이 주제와 부합하면서 자연스럽게 연결되어 있는지 살펴보도록 한다.

• **연결사의 쓰임에 유의한다.**
연결사의 쓰임에 유의하여 글의 흐름을 끊거나 주제에서 벗어나는 문장을 찾는다.

• **논리적인 비약 여부를 확인한다.**
글의 소재나 주제에 대해 지나치게 포괄적이거나 구체적인 진술을 하는 문장은 글의 흐름에서 벗어나거나 논리적인 비약이 있을 수 있으므로 유의해야 한다. 또한, 앞에서 언급된 대상에 대해 주제와 다른 측면에서 접근한 문장 역시 무관한 문장 유형의 정답일 가능성이 높다.

• **답을 고른 후, 글의 흐름을 다시 확인한다.**
글의 흐름과 무관하다고 생각되는 문장을 제외하고 글을 전체적으로 다시 한 번 읽어보면서 문장 간 연결이 자연스러운지 확인한다.

기출예제 **2** 다음 글에서 전체 흐름과 관계 없는 문장은?

Apologies often fail. One reason apologies fail is that the "offender" and the "victim" usually see the event differently. By examining personal
3 narratives, researchers have found that those who cause harm tend to minimize the offense—probably to protect themselves from shame and guilt. They also tend to downplay the consequences of their actions.
6 ① However, these tendencies can worsen the anger of the hurt person. ② When sincere apologies are offered, they are readily accepted by the victims and reconciliations follow. ③ Most likely, the person who was
9 harmed will think the incident was worse than it was, and might see the offender's attitude as unfair or even immoral. ④ Both people have their own perspectives, and neither side is totally true. ⑤ Therefore,
12 to apologize sincerely we must first listen attentively to how the other person really feels about what happened—not simply assert what we think happened.

*reconciliation: 화해

기법
적용

연결사의 쓰임
사과가 흔히 실패하는 이유는 가해자와 피해자가 사건을 보는 시각이 다르기 때문이다. 가해자는 잘못한 일을 축소하고 대수롭지 않게 생각한다.
→ However(역접) / 이것은 피해자의 화를 돋울 수 있으며, 피해자는 사건과 가해자를 실제보다 더 안 좋게 생각할 수도 있다.
→ Therefore(결론) / 진정한 사과를 위해서는 일어난 일에 대한 상대방의 생각에 귀 기울여야 한다.

논리적 비약 여부 확인
사과의 실패 원인으로 가해자와 피해자의 입장 차이를 설명하는 글의 주제와는 다르게, 사과라는 소재에 대해 너무 포괄적이고 일반적으로 진술한 문장을 찾는다.

1

다음 글에서 전체 흐름과 관계 <u>없는</u> 문장은?

Have you ever noticed that the buttons on men's clothing and women's clothing are arranged differently? On men's shirts, the buttons are located on the wearer's right-hand side. On women's shirts, they are on the left-hand side. This is because of a tradition that ₃ began when clothing with buttons was expensive. ① Women who were wealthy enough to buy button-up clothing rarely dressed themselves. ② Instead, they were dressed by maids, who, like most people, were usually right-handed. ③ Therefore, clothing makers ₆ made it easier for the maids to fasten the buttons by putting them on the wearer's left-hand side. ④ Buttons have been used as fasteners for thousands of years, although the material used to make them has changed. ⑤ Today, most people dress themselves ₉ and the placement of buttons can differ depending on the designer or brand, but many clothing makers are still reluctant to change such a well-known tradition.

2

다음 글에서 전체 흐름과 관계 <u>없는</u> 문장은?

The central nervous system controls the movements and activities of the human body. Although it is traditionally seen as having two components, the brain and the spinal cord, the spinal cord is really just a bridge that connects the brain to the body. ₃ ① However, the spinal cord does control some bodily movements on its own. ② These movements are automatic reflexes that don't require conscious thought. ③ If you touch a hot surface, for example, your spinal cord will cause you to react before your brain even ₆ notices the pain. ④ The brain would be unable to perceive the outside world without the help of the rest of the central nervous system. ⑤ This happens because nerves in your skin send a message to the spinal cord, which responds by telling the muscles in your ₉ arm to pull your hand away.

*spinal cord: 척수 **reflex: 반사 작용[운동]

3

다음 글에서 전체 흐름과 관계 없는 문장은?

In the 1980s, some prisons in the United States (A) <u>painting</u> their cells pink in order to make the prisoners less violent and aggressive. This idea came from the work of a psychologist named Alexander Schauss. ① Schauss claimed that he had created a special shade of pink that could significantly reduce the strength and aggression of prisoners. ② He even conducted an experiment that showed a loss of physical strength in participants who had stared at a piece of pink paper. ③ Many people who ran prisons (B) <u>impressed</u> with Schauss' research, so they agreed to allow him to test the effects of his color on their prisoners. ④ Prison violence is a serious problem, and it is believed that overcrowding is one of the main causes. ⑤ The color is still used today, not only in prisons but also in hospitals and psychiatric institutions.

서술형 윗글의 밑줄 친 (A)와 (B)를 어법에 알맞게 각각 고쳐 쓰시오.

(A) _____

(B) _____

---

1 **arrange** 마련하다; *배열하다, 배치하다   **maid** 하녀[가정부]   **fasten** 매다, 채우다 (*n.* **fastener** 잠금장치)   **material** 재료   **placement** 배치   **differ** 다르다   **reluctant** 꺼리는, 주저하는

2 **central nervous system** 중추 신경계   **automatic** 자동의; *무의식적인, 반사적인   **conscious** 의식하는, 자각하는; *의식적인, 의도적인   **surface** 표면   **perceive** 감지[인지]하다   **nerve** 신경

3 **cell** 감방   **violent** 폭력적인, 난폭한 (*n.* **violence** 폭행, 폭력)   **aggressive** 공격적인 (*n.* **aggression** 공격성)   **claim** 주장하다   **shade** 그늘; *색조   **significantly** 상당히[크게]   **conduct** (특정한 활동을) 하다   **loss** 분실, 상실, 손실   **physical** 육체의, 신체의   **stare** 빤히 쳐다보다, 응시하다   **overcrowding** 과잉 수용   **psychiatric** 정신 의학[질환]의   **institution** 학회, 협회; *(공공)시설

4 다음 글에서 전체 흐름과 관계 <u>없는</u> 문장은?

When email was first introduced into the workplace environment, it greatly improved communication efficiency. Electronic messages were much faster than paper-based messages, and they often eliminated the need for face-to-face meetings or phone conversations. ① Nowadays, however, email is losing its effectiveness, and many businesses are looking for other forms of communication. ② This is partly due to the high volume of emails that people receive daily, much of which is junk mail. ③ When a company needs to quickly get information or news to every member of its staff, email is the preferred mode of communication. ④ Another reason for its decline is that younger generations tend to prefer other forms of communication, such as social networking platforms and instant messaging. ⑤ Consequently, email is playing a reduced role in modern-day workplaces as other technologies increasingly take its place.

5 다음 글에서 전체 흐름과 관계 <u>없는</u> 문장은?

Some people believe that vaccines cause autism. Although it's easy to ignore such factually incorrect beliefs, we should take a closer look at how people come to this kind of conclusion. ① Actually, we all have certain human characteristics that can lead to the denial of scientific facts. ② Conditions that don't have an obvious cause, such as autism, make us uncomfortable, so we tend to fill the gaps in our knowledge with unproven connections. ③ To fill these knowledge gaps, we gather more information and decide which information is appropriate and supported by evidence. ④ What's more, when facing something that seems to be a risk, we often come up with the worst possible scenarios in our minds rather than approaching the situation rationally. ⑤ This is what happens with vaccines—people who don't understand them find it is easy to imagine they're harmful, despite the data that shows this is untrue.

6 다음 글에서 전체 흐름과 관계 <u>없는</u> 문장은?

Yoga and meditation are known to help relax the mind and body. But did you know that they can also reverse changes in your genes caused by stress? Meditation exercises (A) appear / appearing to slow down the activity of genes that cause inflammation. ₃ ① When we experience too much stress, our genes trigger an inflammatory response in our immune system. ② If the stress is not managed effectively, the inflammation can become chronic and eventually lead to poor physical and mental health. ③ Looking ₆ after your physical health can be beneficial to (B) help / helping your mental health. ④ People who meditate (C) regular / regularly to reduce stress typically show fewer symptoms of inflammation, a sign that the effects of chronic stress have been reversed. ₉ ⑤ Although more research is still needed, the link between mind-body exercises and the reduction of inflammation appears to be solid.

*inflammation: 염증

GRAMMAR⁺ (A), (B), (C)의 각 네모 안에서 어법에 맞는 표현으로 가장 적절한 것은?

	(A)	(B)	(C)
①	appear	help	regular
②	appear	helping	regularly
③	appear	helping	regular
④	appearing	helping	regularly
⑤	appearing	help	regular

---

4 efficiency 효율(성), 능률 electronic 전자의 eliminate 없애다 effectiveness 유효(성), 효과적임 volume 용량, 용적; *(…의) 양 decline 감소, 쇠퇴 increasingly 점점 더, 갈수록 더

5 autism 자폐증 factually 실제로, 사실상 come to a conclusion 결론에 도달하다 denial 부인[부정] condition 상태; *질환 obvious 분명한[명백한] unproven 증명[입증]되지 않은 appropriate 적절한 evidence 증거 come up with …을 생각해 내다 approach 다가가다; *접근하다 rationally 합리적으로, 이성적으로

6 meditation 명상, 묵상 (v. meditate 명상[묵상]하다) reverse (정반대로) 뒤바꾸다, 반전[역전]시키다 gene 유전자 trigger 촉발시키다 immune system 면역 체계 chronic 만성적인 typically 보통, 일반적으로 symptom 증상 solid 고체의; *(기반이) 탄탄한, 확실한

O2 주어진 문장의 위치 찾기

주어진 문장의 위치 찾기는 글의 전반적인 흐름을 고려하여 주어진 문장이 들어가기에 적절한 곳을 고르는 유형이다.

유형기법 09 주어진 문장에서 해결의 단서를 찾아라!

- **주어진 문장의 내용과 성격을 파악한다.**
주어진 문장이 주제문의 성격을 지니는지, 아니면 세부 사항을 다루는지를 파악한다.

- **주어진 문장에 포함된 대명사, 연결사, 지시어 등에 주목한다.**
주어진 문장에 포함된 대명사나 연결사, 지시어는 문제를 해결하는 데 필요한 중요한 단서이므로, 이에 유의하여 주어진 문장의 앞뒤에 올 내용을 추측해 보도록 한다. 특히, 주어진 문장에 역접의 연결사가 있는 경우, 대개 주어진 문장이 주제문에 해당하며 전체 글이 「통념 – 반대 의견(주제문) – 부연 설명」의 전개 방식을 따를 가능성이 높음에 유의한다.

  - A child, **for example**, wants to do something that his mother doesn't approve of.
    → 주어진 문장의 for example을 보고, 앞에 포괄적인 내용(아이들은 엄마의 말을 잘 듣지 않는다)이 있음을 짐작할 수 있다.
  - We **also** use **it** in cooling and for bathing.
    → also를 통해 it의 다른 용도에 관한 내용이 앞에 언급되었다는 것을 짐작할 수 있다. 또한 대명사 it이 있으므로 it이 가리키는 구체적인 대상이 앞에 제시되어 있을 것이다.

기출예제 1 글의 흐름으로 보아, 주어진 문장이 들어가기에 가장 적절한 곳은?

> It is, however, noteworthy that although engagement drives job performance, job performance also drives engagement.

기법 적용

주어진 문장의 성격
주어진 문장에 포함된 역접의 연결사 however를 통해 글의 중간에서 맥락이 반전될 것임을 예상할 수 있다.

주어진 문장 속의 단서
주어진 문장에서 몰입이 업무 성과를 견인하지만 그 역도 성립 가능하다고 했으므로, 본문에서 업무 성과가 몰입을 견인한다는 내용이 시작되는 지점이 정답이 될 가능성이 높다.

Much research has been carried out on the causes of engagement, an issue that is important from both a theoretical and practical standpoint: identifying the drivers of work engagement may enable us to manipulate or influence it. (①) The causes of engagement fall into two major camps: situational and personal. (②) The most influential situational causes are job resources, feedback and leadership, the latter, of course, being responsible for job resources and feedback. (③) Indeed, leaders influence engagement by giving their employees honest and constructive feedback on their performance, and by providing them with the necessary resources that enable them to perform their job well. (④) In other words, when employees are able to do their jobs well—to the point that they match or exceed their own expectations and ambitions—they will engage more, be proud of their achievements, and find work more meaningful. (⑤) This is especially evident when people are employed in jobs that align with their values.

*align with: …과 일치하다

- 주제를 빠르게 파악하고 흐름을 따라간다.
대개 주제는 글의 초반부에 제시되므로, 주제문을 통해 글의 주제를 재빨리 파악하고 전체적인 흐름을 예측해 본다. 사례 제시, 비교·대조, 세부 내용 열거 등 다양한 방식으로 주제가 전개될 수 있으므로, 글의 흐름에 유의하며 글을 읽도록 한다.

- 문맥상 비약이 있는지 살핀다.
문장과 문장 사이에 논리적인 비약이나 누락된 내용은 없는지 확인한다. 특히, 시간의 흐름이나 사건이 일어난 순서대로 전개되는 글의 경우, 시간적·공간적 순서가 어긋나 있지는 않은지, 인과 관계가 자연스러운지 확인한다. 또한, 대조되는 두 사물이나 개념을 다루는 글의 경우에는 각각의 특성을 정리한 뒤, 주어진 문장이 둘 중 어느 것에 해당하는지 파악한다.

기출예제 2 글의 흐름으로 보아, 주어진 문장이 들어가기에 가장 적절한 곳은?

> In the case of specialists such as art critics, a deeper familiarity with materials and techniques is often useful in reaching an informed
> 3 judgement about a work.

Acknowledging the making of artworks does not require a detailed, technical knowledge of, say, how painters mix different kinds of paint,
6 or how an image editing tool works. (①) All that is required is a general sense of a significant difference between working with paints and working with an imaging application. (②) This sense might
9 involve a basic familiarity with paints and paintbrushes as well as a basic familiarity with how we use computers, perhaps including how we use consumer imaging apps. (③) This is because every kind of
12 artistic material or tool comes with its own challenges and affordances for artistic creation. (④) Critics are often interested in the ways artists exploit different kinds of materials and tools for particular artistic effect.
15 (⑤) They are also interested in the success of an artist's attempt—embodied in the artwork itself—to push the limits of what can be achieved with certain materials and tools.

*affordance: 행위 유발성   **exploit: 활용하다

기법
적용

**글의 주제와
전체적인 흐름**

글 초반부에서 예술 작품에 대한 인정은 도구의 구체적인 사용 방법에 관한 자세한 지식을 요구하지 않으며, 사용된 도구들에 대한 기본적인 친숙함을 바탕으로 일반적인 감각만이 필요하다고 했다. 이와 달리, 후반부로 가면서 비평가들은 예술 작품을 대할 때 예술가가 재료와 도구를 활용하는 방식에 관심을 가진다는 내용이 나온다.

문맥상 비약 여부

예술 작품을 감상할 때 사용된 도구에 대한 기본적인 친숙함을 토대로 한 일반적인 감각이 있으면 충분하다는 내용과 예술 재료나 도구가 예술적 창작을 위해 고유한 도전과 행위 유발성을 동반한다는 내용 사이에 누락된 부분이 있음을 파악할 수 있다. 특히, This is because는 뒤에 나오는 내용이 앞 문장의 원인이 되어야 하는데, 이 둘의 인과 관계가 성립하지 않는다.

(Tips!) 주어진 문장의 a deeper familiarity와 본문의 a basic familiarity와 같이 대구를 이루는 표현을 통해서도 힌트를 얻을 수 있다.

·적용독해·

정답 및 해설 p. 15

1 글의 흐름으로 보아, 주어진 문장이 들어가기에 가장 적절한 곳은?

> According to scientists, this difference confuses the brain and results in the symptoms associated with space sickness.

For astronauts in space, the force of gravity is weaker than it is on Earth. Because of this, astronauts sometimes develop symptoms of "space sickness," such as headaches, nausea, and vomiting. Space sickness is related to the small organs deep inside our ears that detect information about the movement of the body. (①) They send this information to the brain, and the brain uses this information to keep the body balanced. (②) In the low gravity of space, the information sent by those organs changes. (③) Luckily, space sickness does not last very long. (④) After a few days, the brain adapts to the lower gravity of the astronauts' environment, and the symptoms go away. (⑤) However, in some cases, astronauts can experience "gravity sickness," which has symptoms that are similar to those of space sickness, when they return to Earth.

2 글의 흐름으로 보아, 주어진 문장이 들어가기에 가장 적절한 곳은?

> It seems that when Fortún Ximénez and Hernán Cortés first sailed north along the western coast, they mistook what is now called the Baja California peninsula for the fictional island and named it California.

The sixteenth century Spanish novel *The Adventures of Esplandián*, written by Garci Rodriguez de Montalvo, describes an island paradise east of Asia called California. (①) It is believed that this novel was the first place the word "California" appeared in print. (②) The novel is also thought to be where the areas called California in modern-day Mexico and the United States got their names. (③) *The Adventures of Esplandián* was very popular when the Spanish were exploring Mexico, and the legend of California was widely known. (④) It took many years to correct the misguided belief that the peninsula was an island. (⑤) By that time, California had already been well established as the name for both the peninsula and the land to its north that is now the US state.

3 글의 흐름으로 보아, 주어진 문장이 들어가기에 가장 적절한 곳은?

> But even more importantly, we should be teaching people the reality behind the myth of what happens to foreign aid.

People often complain about foreign aid being sent to other countries. They claim that the money is wasted, and sometimes this is true. (①) However, this mostly happened in the past, during a time when aid was given to persuade countries to become allies. (②) Today, most foreign aid is used to improve people's lives, so the problem has become much smaller. (③) Reducing the amount of foreign aid that is wasted is a worthwhile goal. (④) The money actually goes toward improving the health of people living in poverty and making their communities better places. (⑤) As a result, we have the opportunity to live in a world where no one needlessly suffers simply because of where they were born.

서술형 윗글의 네모 안의 the problem 이 의미하는 바를 찾아 우리말로 쓰시오.

_____

---

1 confuse 혼동시키다 symptom 증상 be associated with …와 관련되다 sickness 멀미 astronaut 우주 비행사 gravity 중력 nausea 구역질, 메스꺼움 vomit 토하다 organ (신체) 기관 detect 감지하다 adapt 적응하다

2 peninsula 반도 fictional 가상의, 허구의 paradise 천국 print 인쇄[출판]하다; *인쇄[출판]물 correct 수정하다, 바로잡다 misguided 잘못 인식한 belief 신념, 믿음 establish 설립하다; *(…로서의 지위·명성을) 확고히 하다 state (미국) 주(州)

3 myth 신화; *근거 없는 믿음 aid 원조, 지원 ally 동맹국 worthwhile 가치[보람] 있는, …할 가치가 있는 poverty 가난, 빈곤 needlessly 불필요하게

4 글의 흐름으로 보아, 주어진 문장이 들어가기에 가장 적절한 곳은?

> Other dry-climate animals have adaptations that allow them to keep water in.

All living things suffer during water shortages. Yet some animals, particularly those in places with dry seasons, have amazing adaptations that help them survive dry conditions. Two such animals, the Galapagos tortoise and the desert tortoise, save up water in their bladders. (①) Drinking water from rainfall and green plants allows them to fill their bladders. (②) The tortoises can then survive on the stored water throughout the dry period. (③) For example, a special kind of toad in North America called the desert spadefoot spends 75 percent of its time deep under the ground. (④) There, it wraps itself with a sticky temporary skin that keeps water from escaping. (⑤) When the seasonal rains arrive, the spadefoot comes out again.

*bladder: 방광 **spadefoot: 쟁기발두꺼비

5 글의 흐름으로 보아, 주어진 문장이 들어가기에 가장 적절한 곳은?

> Some might consider this a limitation, but the social quality of imagination actually makes it possible for society to come together around shared values.

Most people think of the imagination as something internal and private, and it is true that one can imagine something without anyone else knowing about it. (①) But even this purely mental projection has its source in the outside world and the social community that we are a part of. (②) Without drawing on material that exists beyond our selves, no mental image could ever come into being. (③) This means that, while we might believe that our imagination is ours alone, the ingredients that it draws upon are in fact shared by many others. (④) In fact, the concept of morality depends on this. (⑤) When we share the same basis for considering possible actions, we are able to make fair judgments about what is right and wrong and formulate social standards that every member of a community can agree upon.

6 글의 흐름으로 보아, 주어진 문장이 들어가기에 가장 적절한 곳은?

> No conscious decision is being made by any individual ant to alter the colony's behavior.

When an ant happens to come upon a new source of food, the colony quickly ₃ reorganizes (A) | itself / themselves | to harvest from it without any orders from a colony leader. (①) This can be done because the ant leaves a trail of pheromones as it follows the scent of the new food source. (②) This new trail is noticed by (B) | another / the ₆ other | nearby ant, which then alters its own path. (③) It won't be long before its change in direction is noticed by a different ant, and so on. (④) After the new information quickly spreads throughout the entire colony, every ant has now adjusted itself to gather ₉ from the newly discovered food source. (⑤) Nevertheless, a new behavioral pattern (C) | emerges / is emerged | for the benefit of the colony.

*pheromone: 페로몬(동종 유인 호르몬)

GRAMMAR (A), (B), (C)의 각 네모 안에서 어법에 맞는 표현으로 가장 적절한 것은?

(A)	(B)	(C)
① itself	…… another	…… is emerged
② themselves	…… another	…… emerges
③ itself	…… another	…… emerges
④ themselves	…… the other	…… is emerged
⑤ itself	…… the other	…… is emerged

---

4 adaptation 적응; *적응 형태[구조] shortage 부족 particularly 특히, 특별히 period 기간, 시기 temporary 일시적인, 임시의 escape 탈출하다; *새어[빠져]나가다 seasonal 계절적인

5 limitation 제한, 제약 quality 질; *특성 imagination 상상(력) internal 내부의 private 사적인, 내밀한 projection 투영, 투사 draw on[upon] …에 의존하다 ingredient 재료, 성분 morality 도덕(성) formulate 만들어내다, 공식화하다 agree upon …에 동의하다

6 conscious 의식적인, 의식하고 있는 alter 바꾸다 colony 군체, 군집 come upon …을 우연히 발견하다[만나다] reorganize 재조직하다, 개편하다 harvest 거두어들이다, 수확하다 order 명령, 지시 trail 자취, 흔적 path 경로, 길 adjust 조정[조절]하다 nevertheless 그럼에도 불구하고 behavioral 행동의, 행동에 관한 emerge 생겨나다, 나타나다 benefit 이익, 이득

O3 이어질 글의 순서 배열하기

이어질 글의 순서 배열하기는 주어진 글에 이어질 글의 순서를 올바르게 배열하는 유형으로, 글의 응집성과 논리적 흐름을 파악하는 능력이 필요하다.

유형기법 11 글의 전개 방식을 예측하라!

• **주어진 글을 읽고 글 전체의 방향을 예측한다.**
주어진 글을 통해 글의 소재나 대략적인 내용을 파악하고, 어떤 내용이 이어질지 예측해 본다.

• **글 전체의 흐름과 전개 방식을 파악한다.**
각 문장의 개별적인 의미보다는 시간적 순서와 논리적 흐름을 염두에 두고 전체 내용을 파악하여 글의 순서를 정한다. 순차적 서술, 열거, 대조, 인과, 주제문 – 예시, 예시 – 주제문 등의 방식으로 전개되는 글이 주로 출제된다.

기출예제 1 주어진 글 다음에 이어질 글의 순서로 가장 적절한 것은?

> The Greek historian Herodotus wrote a story about cinnamon, which he had learned of from the Phoenicians.

3 (A) This story is perhaps unlikely. For those who traded this spice to people from far-off lands, however, such an exaggerated tale of hardship may have increased a product's value to the consumer.

6 (B) When the birds picked up the food and returned to their nest, the weight of the meat broke the nest and the cinnamon fell down the mountain, where the Arabians ran to pick it up. The spice was then

9 exported to other countries.

(C) The Phoenicians had claimed that cinnamon sticks were brought to Arabia by large birds that carried them to their nests on mountain

12 cliffs. In order to get the cinnamon, Arabians cut up the bodies of large animals and placed them on the ground near the nests.

*cinnamon: 계피

① (A) – (C) – (B) ② (B) – (A) – (C) ③ (B) – (C) – (A)
④ (C) – (A) – (B) ⑤ (C) – (B) – (A)

기법적용

주어진 글 뒤에 이어질 내용 예측

그리스의 역사가 헤로도토스가 페니키아인들로부터 알게 된 계피에 관한 이야기를 썼다는 내용을 통해, 계피에 관한 자세한 이야기가 이어질 것임을 예측할 수 있다.

글의 전개 방식 파악

아라비아인들이 계피를 얻고 수출하기까지의 과정을 서술한 후, 이 이야기의 과장된 측면이 계피의 가치를 높였을지도 모른다고 말하고 있다.

12 **연결사, 대명사, 지시어를 단서로 활용하라!**

- **연결사를 단서로 하여 문장의 순서를 정한다.**

연결사는 문장 간의 논리적 관계를 나타내므로 문장의 순서를 판단하는 데 중요한 단서가 된다.
  - first, second, then, lastly: 시간과 절차상의 순서를 나타낸다.
  - for example, for instance: 앞의 내용에 대한 예시가 이어진다.
  - but, however, nevertheless, on the other hand, in contrast: 앞의 내용과 대조되는 내용이 이어진다.
  - in addition, also, moreover, besides, furthermore: 앞의 내용에 덧붙이는 내용이 이어진다.
  - therefore, thus, as a result, accordingly, consequently: 앞의 내용에 대한 결과가 이어진다.
  - likewise, similarly, namely, that is to say, in other words: 앞의 내용과 유사한 내용이 이어진다.

- **대명사와 지시어가 가리키는 대상을 찾는다.**

대명사와 지시어는 앞에서 언급된 대상을 지칭하므로, 이를 찾아내면 글의 순서를 파악하는 데 도움이 된다.

기출예제 2 **주어진 글 다음에 이어질 글의 순서로 가장 적절한 것은?**

> Plants show finely tuned adaptive responses when nutrients are limiting. Gardeners may recognize yellow leaves as a sign of poor nutrition and the need for fertilizer.

(A) In contrast, plants with a history of nutrient abundance are risk averse and save energy. At all developmental stages, plants respond to environmental changes or unevenness so as to be able to use their energy for growth, survival, and reproduction, while limiting damage and nonproductive uses of their valuable energy.

(B) Research in this area has shown that plants are constantly aware of their position in the environment, in terms of both space and time. Plants that have experienced variable nutrient availability in the past tend to exhibit risk-taking behaviors, such as spending energy on root lengthening instead of leaf production.

(C) But if a plant does not have a caretaker to provide supplemental minerals, it can proliferate or lengthen its roots and develop root hairs to allow foraging in more distant soil patches. Plants can also use their memory to respond to histories of temporal or spatial variation in nutrient or resource availability.

*nutrient: 영양소 **fertilizer: 비료 ***forage: 구하러 다니다

① (A) – (C) – (B)   ② (B) – (A) – (C)   ③ (B) – (C) – (A)
④ (C) – (A) – (B)   ⑤ (C) – (B) – (A)

 기법 적용

연결사 파악

(C) But → 주어진 문장에서 정원사가 식물의 잎을 보고 영양 상태를 인지한다고 했고, (C)에서는 But(그러나) 뒤에 식물을 살필 관리자가 없는 경우를 언급하고 있다.

(A) In contrast → (A)에서는 영양분이 풍부했던 이력을 지닌 식물은 위험을 회피하는 방식으로 대응한다고 했으므로, 이와 반대로 과거 다양한 영양소 가용성을 경험해 본 식물이 위험을 감수하는 행위를 보인다고 언급한 (B)가 먼저 와야 한다.

지시어 파악

(B)의 this area는 (C)에서 식물이 자신의 기억을 이용하여 영양 혹은 자원 가용성에 있어 시공간적 변화의 역사에 대응한다고 언급한 내용을 가리킨다.

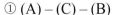

Tips! 대명사나 지시어뿐만 아니라 문맥상 같거나 유사 의미를 담고 있는 말에 유의하여 지칭하는 대상을 파악해야 한다. 여기서는 주어진 문장의 Gardeners, fertilizer가 (C)의 caretaker, supplemental minerals와 연결된다.

정답 및 해설 p. 18

1 주어진 글 다음에 이어질 글의 순서로 가장 적절한 것은?

> Dreams do not always become reality. According to one study, 96% of adults in the UK are not currently working in their childhood dream job.

(A) Other dreams, like becoming an athlete or actor, were less likely to come true, and the most common sectors in which individuals dreaming of these careers ended up working were hospitality, events management, and accountancy. Is it really important to achieve one's childhood dream, though?

(B) The study also revealed lawyer and teacher to be the most achievable dream jobs. Fourteen percent of those who had dreamed of teaching reported working in education, with the same percentage of those who had wanted to be a lawyer reporting that they were employed in the legal, law enforcement, or security sector.

(C) In fact, it is. It can affect one's future happiness. Ninety-two percent of those working in their dream job reported being happily employed, while 84% of those doing something different reported being happy. In other words, those who did not achieve their dream were twice as likely to be unhappy.

① (A) – (C) – (B)   ② (B) – (A) – (C)   ③ (B) – (C) – (A)
④ (C) – (A) – (B)   ⑤ (C) – (B) – (A)

2 주어진 글 다음에 이어질 글의 순서로 가장 적절한 것은?

> In online discussion forums, people interact by posting messages at different times, as opposed to discussing the topic in real time.

(A) The downside is that this level of activity is unlikely to remain steady. As a result, discussions taking place in an online forum format may last for an unnaturally long time, and some of the messages may ultimately end up being ignored.

(B) Some of these contributions are simple comments, while others might be questions, responses, or even challenges. The individual messages don't need to be long or include a lot of detail in order for the discussion to remain active.

(C) Each new message they post addresses one that was added earlier, and in this way the discussion progresses. The main advantage of these forums is that people can contribute to the discussion whenever they have enough time.

① (A) – (C) – (B)   ② (B) – (A) – (C)   ③ (B) – (C) – (A)
④ (C) – (A) – (B)   ⑤ (C) – (B) – (A)

3 주어진 글 다음에 이어질 글의 순서로 가장 적절한 것은?

> Some movies are about current social issues that everyone is talking about. However, it is important to remember that not all films are meant to be topical.

(A) In fact, the movie's writer and director came up with the idea for the plot nearly ₃ fifteen years before the film was completed and released. This was long before the current environmental movement had even begun.

(B) In some ways, this belief made sense. After all, the movie's plot concerned ₆ saving the Earth from pollution with a tiny plant. And when it was released, environmentalism was a big issue. But it simply wasn't true.

(C) One reason is that it takes a long time to make a movie. Today's hot issues might not ₉ have existed when the script was being written. This is what happened with a movie that many people thought was about environmentalism.

① (A) – (C) – (B)   ② (B) – (A) – (C)   ③ (B) – (C) – (A)
④ (C) – (A) – (B)   ⑤ (C) – (B) – (A)

윗글의 네모 안의 this belief 가 가리키는 것을 찾아 우리말로 쓰시오.

_____

4 주어진 글 다음에 이어질 글의 순서로 가장 적절한 것은?

> Many European and Asian countries are using less and less cash. Sweden has seen the biggest fall, with only 2% of its transactions currently being done with cash.

(A) Nevertheless, a cashless society does not benefit everyone. While the elderly ₃ struggle with the technology, the younger generations are more prone to overspending when no physical money is exchanged.

(B) Furthermore, this progression raises several ethical concerns, such as threats to ₆ individual privacy. Therefore, before the day of 0% cash circulation comes, several legal and economical issues need to be resolved.

(C) This evolution has had several positive effects. For example, financial institutions ₉ have been able to make bigger profits thanks to the reduction in cash-handling services. Moreover, bank robberies across the country have almost disappeared.

① (A) – (C) – (B)　　　② (B) – (A) – (C)　　　③ (B) – (C) – (A)
④ (C) – (A) – (B)　　　⑤ (C) – (B) – (A) .

5 주어진 글 다음에 이어질 글의 순서로 가장 적절한 것은?

> In the middle of war, when life seems too difficult to continue, refugees accept the danger of a difficult journey, such as boarding a boat that may sink.

(A) Some, for example, carry clothes with them that are no longer practical, such as ₃ uniforms from their old jobs. From time to time they try them on, as if to remind themselves of who they were.

(B) No longer a member of a society—with a name, an address, relatives, and a wide ₆ circle of friends—they have become "exiles." They fear they are losing themselves. Therefore, in an attempt to preserve their sense of identity, refugees cling to memories from "the old country."　　　　　　　　　　　　　　　　　₉

(C) Although their journey is hard to endure, losing their homeland is more painful to the refugees. The damage done to the body may seem significant, but the damage done to the mind is often more severe.　　　　　　　　　　　　　　　　　₁₂

① (A) – (C) – (B)　　　② (B) – (A) – (C)　　　③ (B) – (C) – (A)
④ (C) – (A) – (B)　　　⑤ (C) – (B) – (A)

6

주어진 글 다음에 이어질 글의 순서로 가장 적절한 것은?

A recent study showed that many technological devices and systems are designed not only to carry out certain tasks but also ⓐ reassured users that they are functioning properly.

3

(A) When the 1ESS (Number One Electronic Switching System) telephone system was introduced in the 1960s, calls would sometimes fail ⓑ to properly connect. When this happened, the system would send the call to a completely different person, 6 leading the caller to believe that they ⓒ had dialed the wrong number.

(B) Unaware of the technical failure, they ⓓ would simply hang up and try calling again. While this may seem deceptive, it helped prevent user frustration and 9 maintain public confidence in the effectiveness of the new technology.

(C) One example of this is how some internet voice calling apps feature fake static noise. This noise actually helps put callers at ease because a completely noise-free 12 connection can make some ⓔ think that the call has been dropped. Such features are not new to the digital age, though.

*drop: (연락을) 끊다

① (A) – (C) – (B)　　　② (B) – (A) – (C)　　　③ (B) – (C) – (A)
④ (C) – (A) – (B)　　　⑤ (C) – (B) – (A)

 윗글의 밑줄 친 ⓐ~ⓔ 중, 어법상 틀린 것은?

---

4 transaction 거래, 매매　cashless 현금이 없는[불필요한]　struggle 투쟁하다; *분투하다　be prone to 걸핏하면 …하다, …하기 쉽다　physical 육체의; *물질의, 물리적인　progression 진행[진전]　circulation 순환; *유통　resolve (문제 등을) 해결하다　financial institution 금융 기관　profit 이익, 이윤　robbery 강도 (사건)

5 refugee 난민, 망명자　circle 원; *(교우·활동 등의) 범위　exile 망명; *망명자　preserve 보호하다; *보존하다, 유지하다　identity 신분, 정체　cling to …을 고수하다, …에 매달리다　endure 견디다　severe 극심한, 심각한

6 device 도구, 장치　reassure 확신[안심]시키다　function 기능하다　properly 제대로, 적절히　technical 기술적인　failure 실패　hang up (전화를) 끊다　deceptive 기만적인　frustration 불만, 좌절　confidence 신뢰　feature 특별히 포함하다, …을 특징으로 하다; 특징　static 정적인; *(수신기의) 잡음

· REVIEW TEST ·

정답 및 해설 p. 20

A   네모 안에서 어법에 맞는 표현으로 가장 적절한 것을 고르시오.

1   This is │ because / because of │ a tradition that began when clothing with buttons was expensive.

2   If you touch a hot surface, for example, your spinal cord will cause you │ react / to react │ before your brain even notices the pain.

3   Space sickness is related to the small organs │ deep / deeply │ inside our ears that detect information about the movement of the body.

4   Most people think of the imagination as something internal and private, and it is true that one can imagine something without anyone else │ knew / knowing │ about it.

5   Today's hot issues might not │ exist / have existed │ when the script was being written.

6   Therefore, in an attempt to │ preserving / preserve │ their sense of identity, refugees cling to memories from "the old country."

B   다음 밑줄 친 부분이 어법상 바르면 O를 쓰고, 틀리면 바르게 고치시오.

1   This is partly due to the high volume of emails that people receive daily, <u>much of which</u> is junk mail.

2   If the stress is not managed effectively, the inflammation can become chronic and eventually <u>leading</u> to poor physical and mental health.

3   As a result, we have the opportunity to live in a world <u>which</u> no one needlessly suffers simply because of where they were born.

4   Drinking water from rainfall and green plants <u>allow</u> them to fill their bladders.

5   As a result, discussions taking place in an online forum format may last for an unnaturally long time, and some of the messages may ultimately end up <u>being ignored</u>.

6   While this may seem deceptive, it helped prevent user frustration and <u>to maintain</u> public confidence in the effectiveness of the new technology.

PART

03

단서를 통해 추론하라

01 빈칸 추론하기

빈칸 추론하기는 글의 전체적인 내용을 바탕으로 빈칸에 들어갈 적절한 어구를 추론하는 유형으로, 글의 흐름을 파악하는 능력과 어휘력, 문장 구성 능력 등이 종합적으로 요구된다.

유형기법 13 빈칸이 있는 문장의 위치에 주목하라!

- 글의 주제나 요지가 드러나는 부분에 빈칸이 있는 경우가 많다.
빈칸은 주제문에 위치하는 경우가 많으므로, 주제문의 위치에 따른 글의 구성 방식을 기억하면 빈칸 추론에 도움이 된다. 빈칸이 글의 전반부에 있으면 대개 그 뒤에 주제를 뒷받침하는 세부 사항들이 나오고, 빈칸이 글의 후반부에 있으면 앞에 언급된 구체적 근거나 사례 등을 요약 또는 정리하는 주제문일 가능성이 높다.

- 반복되거나 비슷한 의미를 가진 어구들을 단서로 주제문을 도출한다.
주제문이 명확하게 드러나지 않은 경우, 글의 전체적인 흐름을 파악해 주제를 찾아야 한다. 반복되거나 비슷한 의미를 가진 어구들이 가리키는 공통된 내용을 파악하면 주제문을 보다 쉽게 도출할 수 있다.

기출예제 1 다음 빈칸에 들어갈 말로 가장 적절한 것은?

In adolescence many of us had the experience of falling under the sway of a great book or writer. We became entranced by the novel ideas in the book, and because we were so open to influence, these early encounters with exciting ideas sank deeply into our minds and became part of our own thought processes, affecting us decades after we absorbed them. Such influences enriched our mental landscape, and in fact our intelligence depends on the ability to absorb the lessons and ideas of those who are older and wiser. Just as the body tightens with age, however, so does the mind. And just as our sense of weakness and vulnerability motivated the desire to learn, so does our creeping sense of superiority slowly close us off to new ideas and influences. Some may advocate that we all become more skeptical in the modern world, but in fact a far greater danger comes from _____ that burdens us as individuals as we get older, and seems to be burdening our culture in general.

*entrance: 매료시키다

글의 주제나 요지
글의 전반부에서 우리가 어린 시절에는 새로운 발상이나 영향에 대해 열린 마음 덕분에 그것들을 잘 흡수할 수 있었다는 내용을 다루다가, 중반부에 however가 등장하며 나이가 들수록 마음을 닫게 된다는 내용이 주를 이루게 된다. 빈칸이 있는 문장의 as we get older에 주목하여 글의 요지를 담고 있는 선택지를 고른다.

반복되거나 비슷한 의미의 어구들
tightens with age, slowly close us off to new ideas and influences 등의 표현을 통해 나이가 들수록 마음을 닫게 되는 우리의 모습을 반복적으로 제시하고 있다.

① the high dependence on others
② the obsession with our inferiority
③ the increasing closing of the mind
④ the misconception about our psychology
⑤ the self-destructive pattern of behavior

빈칸에 넣었을 때 얼핏 정답 같아 보이는 매력적인 선택지가 있을 수 있다. 그러므로 글을 주의 깊게 읽으면서 전체적으로 말하는 내용이 무엇인지 정확히 파악한 다음, 오답을 가려내는 것이 중요하다.

- **글의 소재에 관한, 기존에 알고 있던 상식에 부합하는 오답 선택지에 유의한다.**
선택지 가운데 기존에 우리가 알고 있던 상식과 맞아떨어지는 것이 있다면, 그것이 오히려 출제자가 의도한 오답일 확률이 높다. 지문이 기존의 통념을 반박하거나 친숙한 소재에 관한 다른 이야기를 하고 있지는 않은지 확인한다.

- **글의 주제로부터 연상할 수 있거나, 본문의 표현을 그대로 사용한 선택지에 유의한다.**
글의 주제나 본문에 나오는 표현을 보고 떠올릴 수 있는 선택지, 또는 본문의 반복되는 어구를 그대로 쓴 선택지는 매력적인 오답으로 자주 출제된다. 본문 내의 근거를 바탕으로 빈칸에 들어갈 말이 무엇인지 정확히 파악하는 것이 중요하다.

기출예제 **2** 다음 빈칸에 들어갈 말로 가장 적절한 것은?

The entrance to a honeybee colony, often referred to as the dancefloor, is a market place for information about the state of the colony and the
3 environment outside the hive. Studying interactions on the dancefloor provides us with a number of illustrative examples of how individuals changing their own behavior in response to local information
6 _____. For example, upon returning to their hive honeybees that have collected water search out a receiver bee to unload their water to within the hive. If this search time is short
9 then the returning bee is more likely to perform a waggle dance to recruit others to the water source. Conversely, if this search time is long then the bee is more likely to give up collecting water. Since receiver bees will
12 only accept water if they require it, either for themselves or to pass on to other bees and brood, this unloading time is correlated with the colony's overall need of water. Thus the individual water forager's response to
15 unloading time (up or down) regulates water collection in response to the colony's need.

*brood: 애벌레 **forager: 조달자

① allow the colony to regulate its workforce
② search for water sources by measuring distance
③ decrease the colony's workload when necessary
④ divide tasks according to their respective talents
⑤ train workers to acquire basic communication patterns

기법적용

글의 소재에 관한 상식에 유의

- 소재: 꿀벌
- 상식: 꿀벌은 춤으로 의사소통을 한다. / 꿀벌들은 군집 생활을 하며 각각 특정한 역할을 수행한다.

매력적인 오답 선택지

오답 선택지에 colony, tasks, workers 등 꿀벌의 군집 생활을 연상하게 하는 어휘가 쓰여 혼란을 줄 수 있다.

Tips! 선택한 내용을 빈칸에 넣어 전체적인 흐름이 자연스러운지 확인한다.

·적용독해·

정답 및 해설 p. 21

1 다음 빈칸에 들어갈 말로 가장 적절한 것은?

No matter who you are, it feels good to be included in a group. Nobody wants to be left out. Being included means that a person is preferred over other people who, for one reason or another, do not meet the standards of the group. In fact, it can be argued that ³ a fulfilling life depends on being accepted by other people and included in their social activities. This acceptance shows that a person's qualities, ideas, beliefs, and in short, their whole being has been met with approval by a community of others. When other ⁶ individuals acknowledge and accept the essence of who you are, it provides a sense of peace and personal fulfillment. Advertisers try to _____ as a means to get people to purchase their products. They want you to believe that owning a ⁹ certain product will make you a more socially acceptable person and will therefore lead to a more fulfilling life.

① push back against popular opinion ② sell the feeling of belonging to a group
③ accept the different needs of consumers ④ promote their companies' charity work
⑤ associate their brand with individuality

2 다음 빈칸에 들어갈 말로 가장 적절한 것은?

When a pesticide is used to kill insects that damage crops, it doesn't have the same effect on the entire population. It kills only individuals that are genetically unable to resist the specific toxins it contains. While this is usually the majority of the population, ³ the few individuals that can break down the toxins _____.
Despite the application of the pesticide, they will be far more likely to survive and pass on their DNA to the next generation of insects. As a result, this generation will be more ⁶ resistant to the pesticide. If the pesticide is used repeatedly, this resistance will grow and grow until it has little effect on any of the insects, leading the pesticide manufacturer to develop new products that contain even deadlier toxins. ⁹

① will have a significant selective advantage
② could seek out a different crop to feed on
③ may manage to avoid threats from predators
④ will be able to migrate to a pesticide-free region
⑤ could be used to make the pesticide more effective

3

다음 빈칸에 들어갈 말로 가장 적절한 것은?

In the 1930s, the high number of airplane accidents made many people (A) were scared of air travel. Airline executives were aware that there was great potential in commercial flight. However, many people simply considered it too dangerous to ³ try. The executives knew that commercial flight needed to be made safer. In 1944, executives from competing airlines met in Chicago to establish common rules for air travel. They signed a contract with a section called Annex 13. It ensures that all ⁶ aircraft incidents and accidents are properly investigated. Through these investigations, factors that contribute to dangerous events can be identified. Recommendations can then be made to prevent them from happening again. Since the creation of Annex 13, ⁹ every incident involving a commercial passenger airplane (B) is investigated. This has led to the adoption of better safety procedures worldwide. There is no doubt that the collaborative effort of the Chicago Convention was a great success. It's amazing ¹²

_____.

① how quickly the public can create safer environments

② how difficult it can be to get competitors to work together

③ how long it takes for individuals to achieve their own goals

④ how fast our opinions change when we face common challenges

⑤ how well people can work together when they share a common goal

서술형 윗글의 밑줄 친 (A)와 (B)를 어법에 알맞게 각각 고쳐 쓰시오.

(A) _____ (B) _____

---

1 leave out 빠뜨리다, 소외시키다 prefer 선호하다 meet 만나다; *충족시키다 fulfulling 성취감을 주는 quality 질; *자질 approval 인정 acknowledge 인정하다 essence 본질 means 수단 [문제] push back against …을 반박하다 charity work 자선 사업 associate 연상하다, 연관 짓다 individuality 개성

2 pesticide 살충제, 농약 population 인구; *개체 genetically 유전적으로 resist 저항[반대]하다; *…에 잘 견디다[저항하다] (a. resistant 저항력 있는, …에 잘 견디는 n. resistance 저항; *저항력, 저항성) toxin 독소 majority 대부분, 대다수 break down 분해하다 application 적용, 이용 manufacturer 제조자[사] deadly 생명을 앗아가는, 치명적인 [문제] selective 선택적인 seek out 찾아내다 threat 위협 migrate 이동[이주]하다 region 지역

3 executive (기업의) 임원, 경영진 potential 잠재력 commercial 상업의 compete 경쟁하다 contract 계약서 section 부문; *(책·법률·규약 따위의) 항(項) ensure 보장하다 incident 사건 investigate 조사하다 (n. investigation 수사, 조사) contribute 기여하다; *(…의) 원인이 되다 identify 확인하다 recommendation 추천; *권고 adoption 입양; *채택 procedure 절차 collaborative 공동의

4 다음 빈칸에 들어갈 말로 가장 적절한 것은?

The sentence "The pizza is in the oven" expresses a spatial relationship. "The meeting is in the afternoon" expresses a temporal relationship. The relationship expressed in the sentence "Every magpie is a bird" is one of category. The category relationship is the foundation of taxonomy, which presents them hierarchically: A golden retriever is a (type of) dog. A dog is a (type of) mammal. A mammal is a (type of) animal. The terms in these relationships are not equivalent; the category "golden retriever" does not equal the category "dog." Rather, the category "dog" includes golden retrievers. Linguists refer to these different terms as hyponyms and hypernyms. The hyponym is the more specific term in the relationship, while the hypernym is the more general one. "Rose" is a hyponym of "flower" because the things that "rose" refers to _____.

*taxonomy: 분류[학] **hyponym: 하의어 ***hypernym: 상의어

① are more common than most other flowers
② are identical to those that "flower" refers to
③ have a broader range than the meaning of "flower"
④ are included among the things that "flower" refers to
⑤ are smaller in number than the things indicated by "flower"

↑고난도

5 다음 빈칸에 들어갈 말로 가장 적절한 것은?

Most of the products and services that we pay for represent something beyond themselves in our culture and society. However, what they sometimes symbolize can be perceived as highly undesirable. Just as consumers have reasons for choosing to buy certain products, they also have reasons for choosing not to buy certain products. That is because we have not only an ideal self that we aspire to be and to be seen as but an "undesired self" that we do not want to become or be associated with. Research has supported this idea with studies demonstrating that people tend to label various products as being "me" or "not me." Consumers have also been observed to avoid certain products in order to express their dislike for the values that the product's brand stands for. People sometimes even try to distance themselves from what they consider to be "_____" versions of themselves by throwing out possessions that represent an identity they consider themselves to have moved on from.

*aspire: 열망[염원]하다

① old and outdated
② creative and intelligent
③ inferior and immoral
④ instinctive and emotional
⑤ fashionable and trendy

6 다음 빈칸에 들어갈 말로 가장 적절한 것은?

We almost never have complete knowledge of something when we make a decision. We gather as many facts as we can, but we are limited by time and our ability to process ⓐ them. Therefore, nearly every decision that we make is based on _____ 3 _____. However, we should not let incomplete knowledge deter us when we need ⓑ to make a decision. In almost every case, making a decision based on limited information is better than not making one at all. The saying "any decision is better 6 than no decision" might sound ⓒ extreme, but it highlights the importance of making a choice. If you are driving towards the edge of a cliff, you need to turn left or right, but which direction you choose ⓓ are insignificant compared to the need to turn. Don't be 9 afraid to take your feelings and hunches into consideration. Since there is uncertainty in most situations, the majority of our decisions will ultimately ⓔ be influenced to some degree by our intuition. 12

*hunch: 직감, 예감

① a clear reason
② partial ignorance
③ an illogical explanation
④ a series of coincidences
⑤ a complete analysis of data

GRANMAR⁺ 윗글의 밑줄 친 ⓐ~ⓔ 중, 어법상 틀린 것은?

---

4 **spatial** 공간의, 공간적인 **temporal** 시간의 **category** 범주 **foundation** 기초, 토대 **hierarchically** 위계적으로 **term** 용어, 말 **equivalent** 동등한, 같은 가치의 **linguist** 언어학자 [문제] **identical** 동일한 **range** 범위

5 **represent** 대표하다; *나타내다, 상징하다 **symbolize** 상징하다 **undesirable** 원하지[탐탁지] 않은; *바람직하지 않은 **ideal** 이상적인 **undesired** 바라지 않은 **demonstrate** 보여주다, 입증하다 **label** 분류하다, 이름표를 붙이다 **distance** 거리; *거리를 두다 **possession** 소유물, 소지품 **identity** 정체성, 독자성 [문제] **outdated** 구식인, 진부한 **immoral** 비도덕적인

6 **complete** 완전한, 완벽한 (↔ **incomplete** 불완전한, 불충분한) **deter** 그만두게 하다, 단념시키다 **extreme** 극도의; *극단적인 **highlight** 강조하다, 두드러지게 하다 **insignificant** 중요하지 않은, 하찮은 **take ... into consideration** …을 고려하다 **uncertainty** 불확실(성) **ultimately** 궁극적으로, 결국 **to some degree** 어느 정도는, 약간은 **intuition** 직관, 직감 [문제] **partial** 부분적인 **illogical** 비논리적인, 불합리한 **coincidence** (우연의) 일치

O2 함축 의미 추론하기

함축 의미 추론하기는 필자가 전달하고자 하는 중심 내용을 파악하여 밑줄 친 부분에 함축된 의미를 추론하는 유형으로, 보통 비유를 포함한 어구가 밑줄로 출제된다.

유형기법 15 글의 중심 내용과 밑줄 친 표현의 관계를 파악하라!

• 글의 주제를 우선적으로 파악한다.

모든 글에는 반드시 주제, 즉 전달하고자 하는 핵심 내용이 있다. 이를 직접적으로 나타내는 경우도 있지만, 이 유형의 지문은 글의 내용과 무관해 보이는 어휘를 사용하여 주제를 비유적으로 나타낼 때가 많다. 따라서 글의 주제를 우선적으로 파악해야 한다.

• 밑줄 친 어구의 의미를 이해하고, 글의 내용과 연관 지어본다.

밑줄 친 어구의 표면적인 의미에만 주목하여 정답을 추론하지 않도록 주의한다. 글의 전체적인 맥락 속에서 밑줄 친 어구의 의미가 어떻게 확장되는지 살펴보는 것이 중요하다.

기출예제 1 밑줄 친 a nonstick frying pan이 다음 글에서 의미하는 바로 가장 적절한 것은?

How you focus your attention plays a critical role in how you deal with stress. Scattered attention harms your ability to let go of stress, because even though your attention is scattered, it is narrowly focused, for you are able to fixate only on the stressful parts of your experience. When your attentional spotlight is widened, you can more easily let go of stress. You can put in perspective many more aspects of any situation and not get locked into one part that ties you down to superficial and anxiety-provoking levels of attention. A narrow focus heightens the stress level of each experience, but a widened focus turns down the stress level because you're better able to put each situation into a broader perspective. One anxiety-provoking detail is less important than the bigger picture. It's like transforming yourself into a nonstick frying pan. You can still fry an egg, but the egg won't stick to the pan.

*provoke: 유발시키다

① never being confronted with any stressful experiences in daily life
② broadening one's perspective to identify the cause of stress
③ rarely confining one's attention to positive aspects of an experience
④ having a larger view of an experience beyond its stressful aspects
⑤ taking stress into account as the source of developing a wide view

글의 주제 파악

주의를 집중하는 방식이 스트레스 대처에 중요한 역할을 한다는 것을 설명하는 글로, 주의 초점 및 사고의 범위를 넓게 하면 특정하고 지엽적인 부분에 생각이 매몰되지 않아 스트레스를 줄일 수 있다는 것이 중심 내용이다.

밑줄 친 어구의 의미 이해

자신을 프라이팬, 생각을 계란에 비유하여 어느 한 곳에 생각(계란)이 들러붙으면 스트레스가 유발되므로 (생각이) 들러붙지 않는 프라이팬이 되라는 의미이다.

- 글의 핵심 내용을 재진술한(paraphrasing) 선택지를 찾는다.
함축 의미 추론 유형의 정답 선택지는 글의 핵심 내용을 지문에 등장하지 않은 표현으로 재진술한 경우가 많으므로 이에 유의한다.

- 글의 주제와 관련 없는 선택지들은 제외시킨다.
글의 주제와 무관한 선택지들을 제외한 뒤, 적절해 보이는 선택지를 밑줄 친 어구의 자리에 넣었을 때 글의 흐름이 매끄러운지 확인한다.

기출예제 2 밑줄 친 <u>constantly wearing masks</u>가 다음 글에서 의미하는 바로 가장 적절한 것은?

Over the centuries various writers and thinkers, looking at humans from an outside perspective, have been struck by the theatrical quality of social
3 life. The most famous quote expressing this comes from Shakespeare: "All the world's a stage, / And all the men and women merely players; / They have their exits and their entrances, / And one man in his time
6 plays many parts." If the theater and actors were traditionally represented by the image of masks, writers such as Shakespeare are implying that all of us are <u>constantly wearing masks</u>. Some people are better actors than
9 others. Evil types such as Iago in the play *Othello* are able to conceal their hostile intentions behind a friendly smile. Others are able to act with more confidence and bravado—they often become leaders. People
12 with excellent acting skills can better navigate our complex social environments and get ahead.

*bravado: 허세

① protecting our faces from harmful external forces
② performing on stage to show off our acting skills
③ feeling confident by beating others in competition
④ doing completely the opposite of what others expect
⑤ adjusting our behavior based on the social context given

**기법
적용**

**글의 핵심 내용을
재진술한 선택지**

글의 핵심 내용은 마치 연극 배우가 연기를 하듯이 인간은 사회생활에서 주어진 상황에 맞추어 태도를 바꿀 수 있다는 것이며, 이러한 연극적 특성에 빗대어 연기력이 뛰어난 사람들이 출세할 수 있다는 내용으로 귀결된다. 이러한 내용이 지문에 언급되지 않은 표현으로 재진술된 선택지를 찾는다.

글의 주제와 무관한 선택지 제외

· ①, ②: 글에 등장하는 가면이나 연극에 관한 표면적인 내용을 다룬다.
· ④: 글의 주제에 비추어 볼 때, 밑줄 친 어구의 의미와 상반되는 내용을 다룬다.

 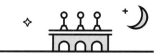

정답 및 해설 p. 24

1 밑줄 친 **playing armchair quarterback**이 다음 글에서 의미하는 바로 가장 적절한 것은?

The influence that empathy has on our daily lives is easy to recognize. It's the reason we love to be immersed in a good novel or get hooked on a new TV drama. Aside from being entertaining, their stories provide opportunities for us to feel what the characters ₃ are going through. We imagine being in their situation and find ourselves laughing or crying along with them. Empathy also plays an important role in our personal relationships. By empathizing with the experiences of our friends and loved ones, as ₆ opposed to just <u>playing armchair quarterback</u> to their struggles, we can understand them better and provide more meaningful support. Not only is this helpful for them, but it's also beneficial for us. Studies have shown that being empathetic can have a variety ₉ of positive effects, such as improving communication skills and reducing stress levels.

① trying to get rid of other people's stress
② not waiting for the issues to be solved on their own
③ having deep conversations with others about emotions
④ being unable to follow instructions in any kind of situation
⑤ offering advice without emotionally comprehending the situation

2 밑줄 친 **sharpen the axe**가 다음 글에서 의미하는 바로 가장 적절한 것은?

Abraham Lincoln, one of the greatest presidents in American history, was known for being energetic and efficient. His philosophy for achieving success was to always <u>sharpen the axe</u>. He famously said, "Give me six hours to chop down a tree, and I will ₃ spend the first four sharpening the axe." Although this is an effective strategy, most people don't use it. Instead, they tend to start tasks immediately, using only the most obvious tools and methods. But that isn't usually the best way to get things done. Before ₆ starting a task, take time to research different ways of completing it. Pay attention to how others do things, and look for methods that differ from your own. Finding the most effective tools for the job is also important. By taking more time to prepare, you can ₉ improve the quality and efficiency of your work.

① focus on using the first method you can think of
② find the right tools and methods for a task before starting
③ make sure the tools you use are sufficiently cost-effective
④ think of as many ways as possible to complete different tasks
⑤ follow the conventional methods most commonly used by others

3 밑줄 친 **it is in our self-interest to act in the interest of the group**이 다음 글에서 의미하는 바로 가장 적절한 것은?

The existence of society depends on maintaining a proper balance between self-interest and what is best for the group. As individuals, people might want to take (A) <u>that</u> others have for themselves, but the community will be better off if people do not steal from 3 one another. It would be nice if we could receive the benefits of government at no cost to ourselves, but these benefits exist only when everyone pays their fair share of taxes. The same is true when it comes to international politics. Individual countries might 6 want to do whatever they please, but treaties and international agreements exist for the benefit of everyone. In short, society always benefits when there are restrictions on individual behavior. We might wish that those restrictions did not apply to us, but our 9 agreeing to play by the same rules as everyone else (B) <u>are</u> a fundamental condition of our membership in society. For this reason, most people acknowledge that <u>it is in our self-interest to act in the interest of the group.</u> 12

*treaty: 조약

① the purpose of society is to resolve conflicts among individuals
② excessive individualism severely limits the potential of individuals
③ cooperating for everyone's benefit improves life for each individual
④ communities cannot be sustained when social agreements are too complex
⑤ competition among individuals produces the best outcome for the group

서술형 윗글의 밑줄 친 (A)와 (B)를 어법에 알맞게 각각 고쳐 쓰시오.

(A) _____   (B) _____

---

1   empathy 감정 이입, 공감 (*v.* empathize 공감하다 *a.* empathetic 감정 이입의) immerse (액체 속에) 담그다; *몰두하게 만들다 get hooked on ···에 푹 빠지다[중독되다] aside from ···외에는, ···을 제외하고 opportunity 기회 as opposed to ···와는 대조적으로 armchair 안락의자; *(실제) 경험에 의하지 않은, 탁상공론식의 struggle 투쟁, 분투; *힘든 일 [문제] instruction (*pl.*) 설명, 지시 comprehend (충분히) 이해하다

2   energetic 활동적인 efficient 능률적인; *유능한, 실력 있는 (*n.* efficiency 효율(성), 능률) effective 효과적인 strategy 전략 immediately 즉시, 즉각 obvious 분명한[명백한]; *너무 빤한 method 방법 [문제] sufficiently 충분히 conventional 관습[관례]적인

3   existence 존재 (*v.* exist 존재하다) proper 적절한 self-interest 사리사욕 when it comes to ···에 관한 한 please 기쁘게 하다, ···하고 싶어 하다 agreement 협약, 협정, 합의 restriction 제약, 제한 fundamental 기본적인, 근본적인 acknowledge 인정하다 [문제] resolve 해결하다 individualism 개인주의 sustain 계속[지속]하다 outcome 결과

4 밑줄 친 <u>a game changer</u>가 다음 글에서 의미하는 바로 가장 적절한 것은?

Most people probably would not associate used cooking oil with airline travel. However, researchers are turning to substances such as this in an effort to reduce the carbon footprint of flight. In fact, a corporation in Europe recently flew a jumbo jet with one engine powered entirely by SAF, or sustainable aviation fuel. SAF typically refers to a kind of fuel that has a smaller overall carbon footprint than fossil fuels. Of course, SAF must be burned in order to power a jet engine, so they still release carbon dioxide into the atmosphere. However, its advocates have suggested that the overall carbon footprint can be as much as 80% smaller. In the case of crop-based biofuels, this is achieved over the product's entire life cycle, because the crops remove carbon from the atmosphere as they grow. Despite these promising discoveries, there are many challenges that must be overcome, and critics have suggested that SAF might not necessarily be <u>a game changer</u>.

*carbon footprint: 탄소 발자국(온실가스 배출량을 이산화탄소로 환산한 단위)

① a strategy for speeding up aircrafts
② a tool for overcoming an economic crisis
③ a solution for lowering the cost of biofuels
④ a major development in reducing carbon emissions
⑤ a technology that worsens the effects of global warming

5 밑줄 친 <u>information technology does carry some excess baggage</u>가 다음 글에서 의미하는 바로 가장 적절한 것은?

Information technology has advanced at an incredible rate, greatly increasing the efficiency of modern businesses. However, <u>information technology does carry some excess baggage</u>. In order to use it on a daily basis, companies require a lot of hardware and energy, both of which are costly. Producing a single 32 megabyte microchip that weighs less than 3 grams requires approximately 1.7 kilograms of material and thousands of potentially dangerous chemicals. And when that one microchip is put to use, it will go on to consume over 2 kilograms worth of fossil fuels over its lifespan. Considered individually, this doesn't seem like a lot. But microchips are being used in an increasing number of products, and the demand for computerized technology shows no signs of slowing down.

① the demand for trained professionals is gradually increasing
② information technology has had a great impact on economic growth
③ information technology has the potential to solve environmental issues
④ information technology requires a lot of resources to manufacture and use
⑤ the production process for information technology is adopting stricter regulations

6 밑줄 친 ***this* creates *that***이 다음 글에서 의미하는 바로 가장 적절한 것은?

People believe that they are a product of their surroundings, but it is actually the opposite. People's surroundings are largely shaped by their decisions and the circumstances they create for themselves. Therefore, it is important ⓐ to approach life actively rather than passively. It is more likely that seeking happiness will lead you to success than it is ⓑ that success will bring happiness to you. So don't allow the storms that life sends your way to push you around and ⓒ decide your path. Instead, find your own way out of the stormy weather by facing any problems or conflicts you have directly and looking for ways to solve ⓓ it. By dealing with your issues, you will contribute to a more peaceful and sunny environment around you. If you ⓔ allow them to remain unresolved, you'll be lost in the cold, miserable storm. Remember, *this* creates *that*, not the other way around.

① the success you achieve brings happiness to your life
② the choices you make cause issues that need to be solved
③ circumstances in your life create opportunities for success
④ the choices you make form the environment that surrounds you
⑤ unsolved conflicts in your life result in further problems for you

 GRAMMAR 윗글의 밑줄 친 ⓐ~ⓔ 중, 어법상 틀린 것은?

---

4 turn to …에 의지하다 substance 물질 corporation 기업 sustainable 지속 가능한 aviation 항공(술) fuel 연료 overall 전체의 release 풀어주다; *방출하다 carbon dioxide 이산화탄소 atmosphere 대기, 공기 advocate 옹호자, 지지자 biofuel 바이오 연료, 생물 연료 promising 유망한 overcome 극복하다, 이기다

5 advance 나아가다; *진보[향상]하다 baggage 수하물 approximately 거의, … 가까이 potentially 잠재적으로 (*n.* potential 가능성, 잠재력) chemical (*pl.*) 화학 물질 consume 소모하다 lifespan 수명 demand 요구; *수요 [문제] gradually 차츰, 서서히 manufacture 제조[생산]하다 adopt 채택하다 regulation 규정

6 surrounding (*pl.*) 주변(의 상황), 환경 (*v.* surround 둘러싸다, 에워싸다) circumstance 환경, 상황 approach 다가가다, 접근하다 passively 수동적으로, 소극적으로 conflict 갈등[충돌] contribute 기부[기증]하다; *기여하다, 이바지하다 unresolved 미해결의 miserable 비참한 the other way around 반대로, 거꾸로

03 요약문 완성하기

요약문 완성하기는 글의 전체 내용을 한 문장으로 압축한 요약문의 빈칸에 들어갈 적절한 말을 선택하는 유형이다.

유형기법 17 요약문에서 단서를 파악하라!

- **주어진 요약문을 먼저 읽는다.**
요약문의 빈칸에 들어갈 말은 글의 핵심어인 경우가 많다. 따라서 요약문과 선택지를 먼저 읽어 글의 소재와 전반적인 내용에 대한 단서를 얻는다.

- **글의 전체 내용을 파악한다.**
대부분의 요약문 완성 문제는 사례나 실험 내용 등을 통해 주제가 함축적으로 제시되므로, 내용을 부분적으로만 이해하면 잘못된 답을 고를 가능성이 크다. 따라서 글의 전체적인 맥락에서 요지를 파악해야 한다.

기출예제 1 다음 글의 내용을 한 문장으로 요약하고자 한다. 빈칸 (A), (B)에 들어갈 말로 가장 적절한 것은?

3

Research for historical fiction may focus on under-documented ordinary people, events, or sites. Fiction helps portray everyday situations, feelings, and atmosphere that recreate the historical context. Historical fiction adds "flesh to the bare bones that historians are able to uncover and by doing so provides an account that while not necessarily true provides a clearer

6

indication of past events, circumstances and cultures." Fiction adds color, sound, drama to the past, as much as it invents parts of the past. And Robert Rosenstone argues that invention is not the weakness of films, it

9

is their strength. Fiction can allow users to see parts of the past that have never—for lack of archives—been represented. In fact, Gilden Seavey explains that if producers of historical fiction had strongly held the strict

12

academic standards, many historical subjects would remain unexplored for lack of appropriate evidence. Historical fiction should, therefore, not be seen as the opposite of professional history, but rather as a challenging

15

representation of the past from which both public historians and popular audiences may learn.

↓

18

While historical fiction reconstructs the past using _____(A)_____ evidence, it provides an inviting description, which may _____(B)_____ people's understanding of historical events.

(A)	(B)	(A)	(B)
① insignificant ······ delay		② insufficient ······ enrich	
③ concrete ······ enhance		④ outdated ······ improve	
⑤ limited ······ disturb			

기법적용

요약문의 이해

역사 소설은 (A)한 증거를 사용하여 과거를 재구성하지만, 그것은 매력적인 설명을 제공하여 역사적 사건에 대한 사람들의 이해를 (B)할 수 있다.
→ (A)에는 다소 부정적인 의미의 단어가, (B)에는 긍정적인 의미의 단어가 들어감을 알 수 있다.

글의 전체 내용 파악

역사 소설은 과거의 단편적인 정보와 지어낸 이야기가 뒤섞인 허구적 창작물이지만, 오히려 허구를 통해 과거의 일부를 생생하게 표현할 수 있고 이로 인해 역사가들뿐만 아니라 일반 대중들도 과거에 대해 보다 잘 이해할 수 있게 해준다는 내용이다.

- **반복되는 어휘를 통해 핵심 내용을 추측한다.**
요약문의 빈칸에 들어갈 말은 대개 글의 핵심 내용을 담고 있지만, 정답 선택지에 본문의 어휘가 그대로 쓰이기보다는 그와 유사한 표현이나 동의어가 제시되는 경우가 많다는 점에 유의한다. 본문에 반복해서 나오는 어휘를 확인하거나, 선택지 및 요약문에 나온 것과 같거나 비슷한 의미를 가진 어구에 표시해 두는 것도 좋은 방법이다.

- **선택지의 단어들을 빈칸에 넣어본다.**
단락의 핵심 내용을 토대로 요약문의 빈칸에 들어갈 단어를 추론해 본다. 추론한 내용과 선택지에 제시된 단어들을 비교하여 적절하다고 생각되는 것을 요약문의 빈칸에 넣어본 후, 요약문이 본문의 전체적인 내용을 제대로 반영하는지 살펴본다.

기출예제 **2** 다음 글의 내용을 한 문장으로 요약하고자 한다. 빈칸 **(A)**, **(B)**에 들어갈 말로 가장 적절한 것은?

기법
적용

3

6

9

12

In 2006, researchers conducted a study on the motivations for helping after the September 11th terrorist attacks against the United States. In the study, they found that individuals who gave money, blood, goods, or other forms of assistance because of other-focused motives (giving to reduce another's discomfort) were almost four times more likely to still be giving support one year later than those whose original motivation was to reduce personal distress. This effect likely stems from differences in emotional arousal. The events of September 11th emotionally affected people throughout the United States. Those who gave to reduce their own distress reduced their emotional arousal with their initial gift, discharging that emotional distress. However, those who gave to reduce others' distress did not stop empathizing with victims who continued to struggle long after the attacks.

*distress: (정신적) 고통 **arousal: 자극

↓

15

A study found that the act of giving was less likely to be _____(A)_____ when driven by self-centered motives rather than by other-focused motives, possibly because of the _____(B)_____ in emotional arousal.

(A)	(B)	(A)	(B)
① sustained	······ decline	② sustained	······ maximization
③ indirect	······ variation	④ discouraged	······ reduction
⑤ discouraged	······ increase		

핵심 내용 추측하기

- individuals who gave because of other-focused motives were almost four times more likely to still be giving support than those whose original motivation was to reduce personal distress
→ 타인 중심적 동기로 베푼 사람들이 개인의 고통을 줄이려는 동기를 가진 사람들보다 지원을 지속할 가능성이 더 높음
- Those who gave to reduce their own distress reduced their emotional arousal with their initial gift
→ 자기 자신의 고통을 줄이기 위해 기부한 사람은 초기 기부로 감정적 자극을 줄임

선택지 삽입 후 확인하기

선택지의 단어를 빈칸에 넣어 요약문을 완성한 뒤, 요약문이 '타인 중심적 동기가 아니라 개인의 고통을 줄이려는 동기로 남을 돕는 것은 지속되기 어려운데, 이는 감정적 자극이 줄어들기 때문이다'라는 글의 요지를 잘 반영하고 있는지 다시 한 번 확인한다.

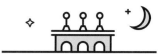
1 다음 글의 내용을 한 문장으로 요약하고자 한다. 빈칸 (A), (B)에 들어갈 말로 가장 적절한 것은?

Social psychologists arranged an experiment to test how strongly individuals feel responsible for helping others. In the experiment, people were placed in separate rooms but were given microphones and earphones so that they could communicate with one another. This allowed them to hear each other but not see each other. Next, a recording that imitated the sounds of an epileptic seizure was played, and participants were led to believe that one of the others was suffering the seizure. In some cases, individuals were made to think that he or she was the only person hearing the sounds. In other cases, they were made to think that others could hear it as well. The study showed that participants who believed that they were the only person to hear the sounds were much more likely to leave their room to help than those who believed that others could also hear it. Moreover, as the number of people who were believed to be listening increased, the feeling of individual responsibility lessened accordingly.

*epileptic seizure: 간질 발작

↓

An experiment showed that when confronted with a(n) _____(A)_____ situation, a person's feelings of personal responsibility _____(B)_____ as the number of people aware of the situation increased.

	(A)		(B)
①	stable	······	weakened
②	dynamic	······	sustained
③	frightening	······	intensified
④	urgent	······	declined
⑤	casual	······	decreased

1 **social psychologist** 사회 심리학자 **arrange** 계획하다, 마련하다 **place** 두다, 배치하다 **separate** 분리된, 따로 떨어진 **imitate** 모방하다, 흉내 내다 **participant** 참가자 **lessen** 줄다, 완화되다 **accordingly** 그에 맞춰 **confront** 직면하다, 맞서다 **aware** 알고 있는 [문제]**dynamic** 역동적인 **urgent** 긴급한

2

다음 글의 내용을 한 문장으로 요약하고자 한다. 빈칸 (A), (B)에 들어갈 말로 가장 적절한 것은?

It is common to see meat packaging that boasts of humane treatment and processes that minimize the suffering of the animals. Consumers are attracted to these labels because they are morally concerned with the way in which the meat was obtained. However, a study suggests that there is another reason for using such labels. In an experiment, researchers gave participants identical meat samples presented in different ways. One was labeled "humanely raised," and the other was said to be from a factory. Surprisingly, the former was rated as tasting better than the latter. Participants even rated the humane-labeled meat as superior to the factory-labeled samples in terms of smell and look. These results show that there is a lot more to how consumers perceive a product's quality than simply its ingredients.

⬇

A study showed that _____(A)_____ related to how the animals were raised can _____(B)_____ consumers' perception of the quality of meat products.

	(A)		(B)
①	information	·····	clarify
②	information	·····	affect
③	technology	·····	block
④	technology	·····	affect
⑤	methods	·····	clarify

서술형 윗글의 네모 안의 these labels 가 가리키는 것을 찾아 우리말로 쓰시오.

_____

2　**boast** 뽐내다, 자랑하다　**humane** 인도적인, 인정있는 (*ad.* **humanely** 인도적으로)　**treatment** 치료; *처우, 대우　**minimize** 최소화하다　**label** 라벨, 표; 라벨을 붙이다　**morally** 도덕[도의]적으로　**obtain** 얻다[구하다]　**identical** 동일한, 똑같은　**the former** (둘 중에서) 전자 (↔ **the latter** 후자)　**rate** 평가하다[여기다]　**superior to** …보다 뛰어난　**perceive** 인지[인식]하다 (*n.* **perception** 인식)　**ingredient** 재료, 성분　[문제] **clarify** 명확하게 하다

3 다음 글의 내용을 한 문장으로 요약하고자 한다. 빈칸 (A), (B)에 들어갈 말로 가장 적절한 것은?

Two people with similar diets may have very different physical appearances, even if their other activities are also comparable. Researchers at Yale University may have found the reason for this. The scientists discovered variances in the stomach signaling systems of rats. Indeed, the intensity with which the rats' stomachs sent signals when they were full varied from rat to rat. In some cases, the signal was dull—this caused the rats to continue to eat even after they were full. This type of behavior eventually leads to obesity, which suggests that human obesity may be linked to more than just personal choices. Professor Tamas Horvath argues that the inherent characteristics of the connection between their stomachs and their brains might be causing certain people to consume more than they should.

⬇

According to a study, some people may be more prone to _____(A)_____ because the signals sent by their stomachs to their brains are _____(B)_____ than normal.

	(A)		(B)
①	dieting	······	slower
②	dieting	······	faster
③	digesting	······	safer
④	overeating	······	stronger
⑤	overeating	······	weaker

---

3 diet 일상적인 식사[음식]; 다이어트를 하다 appearance (겉)모습, 외모 comparable 비슷한, 비교할 수 있는 variance 변화, 변동 (량); *차이, 불일치 (v. vary 서로[각기] 다르다) signal 신호를 보내다; 신호 intensity 강렬함, 강함; *강도[세기] dull 무딘; *분명치 않은 obesity 비만, 비대 inherent 타고난, 고유의 be prone to …하기 쉽다 [문제] digest 소화하다

4 다음 글의 내용을 한 문장으로 요약하고자 한다. 빈칸 (A), (B)에 들어갈 말로 가장 적절한 것은?

In 1951, a social psychologist conducted an experiment ⓐ in which 50 college students were invited to participate in what was called a "vision test." In the supposed test, the participants were asked to look at lines on a card and select which one was longer than the other. However, some of the "participants" were actually actors who ⓑ had been asked to occasionally select the wrong answer on purpose. After 12 trials, almost one-third of the real participants ⓒ agreeing with the incorrect majority when the actors intentionally chose the wrong answer. In contrast, less than 1 percent of the participants in the experiment's control group, which did not have any actors, ever ⓓ selected the wrong answer. This experiment demonstrated people's tendency to conform to groups, and it helps ⓔ to explain why individuals sometimes alter their behavior or their previously held opinions in order to fit in when they are in a social setting.

↓

An experiment conducted by a social psychologist found that individuals are inclined to _____(A)_____ the incorrect judgments of the majority in group settings, showing the influence of social _____(B)_____ on behavior.

	(A)		(B)
①	refuse	·····	gatherings
②	adopt	·····	pressure
③	follow	·····	research
④	reinforce	·····	independence
⑤	reflect	·····	customs

GRAMMAR 윗글의 밑줄 친 ⓐ~ⓔ 중, 어법상 틀린 것은?

4 occasionally 가끔, 때때로 on purpose 일부러, 고의로 trial 재판; *시도, 실험 majority 대다수, 과반수 intentionally 의도적으로 demonstrate 보여주다, 입증[실증]하다 tendency 경향 conform 순응하다 alter 바꾸다 fit in 맞추다, 어울리다 setting 배경, 상황 be inclined to-v …하는 경향이 있다 [문제] gathering 모임 reinforce 강화하다; 보강하다

04 분위기 · 심경 파악하기

글에 나타난 상황을 바탕으로 글의 전체적인 분위기나 등장인물의 심경 변화를 추론하는 유형으로, 보통 개인의 감정이나 느낌이 잘 드러나는 수필 또는 소설 등의 형식이나 일화에서 출제된다.

유형기법 19 글을 전체적으로 파악하라!

- **빠르게 훑어보면서 전체적인 흐름을 파악한다.**
이 유형에서는 세부 내용에 지나치게 초점을 맞추기보다는 글을 빠르게 훑어보면서 전체적인 흐름을 파악하는 것이 중요하다. 특히 심경 변화 유형의 경우, 글의 흐름이 중간에 전환되는 지점이 있으므로, 글을 끝까지 읽으면서 앞뒤 상황을 정확히 이해하도록 한다.

- **장면이나 상황에 대한 묘사에 집중하여 이를 상상하며 읽는다.**
장면이나 상황에 대한 구체적인 묘사는 등장인물이 처한 상황과 그로 인해 비롯되는 감정을 생생하게 전달해 준다. 소설을 읽듯이 장면들을 머릿속에 그리며 읽다 보면 분위기나 심경을 파악하는 데 도움이 된다.

기출예제 1 다음 글에 드러난 Nancy의 심경 변화로 가장 적절한 것은?

The day trip to Midtown scheduled for today was canceled because the road leading there was blocked by heavy snow. "Luck just didn't run my
3 way. Sightseeing in Midtown was why I signed up for this trip ..." Nancy said to herself, with a long sigh. She was thinking of all the interesting sights she wouldn't be able to enjoy. All of a sudden, there was a knock
6 at the door. "News! We are going to the Pland Zoo near the hotel. We will meet in the lobby soon." It was the voice of her tour guide. She sprung off the couch and started putting on her coat in a hurry. "The
9 Pland Zoo! That's on my bucket list! What a turn of fortune!" shouted Nancy.

① disappointed → excited
② relieved → anxious
③ surprised → annoyed
④ ashamed → grateful
⑤ indifferent → amazed

기법적용

전체적인 흐름

예정되어 있던 여행이 취소되어 아쉬워하고 있던 등장인물에게 여행 가이드가 이를 대신할 다른 계획이 생겼음을 알려주는 내용이다. 중반부 이후에 글의 흐름이 전환되는 부분에 유의한다.

장면이나 상황에 대한 묘사

with a long sigh, sprung off the couch 등의 표현을 통해 등장인물이 처한 상황과 감정을 생생하게 느낄 수 있다.

- 분위기나 심경을 드러내는 표현에 주목한다.

등장인물의 표정이나 태도, 행동 등을 통한 간접적인 묘사뿐만 아니라, 글의 전반적인 분위기나 인물이 느끼는 감정을 직접적으로 제시하는 경우도 있으므로 이를 잘 포착하면 도움이 된다.

- 선택지에 자주 나오는 어휘들을 익혀둔다.
- 분위기 관련 어휘

awesome 굉장한, 멋진	awful 끔찍한	despairing 절망적인	dynamic 역동적인
festive 즐거운, 흥겨운	frightening 무서운	gloomy 음울한	grave 심각한
horrible 끔찍한	lively 활기찬	melancholy 우울한	monotonous 단조로운
moving 감동적인	mysterious 신비한	pastoral 한가로운	peaceful 평화로운
romantic 낭만적인	scary 무서운	solemn 엄숙한	spectacular 장관을 이루는
tedious 지루한	tense 긴장된, 긴박한	urgent 긴급한, 다급한	wearisome 지루한

- 심경 관련 어휘

alarmed 불안해[두려워]하는	amused 즐거워하는	annoyed 짜증이 난	anxious 불안해하는
ashamed 부끄러운	concerned 걱정하는	delighted 기뻐하는	depressed 우울한
desperate 필사적인	disappointed 실망한	embarrassed 당황스러운	envious 부러워하는
frightened 겁먹은	frustrated 좌절한	grateful 감사하는	hopeful 희망에 찬
hopeless 절망한	impressed 감명을 받은	indifferent 무관심한	irritated 짜증이 난
lonely 외로운	miserable 비참한	nervous 불안해하는	regretful 후회하는
relieved 안도한	satisfied 만족한	scared 겁에 질린	sorrowful 슬픈
sympathetic 동정적인	terrified 무서워하는	uneasy 불안한	upset 속상한

기출예제 **2** 다음 글에 드러난 **David**의 심경 변화로 가장 적절한 것은?

David was starting a new job in Vancouver, and he was waiting for his bus. He kept looking back and forth between his watch and the direction

3 the bus would come from. He thought, "My bus isn't here yet. I can't be late on my first day." David couldn't feel at ease. When he looked up again, he saw a different bus coming that was going right to his work.

6 The bus stopped in front of him and opened its door. He got on the bus thinking, "Phew! Luckily, this bus came just in time so I won't be late." He leaned back on an unoccupied seat in the bus and took a deep breath,

9 finally able to relax.

글에 드러난 심경 표현

couldn't feel at ease, finally able to relax와 같이 등장인물의 심경을 드러낸 표현을 통해, 인물의 심경이 부정적인 상태에서 긍정적인 상태로 변한 것을 알 수 있다.

선택지 어휘 파악

글에 드러난 감정과 무관한 선택지는 소거하고, 인물의 심경을 가장 잘 드러내는 어휘를 고른다.

① nervous → relieved
② lonely → hopeful
③ pleased → confused
④ indifferent → delighted
⑤ bored → thrilled

1 다음 글에 드러난 'I'의 심경 변화로 가장 적절한 것은?

I was in the middle of a dream when my brother, James, called out, "The presents are here!" Filled with joy, I jumped out of bed and rushed downstairs. "I have been waiting for this day for a very long time," I said to my sister, Lisa. Together we dashed 3 toward the Christmas tree where James was already opening his first gift. The box was beautifully wrapped in sparkling red and green paper with an elaborate bow on top. Underneath the tree, dozens of other presents were waiting to be opened. "Merry 6 Christmas, kids!" my parents said. I began to check the boxes one by one. There were many gifts for James and Lisa, but there was nothing for me. As my siblings proudly displayed their gifts, I looked up at my parents. Tears started to fill my eyes. 9

① grateful → nervous   ② delighted → indifferent
③ excited → disappointed   ④ eager → satisfied
⑤ enthusiastic → frightened

2 다음 글에 드러난 'I'의 심경 변화로 가장 적절한 것은?

It's winter, and my brother and I are standing atop a hill with our sled. Everything is covered in snow as far as we can see. I climb onto the sled, my brother sits down behind me, and we begin sliding down the hill. The snow is covered with ice, so we are 3 suddenly moving at great speed. Trees fly by, and I can barely control the sled. I hear my brother screaming in my ear, and soon I'm screaming too. There is a brick wall at the bottom of the hill, and I'm not sure if we'll be able to stop in time. We both start 6 dragging our feet, trying to slow down. Finally, the sled comes to a halt a few meters from the wall. I take a deep breath, pull my brother's hands from around my waist, and struggle to my feet. It's time to go home. 9

① surprised → disappointed   ② terrified → relieved
③ confused → shocked   ④ indifferent → annoyed
⑤ excited → embarrassed

3 다음 글의 상황에 나타난 분위기로 가장 적절한 것은?

Hanna glanced down at the lake shimmering below as her glider soared through the crisp spring air. The view was breathtaking, and she felt very alive at that moment. Shaking her head, she reminded (A) her that she needed to focus. Landing was the ₃ hardest part of gliding, but she had prepared for it and knew what to do. Drawing closer to the landing field, she could see her friends and family smiling up at her, waving and shouting. After she lightly touched down on the soft grass and brought her glider to a ₆ stop, they crowded around her, congratulating her on her first flight. Her father barely waited for her to get out of the glider before (B) wrapped her in a hug. "How do you feel?" he asked. Hanna just grinned and replied, "When can I do it again?" ₉

① uplifting and lively
② urgent and tense
③ relaxing and calm
④ frightening and scary
⑤ boring and tedious

서술형 윗글의 밑줄 친 (A)와 (B)를 어법에 알맞게 각각 고쳐 쓰시오.

(A) _____   (B) _____

---

1 **rush** 급히 움직이다, 서두르다 **dash** (급히) 서둘러 가다 **wrap** (감)싸다; *포장하다 **elaborate** 정교한; *화려한 **dozens of** 수십의, 많은 **sibling** 형제자매 **display** 전시하다; *내보이다 [문제] **eager** 열렬한, 간절히 바라는 **enthusiastic** 열렬한, 열광적인

2 **atop** 꼭대기에, 맨 위에 **scream** 소리치다, 비명을 지르다 **drag** (발 등을) 질질 끌다 **come to a halt** 정지하다, 멈추다

3 **glance** 흘깃[휙] 보다 **shimmer** 희미하게 빛나다, (빛을 받아) 어른[일렁]거리다 **glider** 글라이더, 활공기 (v. **glide** 미끄러지듯 가다; *글라이더로 날다) **soar** 급증[급등]하다; *(하늘 높이) 날아오르다[날다] **crisp** 바삭바삭한; *상쾌한 **breathtaking** (너무 아름답거나 놀라워서) 숨이 막히는[멎을 듯한] **draw** 그리다; *(언급된 방향으로) 이동하다[움직이다] **touch down** (비행기 등이) 착륙하다 **grin** (소리 없이) 활짝[크게] 웃다 [문제] **uplifting** 사기를 높이는, 희망을 주는

4 다음 글에 드러난 Eric의 심경 변화로 가장 적절한 것은?

One night, while Eric was watching television, he thought he heard a knock at the door. But when he opened it, he saw only a few dry leaves blowing in the cold breeze. Then, from above him, the knocking sound echoed down. The attic! He moved slowly to the kitchen, where he picked up a flashlight. His hand shook so much that the light jumped back and forth in front of him. He began to climb the stairs. It seemed to take an hour to walk up them. Now he could see the attic door—and hear more noises coming from it. There was a scratching sound, as if something was trying to get out. He hesitated. At that moment, the door flew open. Eric jumped backwards and almost fell as his terrified cat, Calvin, ran past him. "Calvin! How did you get in there?" Eric shouted. He sighed and went back downstairs.

① nervous → regretful
② embarrassed → impressed
③ indifferent → excited
④ frightened → relieved
⑤ hopeful → disappointed

5 다음 글에 드러난 Emma의 심경으로 가장 적절한 것은?

Every time Emma looked at her sister Victoria, she felt proud simply because of her bright personality. Emma loved her more than anyone else in the world. She enjoyed thinking of all the lovely afternoons they had spent singing together. Now, at her sister's wedding, the music started right on time, and everyone looked to the back of the room. Emma gasped—her sister was more beautiful than ever in her white dress. Victoria walked gracefully to the front of the hall and smiled at Emma. Then, to Victoria's surprise, the music changed. Emma stepped forward and began to sing. Tears came to Victoria's eyes as she recognized the familiar words of their favorite childhood song. Emma, too, began to cry as she sang and remembered all their happy times together.

① confident and lively
② guilty and ashamed
③ joyful and nostalgic
④ jealous and anxious
⑤ impatient and stressed

6 다음 글에 드러난 **Andre**의 심경 변화로 가장 적절한 것은?

The skaters stood on the ice, preparing to dash forward. "Ready!" The command echoed across the rink. Andre leaned forward, his heart ⓐ <u>pounded</u>. As a loud "boom!" rang out, the athletes sprang away from the starting line and went flying around the track. There were three skaters in front of Andre. At the first turn, he slid ⓑ <u>easily</u> around the last one and held his place at third. Two more laps passed; he tried to push forward but ⓒ <u>was stopped</u> by his rivals each time. The seconds flew by, and the finish line was approaching. With all his effort, Andre made his last attempt ⓓ <u>to pass</u>. At that same moment, the skater in second place tried to pass on the inside. He miscalculated and brushed the leader, causing them both to fall. With no one in his way now, Andre rocketed across the finish line. Around him, the crowd cheered his name. He looked up at the crowd with his arms open wide, ⓔ <u>wearing</u> a huge smile on his face.

① excited → disappointed
② delighted → confused
③ upset → sympathetic
④ determined → thrilled
⑤ confident → frustrated

GRAMMAR 윗글의 밑줄 친 ⓐ~ⓔ 중, 어법상 틀린 것은?

---

4 **breeze** 산들바람, 미풍 **echo** (소리가) 울리다, 메아리치다 **attic** 다락(방) **scratch** 긁다 **hesitate** 망설이다[주저하다]

5 **personality** 성격 **gasp** 숨이 턱 막히다 **gracefully** 기품 있게, 우아하게 **to one's surprise** 놀랍게도 **familiar** 익숙한, 친숙한 [문제] **guilty** 죄책감이 드는, 가책을 느끼는 **nostalgic** 향수의, 향수에 빠져있는 **jealous** 질투하는 **impatient** 짜증[안달] 난

6 **command** 명령, 호령, 구령 **pound** 두드리다; *(심장이) 두근거리다 **lap** 무릎; *한 바퀴 **approach** 다가가다; *가까워지다 **attempt** 시도 **miscalculate** (상황을) 오판하다 **brush** 솔질을 하다; *스치듯 지나가다 **rocket** 치솟다; *로켓[쏜살]처럼 가다, 돌진하다 [문제] **determined** 굳게 결심한

05 지칭 추론하기

지칭 추론하기는 글에 제시된 대명사 중에서 지칭하는 대상이 나머지와 다른 것을 찾는 유형으로, 글의 전반적인 상황을 이해하면서 중심 소재나 등장인물을 정확히 파악하는 것이 중요하다.

유형기법 21 글의 중심 소재나 주요 인물을 파악하라!

• **글의 중심 소재나 주요 인물을 먼저 파악한다.**
글의 중심 소재나 주요 인물은 반복적으로 언급되므로 대명사로 제시되는 경우가 많다. 따라서, 글의 중심 소재나 주요 인물들을 먼저 파악한 후, 각각의 대명사가 지칭하는 대상을 찾도록 한다.

• **각 대명사의 특징과 일치하는 지칭 대상을 찾는다.**
각 대명사의 수와 성과 일치하는 지칭 대상을 찾아보며 답을 추론한다.

기출예제 1 밑줄 친 부분이 가리키는 대상이 나머지 넷과 다른 것은?

John was once in the office of a manager, Michael, when the phone rang. Immediately, Michael bellowed, "That disgusting phone never stops

3 ringing." ① He then proceeded to pick it up and engage in a fifteen-minute conversation while John waited. When ② he finally hung up, he looked exhausted and frustrated. He apologized as the phone rang

6 once again. He later confessed that he was having a great deal of trouble completing his tasks because of the volume of calls he was responding to. At some point John asked him, "Have you ever considered having

9 a certain period of time when ③ you simply don't answer the phone?" Michael said, "As a matter of fact, no," looking at ④ him with a puzzled look. It turned out that this simple suggestion helped Michael not only to

12 relax, but to get more work done as well. Like many people, ⑤ he didn't need hours of uninterrupted time, but he did need some!

*bellow: 고함치다

글의 등장인물

• John → Michael의 사무실에서 그의 전화가 끝나기를 기다리고 있음
• Michael → 관리자로서 자신의 사무실에서 끊임없이 전화에 응대하느라 어려움을 겪고 있음

각 대명사가 지칭하는 대상

전화를 받으러 가거나 끊는 행위의 주체가 누구인지를 생각해 보면 밑줄 친 대명사가 지칭하는 대상을 파악하는 것이 어렵지 않다. 대화문이 나올 경우에는 누가 그 말을 하는지 정확하게 파악하는 것이 중요하다.

Tips! 등장인물의 대사에 나오는 대명사는 발화자의 입장에서 대상을 파악해야 한다. 여기서는 John의 대사에서 'you'가 나왔으므로, 이는 상대방인 Michael을 가리킴을 알 수 있다.

유형기법 22 새로운 대상이 등장하는 부분에 유의하라!

- 첫 번째 밑줄 친 대명사가 지칭하는 대상이 누구인지 먼저 확인한다.

첫 번째 밑줄 친 대명사의 지칭 대상을 확인한 후, 이를 기준으로 이후에 나오는 선택지들의 지칭 대상을 차례로 확인하면서 나머지와 다른 하나를 찾는다.

- 새로운 대상이 등장하는 부분에 유의한다.

새로운 대상이 등장하고 나면 같은 대명사가 서로 다른 대상을 지칭할 수 있으므로 헷갈리지 않도록 유의한다.

기출예제 2 밑줄 친 부분이 가리키는 대상이 나머지 넷과 <u>다른</u> 것은?

Scott Adams, the creator of *Dilbert*, one of the most successful comic strips of all time, says that two personal letters dramatically changed his
3 life. One night ① <u>he</u> was watching a PBS-TV program about cartooning, when he decided to write to the host of the show, Jack Cassady, to ask for his advice about becoming a cartoonist. Much to ② <u>his</u> surprise, he heard
6 back from Cassady within a few weeks in the form of a handwritten letter. The letter advised Adams not to be discouraged if he received early rejections. Adams got inspired and submitted some cartoons, but
9 ③ <u>he</u> was quickly rejected. Not following Cassady's advice, ④ <u>he</u> became discouraged, put his materials away, and decided to forget cartooning as a career. About fifteen months later, he was surprised to receive yet
12 another letter from Cassady, especially since he hadn't thanked ⑤ <u>him</u> for his original advice. He acted again on Cassady's encouragement, but this time he stuck with it and obviously hit it big.

첫 번째 밑줄 친 대명사

이때까지 등장인물은 Scott Adams 한 명뿐이므로, 첫 번째 밑줄 친 대명사의 지칭 대상은 어렵지 않게 찾을 수 있다.

새로운 대상이 등장하는 부분

두 번째 문장에서 Jack Cassady 가 처음 등장하므로, 이후 대명사가 Adams를 가리키는지 Cassady를 가리키는지 주의해서 살펴보아야 한다.

정답 및 해설 p. 33

1 밑줄 친 부분이 가리키는 대상이 나머지 넷과 <u>다른</u> 것은?

The Royal Academy's annual art exhibition was about to open, and the artists were all putting the final touches on their work. One of them, John Constable, looked at a landscape that Clarkson Stanfield was finishing. "The sky looks marvelous," ① <u>he</u> said to Stanfield. Later that afternoon, ② <u>he</u> met his friend Ramsay Reinagle. "The sky in Stanfield's landscape looks like mud," ③ <u>he</u> remarked. When Reinagle visited the exhibition, he studied the painting closely. "But I like the sky!" ④ <u>he</u> said to himself aloud. Stanfield, passing nearby, overheard Reinagle and asked him what he meant. "Well," said Reinagle, "Constable told me that the sky looked like mud." Stanfield then approached Constable and accused ⑤ <u>him</u> of lying: "You praised the sky in my painting before, but you told Reinagle it looks like mud!" Constable replied, "Yes! I happen to like mud!"

2 밑줄 친 부분이 가리키는 대상이 나머지 넷과 <u>다른</u> 것은?

Around the world, pickles are one of the most popular fermented foods. ① <u>They</u> can be found in everything from sandwiches and salads to sauces and side dishes. ② <u>They</u> even have their own holiday, called Pickle Day, which is celebrated on November 14 in the United States. Vegetables are the key ingredient in making pickles. To start with, ③ <u>they</u> are immersed in vinegar or an extremely salty water called brine. This kicks off the fermentation process, which extends their shelf life by killing harmful bacteria. Some of the most common pickle varieties are made from cucumbers, onions, or radishes. Although ④ <u>their</u> exact origin remains a mystery, scientists have found clues about the first pickles. Some evidence suggests that they were invented in ancient Mesopotamia using Indian cucumbers. However, other findings point to China, where ⑤ <u>they</u> were created as a snack for workers building the Great Wall.

*brine: 염수, (특히 식품 저장용) 소금물

3 밑줄 친 부분이 가리키는 대상이 나머지 넷과 <u>다른</u> 것은?

Russian physiologist Ivan Pavlov is credited with creating the first instance of behavioral conditioning by triggering dogs' salivation with a bell. Now, Japanese scientists have reproduced this reaction in cockroaches. ① <u>They</u> managed to make the insects respond to certain smells, such as peppermint and vanilla. To achieve ⟨this⟩, ② <u>they</u> gave the cockroaches a sugary liquid right after releasing these scents. ③ <u>They</u> did this repeatedly over a period of time and then measured the cockroaches' salivation behavior when their antennae were exposed to various smells. What ④ <u>they</u> found was that the cockroaches began to salivate when exposed to vanilla and peppermint. However, when a different odor was used, ⑤ <u>they</u> did not have the same reaction. Thus, the researchers successfully conditioned the animals to physiologically respond to stimuli that were previously irrelevant, just like Pavlov's dogs responded to the bell.

*behavioral conditioning: 행동주의 조건화　**salivation: 타액 분비

윗글의 네모 안의 ⟨this⟩가 가리키는 것을 찾아 우리말로 쓰시오.

_____

_____

1　**annual** 연례의, 매년의　**exhibition** 전시회, 전람회　**put the final touches** 마무리를 하다　**landscape** 풍경; *풍경화　**marvelous** 경이로운, 놀라운　**remark** 말하다, 언급하다　**overhear** 우연히 듣다　**approach** 다가가다, 접근하다　**accuse A of B** A를 B로 고발[비난]하다　**happen to-v** 우연히 …하다, 어쩌다 …하게 되다

2　**ferment** 발효시키다 (*n.* **fermentation** 발효 (작용))　**celebrate** 기념하다, 축하하다　**ingredient** 재료[성분]　**immerse** (액체 속에) 담그다　**vinegar** 식초　**kick off** (…을) 시작하다　**extend** 뻗다; *연장하다　**shelf life** (식품의) 유통 기한　**variety** 여러 가지; *품종[종류]　**radish** 무

3　**physiologist** 생리학자 (*ad.* **physiologically** 생리(학)적으로)　**be credited with** …한 공로를 인정받다, 한 것으로 여겨지다　**instance** 사례, 경우　**reproduce** 복사[복제]하다; *다시 만들어내다, 재생[재현]하다　**liquid** 액체　**release** 풀어주다; *방출하다　**scent** 냄새, 향기　**antenna** (곤충의) 더듬이 (*pl.* **antennae**)　**expose** 드러내다; *노출시키다　**salivate** 침을 흘리다　**odor** 냄새　**condition** (사람·동물을) …하도록 길들이다, 훈련시키다　**stimulus** 자극 (*pl.* **stimuli**)　**previously** 이전에　**irrelevant** 무관한, 상관없는

4 밑줄 친 부분이 가리키는 대상이 나머지 넷과 다른 것은?

Standing on a balcony and looking down into the prison courtyard below, Matthew was stunned to hear his father's name called out. Until that moment, Matthew hadn't even been sure that ① his father was still alive. A group of men dressed in the uniforms of ₃ prisoners were gathered around a prison guard, and ② he watched as one of them raised his hand in response. Matthew leaned out over the balcony's railing, standing on the tips of ③ his toes and trying to get a clear look at the man's face. His father had been ₆ arrested by soldiers more than a year ago, and Matthew could barely recall the features of ④ his face. But when the man stepped forward into the light, all the memories came rushing back into ⑤ his mind. It was definitely his father, and he was alive and well. ₉

5 밑줄 친 부분이 가리키는 대상이 나머지 넷과 다른 것은?

One day, an elementary school student named Samuel was looking through his father's closet for a necktie to wear. ① He loved being fashionable, but none of his father's store-bought ties seemed good enough. Then he made a decision that would change ₃ ② his life: he decided to design his own homemade neckties. Now, after making several television appearances and signing a deal with a major sports league, Samuel has turned his homemade neckties into a business worth over one million dollars. ₆ And ③ he is doing it all while maintaining good grades in school! In a recent family interview, Samuel's father explained that he always encouraged his son's creativity, and ④ he proudly wears a homemade necktie to work each day. Talking about ⑤ his future, ₉ Samuel said that he intends to finish high school and then become an influential fashion designer.

6 밑줄 친 부분이 가리키는 대상이 나머지 넷과 <u>다른</u> 것은?

Nathan gazed proudly into the mirror at his new martial arts uniform. His father, a renowned instructor, had finally agreed to start training ① <u>him</u>. Convincing his father hadn't been easy, so Nathan was determined to prove himself. Walking into the gym, ₃ he couldn't help but imagine all of the moves (A) what / that his father was about to teach him, and ② <u>he</u> was eager to begin. To Nathan's surprise, however, his father didn't teach ③ <u>him</u> anything about punching or kicking that day or in the days that ₆ followed. Instead, ④ <u>he</u> taught him breathing exercises and slow, controlled movements. (B) Frustrating / Frustrated , Nathan finally confronted his father. ⑤ <u>He</u> said, "How can I become a great fighter if you won't teach me how to throw a punch?" His father just ₉ smiled and said, "Martial arts isn't about becoming a great fighter. It's about learning control and (C) how / how to avoid fights."

GRAMMAR (A), (B), (C)의 각 네모 안에서 어법에 맞는 표현으로 가장 적절한 것은?

(A)	(B)	(C)
① what	Frustrating	how
② what	Frustrated	how to
③ that	Frustrating	how to
④ that	Frustrated	how to
⑤ that	Frustrating	how

---

4   courtyard 뜰[마당]   stun 기절시키다; *어리벙벙하게 하다, 깜짝 놀라게 하다   lean (몸을) 숙이다   railing 난간   arrest 체포하다
recall 기억해 내다, 상기하다   feature 특색, 특징; *이목구비(의 각 부분)   definitely 확실히, 분명히   alive and well 건재하여

5   appearance (겉)모습, 외모; *등장, 출연   maintain 유지하다[지키다]   recent 최근의   intend 의도[작정]하다, …(하려고) 생각하다
influential 영향력 있는, 영향력이 큰

6   gaze (가만히) 응시하다[바라보다]   martial arts 무술[무도]   renowned 유명한, 명성 있는   instructor 강사[교사]   convince 확신시
키다; *설득하다   determined 단단히 결심한   prove oneself (자기 역량을) 입증해 보이다   be eager to-v …을 하고 싶어 하다, …하기
를 간절히 바라다   controlled 세심히 관리[통제/조정]된, 아주 조심스러운   confront 맞서다

• REVIEW TEST •

정답 및 해설 p. 35

A 네모 안에서 어법에 맞는 표현으로 가장 적절한 것을 고르시오.

1 When a pesticide used to / is used to kill insects that damage crops, it doesn't have the same effect on the entire population.

2 Research has supported this idea with studies demonstrated / demonstrating that people tend to label various products as being "me" or "not me."

3 Individual countries might want to do whatever / whenever they please, but treaties and international agreements exist for the benefit of everyone.

4 Consumers are attracted to these labels because they are morally concerned with the way in which / which the meat was obtained.

5 Hanna glanced down at the lake shimmering below as her glider soaring / soared through the crisp spring air.

6 Although / Despite their exact origin remains a mystery, scientists have found clues about the first pickles.

B 다음 밑줄 친 부분이 어법상 바르면 O를 쓰고, 틀리면 바르게 고치시오.

1 Aside from <u>being</u> entertaining, their stories provide opportunities for us to feel what the characters are going through.

2 Not only <u>this is</u> helpful for them, but it's also beneficial for us.

3 Abraham Lincoln, one of the greatest presidents in American history, <u>known</u> for being energetic and efficient.

4 Social psychologists arranged an experiment to test how <u>strong</u> individuals feel responsible for helping others.

5 Indeed, the intensity with which the rats' stomachs sent signals when they were full <u>varied</u> from rat to rat.

6 Standing on a balcony and looking down into the prison courtyard below, Matthew was stunned to hear his father's name <u>calling</u> out.

 P A R T
04

구체적인 정보를 찾아라

01 내용 (불)일치 판단하기

내용 (불)일치 판단하기는 글에 제시된 내용과 일치하거나 일치하지 않는 것을 파악하는 능력을 평가하는 유형으로, 주로 특정 인물이나 대상, 행사 등에 관한 글이 출제된다. 선택지에 제시된 세부 정보와 글의 내용과의 일치 여부를 빠르고 정확하게 파악해야 하므로 전략적인 독해가 필요하다.

유형기법 23 먼저 선택지를 통해 확인해야 할 정보를 파악하라!

• **선택지를 먼저 읽고 찾아야 할 정보가 무엇인지 파악한다.**
글을 읽기 전에 선택지를 먼저 읽으면 글의 전반적인 내용과 더불어 확인해야 할 정보가 무엇인지 알 수 있다.

• **선택지의 순서는 글에서 제시되는 내용의 순서와 일치한다.**
선택지는 글에서 언급된 순서에 따라 제시되므로, 글을 앞에서부터 읽으면서 선택지와 관련된 내용이 나오면 즉시 내용 일치 여부를 확인하면서 오답을 지워나간다.

기출예제 1 Camille Flammarion에 관한 다음 글의 내용과 일치하지 <u>않는</u> 것은?

Camille Flammarion was born at Montigny-le-Roi, France. He became interested in astronomy at an early age, and when he was only sixteen he wrote a book on the origin of the world. The manuscript was not published at the time, but it came to the attention of Urbain Le Verrier, the director of the Paris Observatory. He became an assistant to Le Verrier in 1858 and worked as a calculator. At nineteen, he wrote another book called *The Plurality of Inhabited Worlds*, in which he passionately claimed that life exists outside the planet Earth. His most successful work, *Popular Astronomy*, was published in 1880, and eventually sold 130,000 copies. With his own funds, he built an observatory at Juvisy and spent May to November of each year there. In 1887, he founded the French Astronomical Society and served as editor of its monthly publication.

*observatory: 천문대

① 어린 나이에 천문학에 흥미가 생겼다.
② 1858년에 Le Verrier의 조수가 되었다.
③ 19세에 쓴 책에서 외계 생명체의 존재를 부인했다.
④ 자신의 자금으로 Juvisy에 천문대를 세웠다.
⑤ French Astronomical Society를 설립했다.

기법적용

선택지 확인 후 찾을 정보 파악
선택지를 먼저 읽으면 Camille Flammarion의 어린 시절 관심사, Le Verrier와의 관계, 저서, 천문대 설립 장소, French Astronomical Society 설립 여부를 글에서 확인해야 함을 알 수 있다.

글에 제시되는 순서대로 일치 여부 확인
① He became interested in astronomy at an early age, ...
② He became an assistant to Le Verrier in 1858 ....
③ At nineteen, he wrote another book ..., in which he passionately claimed that life exists outside the planet Earth.
④ With his own funds, he built an observatory at Juvisy ....
⑤ ..., he founded the French Astronomical Society ....

Tips! 선택지에 제시된 인명, 지명 등의 고유 명사와 구체적 연도나 나이와 같은 숫자 등을 지문에서 빠르게 찾아 대조한다.

- 선택지와 글의 내용을 철저히 대조한다.

일반적으로 오답 선택지는 글에 나온 정보의 일부만 바뀌어 제시되는 경우가 많으므로, 글을 정확히 해석한 후 선택지와 꼼꼼하게 대조해야 한다.

- 배경지식이나 상식을 배제하고 주어진 글의 정보에만 근거하여 판단한다.

자신의 생각이나 기존에 알고 있던 상식에 근거하여 선택지와 글의 내용 간의 일치 여부를 판단하지 않도록 주의한다. 반드시 글에서 언급된 정보만을 토대로 내용 일치 여부를 판단해야 한다.

기출예제 2 Jean Renoir에 관한 다음 글의 내용과 일치하지 <u>않는</u> 것은?

Jean Renoir (1894-1979), a French film director, was born in Paris, France. He was the son of the famous painter Pierre-Auguste Renoir. He
3 and the rest of the Renoir family were the models of many of his father's paintings. At the outbreak of World War I, Jean Renoir was serving in the French army but was wounded in the leg. In 1937, he made *La Grande*
6 *Illusion*, one of his better-known films. It was enormously successful but was not allowed to show in Germany. During World War II, when the Nazis invaded France in 1940, he went to Hollywood in the United
9 States and continued his career there. He was awarded numerous honors and awards throughout his career, including the Academy Honorary Award in 1975 for his lifetime achievements in the film industry. Overall,
12 Jean Renoir's influence as a film-maker and artist endures.

① 유명 화가의 아들이었다.
② 제1차 세계대전이 발발했을 때 프랑스 군에 복무 중이었다.
③ *La Grande Illusion*을 1937년에 만들었다.
④ 제2차 세계대전 내내 프랑스에 머물렀다.
⑤ Academy Honorary Award를 수상하였다.

선택지와 글의 내용 대조

① He was the son of the famous painter ....
② At the outbreak of World War I, Jean Renoir was serving in the French army ....
③ In 1937, he made *La Grande Illusion*, ...
④ During World War II, ..., he went to Hollywood in the United States ....
⑤ He was awarded ..., including the Academy Honorary Award ....

주어진 글에 근거하여 일치 여부 판단

Jean Renoir는 제2차 세계대전 중이던 1940년에 나치가 프랑스를 침공하자 미국 할리우드로 갔다고 했으므로, 제2차 세계대전 내내 프랑스에 머물렀다는 진술은 글의 내용과 일치하지 않음을 알 수 있다.

 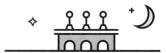
1 **János Arany에 관한 다음 글의 내용과 일치하지 않는 것은?**

The great Hungarian poet János Arany was born in Salonta in 1817. After attending the University of Debrecen, he returned to his hometown, where he married Juliana Ercsey in 1840. He rose to literary fame in 1847, when an influential literary group called the ₃ Kisfaludy Society awarded him a prize for his epic poem *Toldi*. Shortly after, Arany became a member of the group, and he would go on to serve as its director in 1860. He was also elected as a member of the Hungarian Academy of Sciences in 1858 and held a ₆ leadership role there for many years. Since his death in 1882, Arany has been regarded as one of Hungary's greatest national poets, and his work has also been recognized globally for its contribution to modern literature. Not only that, he translated works by ₉ writers such as Aristophanes and Shakespeare into Hungarian.

① 대학을 다닌 후 고향으로 돌아와 결혼했다.
② 서사시 *Toldi*로 수상하며 문학적 명성을 얻었다.
③ Hungarian Academy of Sciences에서 지도부 역할을 맡았다.
④ 헝가리의 국민 시인으로 여겨졌지만 세계적으로는 인정받지 못했다.
⑤ Aristophanes와 Shakespeare의 작품을 헝가리어로 번역했다.

2 **Mary Seacole에 관한 다음 글의 내용과 일치하지 않는 것은?**

Mary Seacole was born in Jamaica in 1805. Her mother taught her about traditional Jamaican medicine, which led to her interest in nursing. When the Crimean War began, she went to London to help out as a nurse. However, she was rejected because of her ₃ race. Instead of returning to Jamaica, Seacole went to Crimea at her own expense. There, in 1855, she opened the British Hotel. She often packed food and medicine onto mules at the hotel and led them to the battlefields, where she was given special passes ₆ that allowed her to take care of wounded soldiers from both sides. She was admired for her brave efforts, but her hotel lost money. When she returned to London in 1856, she was bankrupt. However, local newspapers started the Seacole Fund to help her, ₉ eventually raising enough money to allow her to live comfortably for the rest of her life.

① 어머니의 가르침으로 인해 간호직에 관심을 갖게 되었다.
② 런던에서 간호사로서 도움을 주고자 했지만 인종 때문에 거절당했다.
③ 주위에서 금전적 지원을 받아 크림 반도에 갔다.
④ 전쟁 양측의 부상병을 돌볼 수 있게 해주는 특별 통행증을 받았다.
⑤ 신문사들의 모금 덕분에 여생을 편히 지낼 수 있게 되었다.

3

Henry Enns에 관한 다음 글의 내용과 일치하지 <u>않는</u> 것은?

Henry Enns was a prominent leader in the disability rights and independent-living movement in Canada. He was also a well-known advocate for disability rights worldwide, in particular through his work with the United Nations and his leadership of ₃ the organization Disabled Peoples' International. When Enns was 15, he was diagnosed with an auto-immune disease and became interested in issues that people with physical disabilities face. In the 1980s, Enns helped found and direct some of the first ₆ independent living centers in Ontario and Manitoba. Throughout the 1980s and 1990s, he became increasingly active internationally, and he served as the executive director of Disabled People's International from 1990 to 1996. He helped found the Canadian ₉ Centre on Disability Studies and was serving as its executive director when he passed away in 2002. He received the President's Award for Humanitarian Service in 1992 and was the first non-U.S. citizen to do so . ₁₂

*independent-living movement: 자립 생활 운동(장애인들의 자기결정권을 강조하는 운동)

① 장애인들의 권리를 위해 국제 기구에서 활동하였다.

② 15세에 병을 진단받은 후 신체장애인의 문제에 관심을 가지게 되었다.

③ Ontario와 Manitoba의 자립 생활 센터 설립을 도왔다.

④ 1990년대에는 국제 장애인 권리 운동에 참여하지 않았다.

⑤ 미국 비시민권자로서는 최초로 인도주의 봉사 부문에서 대통령상을 받았다.

서술형 윗글의 네모 안의 do so 가 가리키는 것을 찾아 영어로 쓰시오.

_____

_____

---

1 **rise to fame** 명성을 얻다, 유명해지다 **literary** 문학적인, 문학의 (*n.* **literature** 문학) **influential** 영향력 있는, 영향력이 큰 **epic poem** 서사시 **elect** 선임하다, 선출하다 **contribution** 기여, 공헌 **translate** 번역하다

2 **nursing** 간호직[업무] **at one's own expense** 사비로 **mule** 노새 **battlefield** 싸움터, 전장 **pass** 출입증, 통행증 **admire** 존경하다 **bankrupt** 파산한 **raise money** 돈을 마련하다, 자금을 조달하다 **comfortably** 편안[편리]하게

3 **prominent** 저명한, 중요한 **disability** 장애 (*a.* **disabled** 장애를 가진) **advocate** 옹호자; 옹호하다 **diagnose** 진단하다 **auto-immune** 자가 면역의 **physical** 신체의, 물리적인 **executive director** 상임 이사 **citizen** 시민; *시민권자

4 **Arthur Rubinstein에 관한 다음 글의 내용과 일치하지 <u>않는</u> 것은?**

Arthur Rubinstein was one of the most renowned pianists of the 20th century. Born in Poland in 1887, he showed exceptional musical talent from an early age. He was sent to Berlin to study piano and stayed there from the age of 10 until the age of 13. His American debut was at Carnegie Hall in 1906. However, this performance earned him little acclaim. He later explained that he had relied on his natural abilities instead of practicing seriously. His attitude changed after he got married in 1932. He began to practice for up to 12 hours daily. Finally, in 1937, he felt ready to return to Carnegie Hall. This time, critics agreed that he had transformed into an outstanding performer. Rubinstein's reputation continued to grow until his last performance, at the age of 89, in London.

① 어릴 때부터 음악에 특출한 재능을 보였다.
② 10세부터 13세까지 베를린에서 피아노를 공부했다.
③ 미국 데뷔 공연에서 그다지 좋은 평가를 받지 못했다.
④ 결혼 전에는 매일 12시간까지 피아노를 연습했다.
⑤ 그의 명성은 그가 마지막 공연을 끝낼 때까지 계속 높아졌다.

↑고난도

5 **Abandoibarra에 관한 다음 글의 내용과 일치하지 <u>않는</u> 것은?**

Abandoibarra is a region surrounding the city of Bilbao in northern Spain, and it used to be at the center of a major industrial complex. In the 1800s, Abandoibarra was responsible for 20 percent of the world's production of steel. However, the complex suffered from financial struggles in the 1980s, when its key economic sources declined rapidly. The mining and manufacturing sectors collapsed, and the city's pollution problem became disastrous. When Spain entered the European Community (EC) in 1986, the complex was shut down and completely abandoned. This halt caused several serious social problems, including an increase in the unemployment rate. Urban planners' response to these issues was to design an unprecedented urban regeneration program, the "Abandoibarra project," which focused on high-quality architecture. This program has become famous as an unparalleled example of urban revival.

① 한때 주요 공업 단지의 중심에 있었다.
② 1800년대에 세계 철강의 20퍼센트를 생산했다.
③ 풍부한 경제 자원으로 재정난을 겪지 않았다.
④ 1986년에 폐쇄되면서 심각한 사회 문제를 일으켰다.
⑤ 고품질 건축에 중점을 둔 도시 재생 사업이 진행되었다.

6 **Gallaudet University**에 관한 다음 글의 내용과 일치하지 <u>않는</u> 것은?

Although schools for deaf children in the United States ⓐ <u>had been established</u>, higher education for the deaf did not exist until the creation of the National Deaf-Mute College in 1864. This was the first school for the advanced education of people ⓑ <u>who</u> were ₃ deaf and hard-of-hearing. In 1894, it was renamed Gallaudet College, and, in 1986, it became Gallaudet University, as it is known today. A large student protest occurred at the university in 1988, ⓒ <u>when</u> a new university president was selected and a non-deaf ₆ candidate was chosen over several deaf candidates. Students were outraged at the fact ⓓ <u>that</u> the school had never been led by a deaf administrator. They voiced their opposition to the decision, finding it inappropriate and offensive. Eventually a new president, who ₉ was deaf and could better relate to the deaf students enrolled at the university, ⓔ <u>hired</u>.

① National Deaf-Mute College라는 이름으로 1864년에 설립되었다.
② 청각 장애인을 위한 최초의 고등 교육 기관이었다.
③ 1986년에 현재 명칭으로 변경되었다.
④ 총장 선임에 분노한 학생들이 대규모 시위를 일으켰다.
⑤ 학생들의 반발로 청각 장애가 있는 총장이 해임되었다.

GRAMMAR ⁺ 윗글의 밑줄 친 ⓐ~ⓔ 중, 어법상 <u>틀린</u> 것은?

---

4 renowned 유명한, 명성 있는 exceptional 이례적일 정도로 우수한, 특출한 acclaim 찬사[칭찬] critic 비평가, 평론가 transform 바뀌다, 변화되다 outstanding 뛰어난 reputation 평판, 명성

5 complex 복합 건물, (건물) 단지 mining 광업 manufacturing 제조업 sector 부문[분야] collapse 붕괴되다, 무너지다 disastrous 처참한, 형편없는 shut down 문을 닫다 abandon 버리다 halt 멈춤, 중단 unemployment 실업 urban 도시의 unprecedented 전례 없는 regeneration 재건, 재생 architecture 건축(술), 건축학 unparalleled 비할[견줄] 데 없는 revival 재생, 소생, 부활

6 hard-of-hearing 난청의, 귀가 잘 안 들리는 protest 파업, 시위 candidate 입후보자, 출마자, 지원자 be outraged at …에 격분하다 administrator 관리자, 행정가 opposition 반대, 항의 inappropriate 부적절한, 부적합한 offensive 모욕적인, 공격적인 relate to …에 공감하다, …을 이해하다

O2 도표 분석하기

도표 분석하기는 도표에 제시된 정보를 정확하게 이해하여 글의 내용 중 도표 상의 정보와 일치하지 않는 것을 찾아내는 유형이다.

유형기법 25 도표에서 가장 특징적인 부분을 확인하라!

• 무엇에 관한 도표인지 파악한다.

도표 상단에 제시되는 제목을 통해 무엇에 관한 도표인지를 먼저 파악한 뒤, 가로축과 세로축이 무엇을 나타내는지 살펴본다.

• 특징적인 부분에 주목하여 선택지의 내용과 도표의 정보를 대조한다.

도표에서 문제화되는 것은 보통 수치가 가장 높거나 낮은 것, 가장 급격한 차이를 보이는 것과 미미한 차이를 보이는 것, 특정 기간 동안의 변화가 가장 크거나 작은 것, 수치가 동일한 것, 전체에서 차지하는 비율이 가장 크거나 작은 것 등과 같은 특징적인 부분이다. 이러한 부분들을 염두에 두고 선택지에서 언급되는 내용을 도표에서 찾아 꼼꼼히 대조한다.

기출예제 1 다음 도표의 내용과 일치하지 <u>않는</u> 것은?

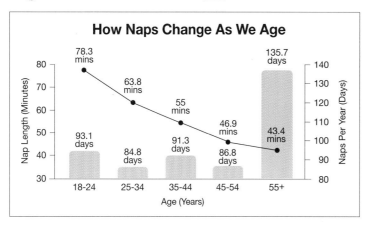

How Naps Change As We Age

The above graph shows the nap length and the number of nap days per year by age group. ① As people get older, the nap length consistently decreases, but that is not the case with the number of nap days per year. ② The 18 to 24 age group, which has the longest nap length, naps over 30 minutes longer than the 55 and older age group, which has the shortest nap length. ③ As for the number of nap days per year, the 55 and older age group has the most days, 135.7 days, whereas the 25 to 34 age group has the fewest days, 84.8 days. ④ The 35 to 44 age group is ranked third in the nap length, and second in the number of nap days per year. ⑤ The nap length and the number of nap days per year of the 45 to 54 age group are lower than those of the 35 to 44 age group.

기법적용

도표 파악

나이 듦에 따라 낮잠이 어떻게 변하는지를 보여주는 도표로, 가로축은 연령대를, 세로축은 낮잠 시간과 연간 낮잠 일수를 나타낸다. 낮잠 시간은 꺾은선 그래프로, 연간 낮잠 일수는 막대 그래프로 표시하였다.

도표 상의 특징적인 부분

• 꺾은선 그래프(낮잠 시간)는 연령대가 높아질수록 지속적으로 하락하는 반면, 막대 그래프는 일정한 패턴이 없음

• 55세 이상의 연령대에서 가장 많은 낮잠 일수, 가장 적은 낮잠 시간을 보임

• 낮잠 시간이 가장 많은 연령대는 18~24세임

• 연간 낮잠 일수가 가장 적은 연령대는 25~34세임

Tips! 문장에서 기술되는 내용 중 일부는 도표와 일치하고 일부는 일치하지 않는 경우가 많으므로, 문장을 끝까지 읽어본다.

유형기법 26 | 글에서 자주 사용되는 표현들을 기억하라!

도표 유형의 지문에는 수치의 변화 추이를 나타내거나 수치들을 서로 비교하는 표현이 자주 사용된다.

- **수치의 변화 추이를 나타내는 표현들을 확인한다.**
  - 증가: grow, rise, increase, go up, soar, multiply 등
  - 감소: fall, drop, decrease, decline, go down, plummet, plunge 등
  - 변화 없음: remain unchanged, be equal to, hold steady, show no change 등
  - 증감의 정도: slightly, gradually, steadily, continuously, sharply, dramatically, significantly, rapidly 등

- **수치를 서로 비교하는 표현들을 확인한다.**
  - 최상급: 「the most ...」 '가장 많이 …한', 「the least ...」 '가장 적게 …한', 「the second most[least] ...」 '두 번째로 가장 많이[적게] …한'
  - 배수 표현: 「배수사＋as＋형용사/부사의 원급＋as ...」, 「배수사＋비교급＋than ...」 '…보다 몇 배만큼[더] ~한/하게'
  - 분수 표현: 분자는 기수, 분모는 서수로 쓰며, 분자가 2 이상이면 분모를 복수형으로 쓴다.
    e.g. 1/2 = one-half, 1/4 = one-fourth[one-quarter], 3/4 = three-fourths[three-quarters]
  - 비율을 나타내는 표현: 「a rate[proportion] of A to B」 'A 대 B의 비율', 「A out of B」 'B 중 A'
    e.g. a rate of 2 to 5(2:5의 비율), five out of ten(10개 중 5개, 50%)

기출예제 2 다음 도표의 내용과 일치하지 <u>않는</u> 것은?

Injury Rate by Day of Game in NFL (2014-2017)

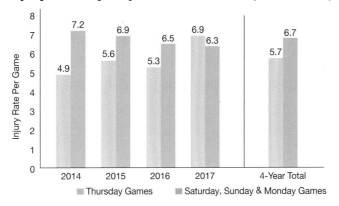

도표 파악
내셔널 풋볼 리그(NFL) 경기의 요일별 부상률을 나타낸 도표로, 가로축은 연도를, 세로축은 경기당 부상률을 나타낸다.

수치의 변화 추이를 나타내는 표현
decreased steadily

수치를 서로 비교하는 표현
the lowest / the highest / lower than / the largest / the smallest / higher than

The above graph shows the injury rate by day of game in the National Football League (NFL) from 2014 to 2017. ① The injury rate of Thursday games was the lowest in 2014 and the highest in 2017. ② The injury rate of Saturday, Sunday and Monday games decreased steadily from 2014 to 2017. ③ In all the years except 2017, the injury rate of Thursday games was lower than that of Saturday, Sunday, and Monday games. ④ The gap between the injury rate of Thursday games and that of Saturday, Sunday, and Monday games was the largest in 2014 and the smallest in 2017. ⑤ In two years out of the four, the injury rate of Thursday games was higher than that of the 4-year total.

1   다음 도표의 내용과 일치하지 <u>않는</u> 것은?

Sports and Exercise Activities Participation by Gender (2022-2023)

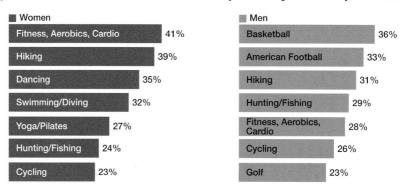

The above graph shows the percentages of American women and men who played various sports or participated in exercise activities at least occasionally in 2022 and 2023. ① Notably, women show a higher tendency to engage in fitness, aerobics, and cardio, with more than 40% participating, compared to only 28% of men. ② Hiking is shown to be a significant pastime for both genders, with 39% of women and 31% of men engaging in the activity. ③ Dancing is a notably popular activity among women, with 35% indicating involvement, a significantly higher percentage than that of women involved in hunting and fishing activities. ④ Men, on the other hand, show a strong inclination towards team sports, with basketball ranking first and American football second. ⑤ Men's participation rate in cycling falls below that of women, while their participation rate in golf is equal to that of women in cycling.

*cardio: 심장 강화 운동 (= cardiovascular)

---

1   gender 성별   occasionally 때때로, 가끔   notably 주목할 만하게, 특히   tendency 경향, 성향   engage in ···에 관여[참여]하다
pastime 취미, 기분 전환   indicate 나타내다[보여주다]   involvement 참여, 관여 (v. involve 참여시키다)   inclination 기질, 성향;
*기호, 좋아함

2

다음 도표의 내용과 일치하지 <u>않는</u> 것은?

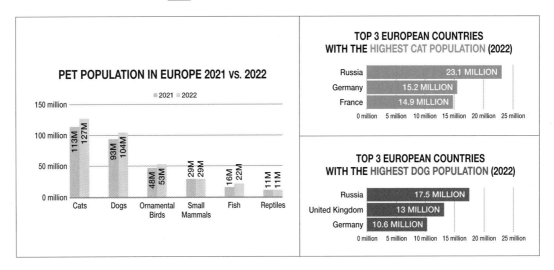

The above graphs show changes in European pet populations from 2021 to 2022 and the leading European countries in terms of cat or dog ownership in 2022. ① In 2021 and 2022, cats had a larger population than any other pet in Europe, exceeding 100 million in both years. ② Cats, dogs, ornamental birds, and fish saw notable rises, while small mammals and reptiles maintained consistent populations. ③ In each of the top three European countries for both cat and dog ownership, the corresponding pet population was over 10 million. ④ Russia led other European countries in both cat and dog ownership, with 23.1 million cats and 17.5 million dogs. ⑤ The United Kingdom had the second highest dog population, with 13 million, while France was home to the second highest number of cats, with a population of 15.2 million.

서술형 두 문장이 같은 의미가 되도록 빈칸에 알맞은 말을 쓰시오.

> In 2021 and 2022, cats had a larger population than any other pet in Europe, exceeding 100 million in both years.

= In 2021 and 2022, cats had _____ _____ _____ of any pet in Europe, exceeding 100 million in both years.

2　ownership 소유(권)　ornamental 관상용의　notable 주목할 만한, 눈에 띄는　mammal 포유류　reptile 파충류　consistent 한결같은, 일관된　corresponding (…에) 상응[해당]하는

3 다음 도표의 내용과 일치하지 <u>않는</u> 것은?

Do You Feel Safe Walking Alone at Night?
(Proportion of affirmative responses by location and gender, 2019-2021)

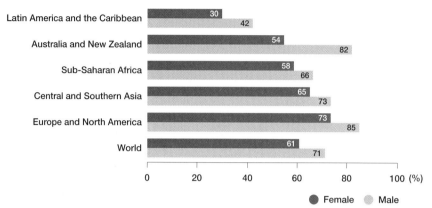

The graph above shows the proportions of men and women in various parts of the world that reported feeling safe walking alone at night. ① In both gender groups, it was the population of Europe and North America that had the highest percentage of individuals reporting that they felt safe. ② In contrast, the level of perceived public safety was the lowest in Latin America and the Caribbean for both women and men. ③ Furthermore, Latin America and the Caribbean was the only region where the proportion of individuals that reported feeling safe was lower than the respective world average for both gender groups. ④ The largest difference between the female population and the male population of a particular region was in Australia and New Zealand, where there was a gap of more than 25 percentage points between men and women who responded that they felt safe. ⑤ Meanwhile, Sub-Saharan Africa and Central and Southern Asia each had a difference of only eight percentage points between their female and male populations, making them tied for the smallest gap between genders.

*affirmative: 긍정[동의]하는

---

3 proportion 비율 individual 개인 perceive 인식[인지]하다, 감지하다 region 지역 respective 각각의 average 평균 particular 특유의, 특별한 meanwhile 한편 tie 묶다; *동점을 이루다

다음 표의 내용과 일치하지 <u>않는</u> 것은?

The 10 Largest Urban Areas in 1990 and 2019

(unit: million)

	1990		2019	
	Rank	Population	Rank	Population
Tokyo-Yokohama	1	32.5	1	38.5
Osaka-Kobe-Kyoto	2	18.4	14	17.2
New York	3	16.1	8	21.0
Mexico City	4	15.6	10	20.4
Sao Paulo	5	14.8	9	20.9
Mumbai	6	12.4	6	23.6
Kolkata	7	10.9	19	15.2
Los Angeles	8	10.9	18	15.4
Seoul	9	10.5	4	25.3
Buenos Aires	10	10.5	20	15.1

The table above lists the world's ten most populated urban areas in 1990, along with their population and rank in 2019. ① While only six areas kept their positions in the top ten, Tokyo-Yokohama (A) remaining / remained first, with a population of over 30 million in each year. ② Osaka-Kobe-Kyoto, the second largest area in 1990, fell 12 positions and was the only listed area to experience a drop in population. ③ New York dropped from third place to eighth, despite (B) grow / growing to a population of over 20 million. ④ Seoul was the only listed area that climbed higher in rank, and it was the only one aside from Tokyo-Yokohama that ended up in the top five in 2019. ⑤ Mexico City and Sao Paolo were among the top five in 1990, and even though the population of each grew by over 5 million, they fell to tenth and ninth (C) respective / respectively.

GRANMAR⁺ (A), (B), (C)의 각 네모 안에서 어법에 맞는 표현으로 가장 적절한 것은?

	(A)		(B)		(C)
①	remaining	⋯⋯	growing	⋯⋯	respectively
②	remaining	⋯⋯	grow	⋯⋯	respectively
③	remained	⋯⋯	grow	⋯⋯	respective
④	remained	⋯⋯	growing	⋯⋯	respective
⑤	remained	⋯⋯	growing	⋯⋯	respectively

---

4 urban 도시의 populate 거주하다 remain 계속[여전히] ⋯이다 climb 올라가다, 상승하다 aside from ⋯외에도, ⋯을 제외하고 respectively 각자, 각각

03 어휘의 쓰임 이해하기

어휘의 쓰임 이해하기는 문맥상 쓰임이 적절하지 않은 어휘를 고르거나 문맥에 맞는 어휘를 고르는 유형이다.

유형기법 27 어휘가 문맥에 맞는지 판단하라!

- **글의 전체적인 흐름을 이해한다.**
글에 제시된 어휘가 문맥에 맞는지 판단하기 위해서는 글의 소재나 주제를 먼저 파악한 후, 해당 어휘가 전체적인 글의 흐름 및 글에서 전달하고자 하는 바와 어울리는지 살펴보아야 한다.

- **제시된 어휘의 쓰임이 전체적인 맥락과 통하는지 확인한다.**
문맥상 쓰임이 적절하지 않은 어휘라 하더라도 해당 문장만 따로 읽으면 의미가 성립하는 경우가 있다. 따라서, 선택지가 포함된 문장들이 앞뒤 문장과 유기적으로 연결되고 전체적인 맥락과도 통하는지 반드시 확인해야 한다.

기출예제 1 다음 글의 밑줄 친 부분 중, 문맥상 낱말의 쓰임이 적절하지 <u>않은</u> 것은?

Countershading is the process of optical flattening that provides camouflage to animals. When sunlight illuminates an object from above, the object will be brightest on top. The color of the object will gradually shade darker toward the ① bottom. This shading gives the object ② depth and allows the viewer to distinguish its shape. Thus even if an animal is exactly, but uniformly, the same color as the substrate, it will be easily ③ visible when illuminated. Most animals, however, are darker above than they are below. When they are illuminated from above, the darker back is lightened and the lighter belly is shaded. The animal thus appears to be a ④ single color and easily blends in with the substrate. This pattern of coloration, or countershading, ⑤ reinforces the visual impression of shape in the organism. It allows the animal to blend in with its background.

*camouflage: 위장 **substrate: 밑바탕, 기질(基質)

기법적용

글의 전체적인 흐름 이해
동물의 위장과 관련된 카운터셰이딩(countershading)의 원리와 효과를 설명하는 글이다. 햇빛이 위에서 물체를 비출 때 일반적으로 나타나는 현상과 카운터셰이딩이 동물에게 미치는 영향을 차례로 기술하고 있다.

제시된 어휘의 맥락 적절성 판단
햇빛이 위에서 비추면 물체의 위는 밝고 아래는 어두워지며 음영이 생기기 때문에 형태가 눈에 잘 띄게 된다. 그러나 동물은 아랫부분보다 윗부분이 더 어두워서 햇빛을 받으면 오히려 위아래의 색이 동일해지므로 주변 배경과 섞여 눈에 띄지 않게 된다. 각 선택지의 어휘가 이러한 맥락에 잘 들어맞는지 확인한다.

Tips! 문맥상 쓰임이 적절하지 않은 단어는 반의어로 제시되는 경우가 많으므로, 반의어로 대체하여 읽으면서 확인해 본다.

• 혼동하기 쉬운 어휘의 뜻을 정확히 알아둔다.

파생어		유사 철자 어휘		반의어	
comprehensible 이해할 수 있는	comprehensive 포괄적인	acquire 습득하다[얻다]	require 필요[요구]하다	absence 부재	presence 존재(함), 참석
considerable 상당한, 많은	considerate 사려 깊은	adapt 맞추다[조정하다]	adopt 채택하다	attach 붙이다, 첨부하다	detach 떼다[분리하다]
imaginary 상상의	imaginative 상상력이 풍부한	attribute …의 결과로 보다	distribute 분배하다	compulsory 강제적인	voluntary 자발적인
object 물건, 물체	objection 이의, 반대	corruption 부패[타락]	eruption 폭발, 분화	demand 요구, 수요	supply 공급
observation 관찰	observance 준수	describe 묘사하다	prescribe 처방하다	exclude 제외하다	include 포함하다

기출예제 2 (A), (B), (C)의 각 네모 안에서 문맥에 맞는 낱말로 가장 적절한 것은?

Anxiety has an adverse effect on all types of mental performance. In a way, it is a useful response to a coming threat, focusing the mind on
3 the danger that lies ahead. But this mental preparation is reduced to (A) disastrous / constructive cognitive interference when it traps the mind in a cycle of thoughts that prevents attention from being focused
6 elsewhere. In short, anxiety sabotages the intellect. In tasks that require intellectual processing under high levels of pressure, such as those performed by air traffic controllers, people who experience chronic
9 anxiety are likely to fail during training, before they even get a chance to perform in the field. This is true even for people with (B) inferior / superior scores on intelligence tests, as was shown in a study of 1,790
12 people training to become air traffic controllers. Anxiety is also an enemy of academic performance. More than 100 studies have shown that the more (C) prone / resistant people are to anxiety, the worse their
15 academic performance is.

글의 전체적인 흐름 이해

불안감이 다가오는 위협에 정신을 집중시킨다는 면에서는 유용할 수 있으나, 이로 인해 그 외의 다른 것들에는 주의를 집중하지 못하게 하여 지적 능력에 방해가 된다는 내용의 글이다. 우수한 지능에도 불구하고 불안감이 높으면 실패하거나 학업 성과가 부진할 수 있다는 글의 맥락에 맞게 적절한 어휘를 고른다.

혼동하기 쉬운 어휘

(A) disastrous (파멸적인)
    constructive (건설적인)
(B) inferior (열등한)
    superior (우수한)
(C) prone (…하기 쉬운)
    resistant (…에 잘 견디는)

	(A)		(B)		(C)
①	disastrous	……	inferior	……	prone
②	disastrous	……	superior	……	prone
③	disastrous	……	superior	……	resistant
④	constructive	……	inferior	……	resistant
⑤	constructive	……	superior	……	resistant

·적용독해·

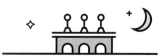

정답 및 해설 p. 40

1 다음 글의 밑줄 친 부분 중, 문맥상 낱말의 쓰임이 적절하지 <u>않은</u> 것은?

James A. Marcum, an American psychologist, believes that rewards can actually decrease our natural interest in doing work. This is because of a ① <u>shift</u> in our perspective—if we require a reward to do something, it probably isn't worth doing for its own sake. To prevent this from happening, Marcum suggests that we think of work as a form of ② <u>voluntary</u> engagement, focusing on learning and involvement. If people are allowed to make their own choices, they will choose work that they find interesting and enjoyable. They will also be ③ <u>drawn</u> to tasks that they are good at. Once they are engaged with the work, they will be more likely to challenge themselves and refuse to give up. In this type of situation, it is the ④ <u>acquisition</u> of knowledge that becomes the primary goal. People begin to seek out work that matches their interests and competencies. According to Marcum, the result is increased self-determination and ⑤ <u>momentary</u> engagement in the work.

2 다음 글의 밑줄 친 부분 중, 문맥상 낱말의 쓰임이 적절하지 <u>않은</u> 것은?

Finding ways to limit traffic noise is not as easy as it may seem. The people who are negatively affected by this noise have no direct control over it. And there is no demand for noise limits, so it would be ① <u>difficult</u> to use taxation as an incentive to lower traffic noise, as is currently being done with carbon emissions. The European Union, however, has come up with an ② <u>effective</u> solution. It places limits on the amount of noise that can be created by motor vehicles. As a result, vehicle noise levels have ③ <u>increased</u> year after year. Car noise in EU countries is down 85% since 1970, and truck noise is 90% ④ <u>lower</u>. This is a significant achievement that shows how ⑤ <u>regulation</u> that drives technological development can be extremely effective.

3 다음 글의 밑줄 친 부분 중, 문맥상 낱말의 쓰임이 적절하지 <u>않은</u> 것은?

Throughout history, humans have shown their ability to overcome problems. Regardless of how resourceful we may be, though, we will always remain ① <u>subject</u> to the laws of nature. And no matter how advanced our global economy may have become, it still ₃ has to operate entirely within the ecosystem of our planet. Traditional economics might see itself in terms of interactions between people that are ② <u>independent</u> of the natural world, but this is one of its flaws. Humanity is no doubt extraordinary, but it is still ₆ necessary to ③ <u>acknowledge</u> our place in the natural order of things. As such, economic narratives need to be expanded to include our interactions with nature. In addition, market prices need to ④ <u>disregard</u> the impacts that manufacturing, transportation, and ₉ the use and disposal of products have on the environment. If we are able to use our problem-solving skills to ⑤ <u>limit</u> our environmental impact, then we might still have a bright future ahead of us. ₁₂

*narrative: 서사, 묘사

서술형 윗글의 네모 안의 this가 가리키는 것을 찾아 우리말로 쓰시오.

_____

---

1 reward 보상 perspective 관점, 시각 for one's own sake …을 위하여 voluntary 자발적인 engagement 참여; 몰입 (v. engage 종사하다, 몰두하다) involvement 참여, 관여 enjoyable 즐거운 refuse 거절[거부]하다 acquisition 습득 primary 주된, 주요한 competency 역량, 능력 self-determination 자기 결정 능력

2 negatively 부정적으로 taxation 과세, 징세 incentive 장려[우대]책 currently 현재, 지금 carbon emissions 탄소 배출물 effective 효과적인 motor vehicle 자동차 regulation 규제, 단속 extremely 극단적으로, 매우

3 resourceful 지략 있는 subject …에 따라야 하는, …의 지배를 받는 operate 작동되다 entirely 전적으로 ecosystem 생태계 economics 경제학 (a. economic 경제의) in terms of …의 면에서 interaction 상호 작용 flaw 결점 humanity 인류, 인간 extraordinary 기이한; *대단한 acknowledge 인정하다 expand 확대[확장]하다 disregard 무시하다

4 다음 글의 밑줄 친 부분 중, 문맥상 낱말의 쓰임이 적절하지 <u>않은</u> 것은?

The surprising fact about global climate change is that it is being caused by one single species, humans. People might argue that a single species can't have such a big effect on the planet. But this is actually completely ① <u>possible</u>. In fact, we are not the first species to ② <u>significantly</u> change the planet. Billions of years ago, cyanobacteria—also known as blue-green algae—became the first creatures to develop photosynthesis. This filled the atmosphere with oxygen. While it may seem like a positive change today, many species died because of the ③ <u>decrease</u> in oxygen. Unfortunately, today's climate change has the potential to be equally ④ <u>damaging</u>. Therefore, if we don't want to ⑤ <u>lose</u> many of our planet's precious species, we need to take action right away.

*blue-green algae: 남조류(藍藻類)

5 (A), (B), (C)의 각 네모 안에서 문맥에 맞는 낱말로 가장 적절한 것은?

Human beings dream about many different things. Sometimes our dreams are influenced by (A) recent / unreal events. These dreams are reflections of things that happened to us in the past day or two, so they can show us what is currently on our minds. Our pre-sleep conditions also influence our dreams, but they seem to be reflected (B) similarly / oppositely . A recent study showed that people who exercised for six hours before going to sleep mostly had dreams that included little physical activity. Because of this, the study's researcher believes that the content of our dreams might (C) offset / intensify whatever occurs in real life. Other research suggests that this applies to non-physical activities as well. For example, test subjects who spent the day alone generally had dreams that included a lot of social activity.

	(A)		(B)		(C)
①	recent	·····	similarly	·····	offset
②	recent	·····	similarly	·····	intensify
③	recent	·····	oppositely	·····	offset
④	unreal	·····	similarly	·····	intensify
⑤	unreal	·····	oppositely	·····	offset

6 다음 글의 밑줄 친 부분 중, 문맥상 낱말의 쓰임이 적절하지 <u>않은</u> 것은?

Physical failure occurs when we are unable to ① <u>reach</u> our goals in a sport or other physical activity. (A) Calling / Call this a failure, however, is merely a matter of perception. Our athletic performance is only a failure if we ② <u>subjectively</u> decide that it ₃ is. In other words, failure is in the eye of the beholder. Athletes often express displeasure with their game performance despite having achieved overall ③ <u>success</u> in the contest. For example, after making several plays (B) that / what prevented the other team from ₆ scoring, a basketball player might have made a single mistake. Because of this, it is possible that she will conclude that she played ④ <u>well</u>, even though her teammates and coaches would likely disagree. Therefore, our analyses of our past athletic performance ₉ should only (C) do / be done in the interest of ⑤ <u>improving</u> our future performance.

GRAMMAR (A), (B), (C)의 각 네모 안에서 어법에 맞는 표현으로 가장 적절한 것은?

	(A)		(B)		(C)
①	Calling	.....	that	.....	do
②	Calling	.....	that	.....	be done
③	Calling	.....	what	.....	do
④	Call	.....	that	.....	do
⑤	Call	.....	what	.....	be done

---

4 photosynthesis 광합성 atmosphere (지구의) 대기 potential 가능성, 잠재력 equally 동일[동등]하게 precious 귀중한, 값비싼 take action 조치를 취하다

5 reflection (거울 등에 비친) 상[모습]; *반영 (*v.* reflect 비추다; *나타내다[반영하다]) oppositely 반대로 content 내용물; *내용 offset 상쇄하다 intensify 심화시키다, 강화하다 apply 신청하다; *적용되다

6 merely 한낱, 그저, 단지 athletic (운동) 경기의, 체육의 (*n.* athlete 운동선수) subjectively 주관적으로 in the eye of the beholder 보는 사람의 생각에 달린 displeasure 불쾌감, 불만 achieve 이루다, 성취하다 conclude 결론을 내리다 analysis 분석 in the interest of …을 (도모하기) 위하여

04 어법성 판단하기

어법성 판단하기는 네모 안에 짝지어진 표현 중 어법에 맞는 것을 고르거나 밑줄 친 부분 중 어법상 틀린 것을 고르는 유형이다.

유형기법 29 문제에서 묻고자 하는 어법 사항을 파악하라!

- 문장 구조의 이해를 통해 각 선택지가 묻고자 하는 어법 사항을 파악한다.

이 유형의 핵심은 문장 구조를 정확히 이해하는 것이다. 문장의 주어와 동사를 파악하여 문장을 정확히 해석할 수 있어야 선택지가 묻고자 하는 어법 사항이 무엇인지 파악할 수 있다. 특히 문장이 길어질수록 문장의 각 요소들을 파악하는 것이 어려워지므로 문장의 핵심 구조를 찾는 연습이 필요하다.

- 시험에 자주 출제되는 주요 어법 사항들을 알아둔다.

주어와 동사의 수일치, 준동사(분사, 동명사, to부정사), 시제와 태, 가정법, 관계대명사, 도치와 강조 등 어법 유형에 반복해서 자주 등장하는 주요 어법 사항들을 정확히 숙지하고 있어야 한다.

기출예제 1 다음 글의 밑줄 친 부분 중, 어법상 틀린 것은?

Trends constantly suggest new opportunities for individuals to restage themselves, representing occasions for change. To understand how
3 trends can ultimately give individuals power and freedom, one must first discuss fashion's importance as a basis for change. The most common explanation offered by my informants as to why fashion is so appealing
6 is ① that it constitutes a kind of theatrical costumery. Clothes are part of how people present ② them to the world, and fashion locates them in the present, relative to what is happening in society and to fashion's own
9 history. As a form of expression, fashion contains a host of ambiguities, enabling individuals to recreate the meanings ③ associated with specific pieces of clothing. Fashion is among the simplest and cheapest
12 methods of self-expression: clothes can be ④ inexpensively purchased while making it easy to convey notions of wealth, intellectual stature, relaxation or environmental consciousness, even if none of these is true.
15 Fashion can also strengthen agency in various ways, ⑤ opening up space for action.

*stature: 능력

기법적용

선택지의 어법 사항 파악

① 접속사: 문장의 주격 보어 역할을 하는 명사절을 이끄는 접속사 that이다.
② 인칭대명사 vs. 재귀대명사: 동사(present)의 주어와 목적어가 동일하면 재귀대명사를 쓴다.
③ 현재분사 vs. 과거분사: 명사 the meanings를 뒤에서 수식하는 분사로 둘의 관계가 수동이면 과거분사를 쓴다.
④ 부사: 동사 (be) purchased를 수식하는 자리이다.
⑤ 분사구문: 주절의 결과를 나타내는 분사구문으로, 주절의 주어와 동사의 관계가 능동이면 현재분사를 쓴다.

유형
기법 | 30 혼동하기 쉬운 어법 사항의 문법적 차이를 구별하라!

- **혼동하기 쉬운 주요 어법 사항들과 그 문법적 차이를 알아둔다.**
문장의 본동사와 준동사, 관계사와 접속사, 현재분사와 과거분사, 형용사와 부사, 관계대명사와 관계부사, 복수와 단수 등과 같이
혼동하기 쉬운 어법 사항들의 문법적 차이를 명확히 알고 서로 구별할 수 있어야 한다.

- **유형별 접근 방식을 기억해 둔다.**
네모 안에서 어법에 맞는 표현을 고르는 유형의 경우, 네모가 포함된 문장을 중점적으로 읽고 네모 안 두 표현의 문법적 차이를 구
분한다. 밑줄 친 부분 중 어법상 틀린 것을 고르는 유형의 경우에도, 밑줄 친 각 어법 항목과 혼동하기 쉬운 관련 어법 항목을 연관
지어 생각해 보면 도움이 된다.

기출예제 2 **(A), (B), (C)의 각 네모 안에서 어법에 맞는 표현으로 가장 적절한 것은?**

Getting in the habit of asking questions (A) transform / transforms you
into an active listener. This practice forces you to have a different inner
3 life experience, since you will, in fact, be listening more effectively. You
know that sometimes when you are supposed to be listening to someone,
your mind starts to wander. All teachers know that this happens
6 frequently with students in classes. It's what goes on inside your head
that makes all the difference in how well you will convert (B) what /
that you hear into something you learn. Listening is not enough. If you
9 are constantly engaged in asking yourself questions about things you
are hearing, you will find that even boring lecturers become a bit more
(C) interesting / interested , because much of the interest will be coming
12 from what you are generating rather than what the lecturer is offering.
When someone else speaks, you need to be thought provoking!

*thought provoking: 생각을 불러일으키는

**네모 안 두 표현의
문법적 차이**

(A) 복수동사 vs. 단수동사: 문장의
주어가 동명사구이므로 동사는
단수 형태가 적절하다.

(B) 선행사를 포함하는 관계대명사
vs. 선행사가 필요한 관계대명사:
뒤에 목적어가 없는 불완전한 절
이 이어지고 있으며, 앞에 선행사
가 없으므로 선행사를 포함하는
관계대명사가 적절하다.

(C) 현재분사 vs. 과거분사: that절
의 주어(boring lecturers)가
감정을 '불러일으키는' 주체이므
로 능동의 의미를 나타내는 현재
분사가 적절하다.

	(A)		(B)		(C)
①	transform	⋯⋯	what	⋯⋯	interesting
②	transform	⋯⋯	that	⋯⋯	interested
③	transforms	⋯⋯	what	⋯⋯	interesting
④	transforms	⋯⋯	that	⋯⋯	interesting
⑤	transforms	⋯⋯	what	⋯⋯	interested

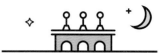
1 다음 글의 밑줄 친 부분 중, 어법상 틀린 것은?

It is not only humans that express gratitude, but primates as well. An early observation of this phenomenon was made by Wolfgang Köhler, a psychologist who spent many years studying chimpanzees. One evening, he noticed that two chimpanzees ① had been left outside their shelter during a heavy rainstorm. After approaching them and unlocking the shelter door, he stepped to the side, expecting them to enter the shelter as ② quickly as possible. However, before doing so, they paused to hug Köhler, one around his legs and ③ the other around his chest, despite the rain that continued to pour down. It was only after expressing their gratitude in this way ④ which they went inside. Similar behavior was observed by the famous researcher Jane Goodall after she rescued a chimpanzee that was near death and cared for it until it recovered. When the chimpanzee was brought back to the jungle, it warmly embraced Goodall before ⑤ departing.

*primate: 영장류

2 다음 글의 밑줄 친 부분 중, 어법상 틀린 것은?

If you are an average person, you will take about 150 million steps during your life, which is a lot of steps. Surprisingly, all of those footsteps might someday help ① end the world's energy problems. A company has invented floor tiles ② that create electricity when a person steps on them. The combination of the weight of the person and the slight movement of the tile ③ is used to create an electrical current. When ④ stepping on, the rubber tiles move downward by about five millimeters. That's not much, but it's enough to create kinetic energy, which is stored in a battery. These tiles are currently being used in London, ⑤ where they can be found in a subway station and on the sidewalk in front of a shopping mall.

*kinetic energy: 운동 에너지

3

다음 글의 밑줄 친 부분 중, 어법상 틀린 것은?

A recent study has shown that a certain type of monkey engages in "upstream reciprocity" in a way that is similar to the actions of four-year-old children. Upstream reciprocity refers to the way that being the recipient of a kind action ① to perform a kind act for someone else in the future. In the study, the monkeys and the children were both tested in the same way. After one individual did something nice for another, that individual ② was taken out of the testing area. Then a new individual was brought in. Both the children and the monkeys were more likely to perform a kind act for the new individual if they ③ had been the recipient of the kind act themselves. They did not have a chance to repay whoever had done something nice for them but instead ④ chosen to pay it forward. The researchers who performed the experiment suggested that the motivation behind these actions ⑤ is the feeling of gratitude.

*reciprocity: 상호성

빈칸 (A), (B)에 들어갈 말로 가장 적절한 것을 윗글에서 찾아 쓰시오.

A study found that monkeys and four-year-old children exhibit upstream reciprocity, a tendency to perform (A) _____ acts for others after receiving the same type of act themselves, suggesting the shared motivation of (B) _____ .

---

1   gratitude 고마움, 감사   observation 관찰 (v. observe 목격하다; 관찰하다)   shelter 피난처, 은신처; *주거지   pause 잠시 멈추다   pour 붓다; *억수같이 퍼붓다   rescue 구하다, 구조하다   recover 회복하다   embrace (껴)안다, 포옹하다   depart 떠나다, 출발하다

2   average 평균의; *보통의, 일반적인   electricity 전기 (a. electrical 전기의)   combination 조합[결합]   slight 약간의, 조금의, 경미한   current 흐름; *전류   rubber 고무

3   upstream 흐름을 거슬러 오르는, 상류의   refer to …을 나타내다, 지칭하다   recipient (어떤 것을) 받는 사람, 수령인   repay 갚다, 보답하다   pay it forward 선행을 나누다   motivation 동기

4

(A), (B), (C)의 각 네모 안에서 어법에 맞는 표현으로 가장 적절한 것은?

Do you know why (A) $\boxed{\text{some people / do some people}}$ think that they see ghosts? Interestingly, the answer might be related to infrasound, sounds that (B) $\boxed{\text{lie / lying}}$ below 20 Hz. These sounds can have a physical effect on our body. One researcher ₃ showed that a certain infrasound frequency has an interesting effect on our eyes. This was discovered when he saw a mysterious gray blob out of the corner of his eye while (C) $\boxed{\text{working / worked}}$ late one night. Trying to determine its cause, he eventually ₆ realized that a fan in his room was emitting a frequency of 18.98 Hz. This is very similar to the resonant frequency of the human eye. Therefore, he concluded that the gray blob was actually caused by resonation in his eyes. Based on his research, he ₉ created a theory that "ghosts" are just optical illusions caused by infrasound.

*infrasound: 초저주파음   **resonant: 공명[공진]하게 하는

	(A)		(B)		(C)
①	some people	······	lie	······	working
②	some people	······	lie	······	worked
③	some people	······	lying	······	worked
④	do some people	······	lying	······	worked
⑤	do some people	······	lie	······	working

5

다음 글의 밑줄 친 부분 중, 어법상 틀린 것은?

Studies suggest that people with certain blood types are more prone to ① <u>developing</u> blood clots. Blood clots can trigger serious health problems when they get stuck in the lungs' arteries and ② <u>inhibit</u> blood flow. This results in intense pain and can even lead ₃ to death. According to researchers, having type AB blood puts a person at high risk of blood clots ③ <u>compared</u> to people with other blood types. It was discovered that people with type AB blood tend to have more of a blood protein called the von Willebrand ₆ factor, ④ <u>which</u> can cause clotting at high concentrations. ⑤ <u>Despite</u> not everyone with type AB blood will suffer from blood clots, this discovery allows us to identify people at higher risk and thus prepare to protect them. ₉

*blood clot: 혈전   **artery: 동맥

6

다음 글의 밑줄 친 부분 중, 어법상 틀린 것은?

Although social cooperation benefited early humans, this does not explain why cooperative behaviors evolved in the first place. After all, while the costs of such behaviors are borne by certain individuals, it is ① <u>generally</u> others who get to enjoy the benefits. It is true that, in some cases, an individual cooperator may receive benefits that balance the costs of their actions. However, this was probably not the case in the majority of situations ② <u>in which</u> cooperation was necessary to our ancestors' survival. Consider life-and-death situations ③ <u>involving</u> defense against predators and environmental crises. Anyone who acted purely out of self-preservation in such cases would not have exhibited cooperative behavior, no matter what they thought other individuals might do. Therefore, in order ④ <u>for</u> cooperative behaviors to be passed down across multiple generations, other factors must have been involved. In particular, some of the people involved in dangerous situations ⑤ <u>must have motivated</u> at least in part by potential social rewards.

3

6

9

12

서술형 빈칸에 들어갈 말로 가장 적절한 것을 윗글에서 찾아 이 글의 제목을 완성하시오.

Evolutionary Origins of ＿＿＿＿＿＿ ＿＿＿＿＿＿ in Humans

---

4 **physical** 신체의; *물리적인 **frequency** 빈도; *진동수[주파수] **blob** (잉크 등의) 얼룩; *둥그스름한 작은 덩이 **out of the corner of one's eye** 곁눈질로, 흘깃 보고 **determine** 알아내다, 밝히다 **emit** (빛·열 등을) 내뿜다, 방출하다 **resonation** 공명, 공진 **optical illusion** 착시

5 **prone** …하기 쉬운 **develop** 발달하다; *(병을) 발병시키다 **trigger** 촉발시키다 **inhibit** 억제[저해]하다, 방해하다 **intense** 극심한, 강렬한 **concentration** 집중; *농도 **identify** 확인하다, 식별하다

6 **cooperation** 협력 (a. cooperative 협력하는) **benefit** …의 이익이 되다, …에게 이롭다; 이익 **bear** 참다, 감당하다 **majority** (대)다수 **ancestor** 조상 **defense** 방어 **predator** 포식자 **crisis** 위기 (pl. crises) **exhibit** 전시하다; *보이다(드러내다) **multiple** 많은, 다수의 **generation** 세대 **potential** 잠재적인

A 네모 안에서 어법에 맞는 표현으로 가장 적절한 것을 고르시오 .

1 Since his death in 1882, Arany has been regarding / regarded as one of Hungary's greatest national poets, ...

2 However, the complex suffered from financial struggles in the 1980s, which / when its key economic sources declined rapidly.

3 The people who are negatively affected by this noise has / have no direct control over it.

4 Therefore, if we don't want to lose many / much of our planet's precious species, we need to take action right away.

5 Although not everyone with type AB blood will suffer from blood clots, this discovery allows us to identify people at higher risk and thus prepare / prepares to protect them.

6 After all, while the costs of such behaviors are borne by certain individuals, it is generally others who / whoever get to enjoy the benefits.

B 다음 밑줄 친 부분이 어법상 바르면 O를 쓰고, 틀리면 바르게 고치시오.

1 He helped to found the Canadian Centre on Disability Studies and <u>was serving</u> as its executive director when he passed away in 2002.

2 In both gender groups, it was the population of Europe and North America <u>which</u> had the highest percentage of individuals reporting that they felt safe.

3 And there is no demand for noise limits, so it would be difficult to use taxation as an incentive to lower traffic noise, <u>as is</u> currently being done with carbon emissions.

4 These dreams are reflections of things that <u>happen</u> to us in the past day or two, so they can show us what is currently on our minds.

5 A recent study showed that people who exercised for six hours before going to sleep mostly had dreams that included <u>few</u> physical activity.

6 An early observation of this phenomenon was made by Wolfgang Köhler, a psychologist who spent many years <u>to study</u> chimpanzees.

PART 05

긴 글에 도전하라

01 장문 독해하기 I — 일반 장문

일반 장문은 하나의 긴 글을 읽은 후, 제목 파악하기와 빈칸 추론하기 또는 어휘의 쓰임 이해하기 등 2개의 문항에 답하는 유형으로, 종합적인 사고력과 빠른 독해력을 요구한다.

유형 기법 31 핵심 소재를 파악하고 지문을 속독하라!

• 제목 문항의 선택지를 통해 글의 핵심 소재를 파악한다.

이 유형에 고정적으로 등장하는 제목 문항은 글의 주제 또는 중심 내용을 파악하는 능력을 요구한다. 글을 읽기 전에 제목 문항의 선택지를 먼저 훑어보면 반복해서 나오는 어휘 등을 통해 핵심 소재를 예측해 볼 수 있다.

• 글을 빠르게 읽으면서 전체적인 맥락을 이해한다.

장문 독해는 지문의 길이가 길고 시험지의 맨 뒷부분에 위치하기 때문에 시간에 쫓기면서 읽게 될 가능성이 크다. 일반 장문의 글은 보통 한두 개 이상의 문단으로 구성되는데, 각 문단의 첫 문장에 집중하여 글을 빠르게 읽으면서 전체적인 맥락을 파악하는 것이 중요하다.

유형 기법 32 길이에 대한 부담감을 버리고 핵심 정보에 집중하라!

• 난이도와 길이에 대한 부담감을 버려야 한다.

일반 장문에 등장하는 글은 갈수록 길이가 더 길어지고 난이도 또한 더 높아지는 추세이다. 그렇다고 해서 부담감을 갖기보다는 글의 핵심적인 정보에 집중하여 읽는 시간을 단축하는 것이 중요하다.

• 글의 전체적인 맥락을 염두에 두고 세부적인 내용을 이해한다.

길이가 긴 지문을 읽다 보면 중간에 글의 흐름을 놓칠 수 있으므로, 전체적인 맥락과 글의 요지를 염두에 두고 글을 읽어나가야 한다. 이를 바탕으로 세부적인 내용을 이해하여 빈칸 추론이나 어휘 문제를 해결해야 한다.

Climate change experts and environmental humanists alike agree that the climate crisis is, at its core, a crisis of the imagination and much of the popular imagination is shaped by fiction. In his 2016 book *The Great Derangement*, anthropologist and novelist Amitav Ghosh takes on this relationship between imagination and environmental management, arguing that humans have failed to respond to climate change at least in part because fiction (a) <u>fails</u> to believably represent it. Ghosh explains that climate change is largely absent from contemporary fiction because the cyclones, floods, and other catastrophes it brings to mind simply seem too "improbable" to belong in stories about everyday life. But climate change does not only reveal itself as a series of (b) <u>extraordinary</u> events. In fact, as environmentalists and ecocritics from Rachel Carson to Rob Nixon have pointed out, environmental change can be "imperceptible"; it proceeds (c) <u>rapidly</u>, only occasionally producing "explosive and spectacular" events. Most climate change impacts cannot be observed day-to-day, but they become (d) <u>visible</u> when we are confronted with their accumulated impacts.

Climate change evades our imagination because it poses significant representational challenges. It cannot be observed in "human time," which is why documentary filmmaker Jeff Orlowski, who tracks climate change effects on glaciers and coral reefs, uses "before and after" photographs taken several months apart in the same place to (e) <u>highlight</u> changes that occurred gradually.

*anthropologist: 인류학자 **catastrophe: 큰 재해 ***evade: 피하다

글의 핵심 소재 파악
제목 문항의 선택지에 Climate Issues, Climate Change, Climate Disasters와 같이 기후 위기와 관련된 어구들이 반복적으로 등장하므로, 이와 관련된 내용일 것임을 예측할 수 있다.

글의 전체적인 맥락 파악
기후 위기는 근본적으로 상상력의 위기인데, 기후 변화가 상기시키는 큰 재해들은 너무 비현실적이라 소설에서 잘 다뤄지지 않는 반면 대부분의 기후 변화는 점진적으로 진행되기 때문에 감지되거나 표현되기 어려운 탓에 그에 대한 대응 또한 어려워진 측면이 있다는 내용의 글이다.

1 윗글의 제목으로 가장 적절한 것은?

① Differing Attitudes Towards Current Climate Issues
② Slow but Significant: The History of Ecological Movements
③ The Silence of Imagination in Representing Climate Change
④ Vivid Threats: Climate Disasters Spreading in Local Areas
⑤ The Rise and Fall of Environmentalism and Ecocriticism

2 밑줄 친 (a)~(e) 중에서 문맥상 낱말의 쓰임이 적절하지 <u>않은</u> 것은?

① (a)　　　② (b)　　　③ (c)　　　④ (d)　　　⑤ (e)

1-2 다음 글을 읽고, 물음에 답하시오.

The scientific community is a group of people whose education and training have taught them to view the world in a particular way. This worldview is based on certain beliefs that all of these experts (a) <u>agree</u> on. These fundamental beliefs are so important that scientists are very (b) <u>protective</u> of them. When they make new discoveries, they try to fit them into those existing beliefs, even when it is not easy to do so. That is because changing their basic beliefs would mean changing everything that they know. This process of fitting new discoveries into existing beliefs is known as "normal science."

Sometimes, though, it is simply impossible to fit a new discovery into those existing beliefs. In these cases, the new discovery (c) <u>challenges</u> their very foundations. If the discovery is significant enough, it can lead to what we call a "scientific revolution." When this happens, the old beliefs have to be modified so that they are consistent with the new discovery. The new way of viewing and understanding the world that results from this process is called a new "paradigm." Oftentimes, a new paradigm is (d) <u>accepted</u> by the scientific community because it overturns everything that they have long believed in. However, these great changes are necessary for science to (e) <u>advance</u> and for our understanding of the world to continue to develop.

1 윗글의 제목으로 가장 적절한 것은?

① Why Scientific Education Leads to Uniform Thought
② The Benefits of Fixed Methods of Scientific Inquiry
③ How Community Consensus Reinforces Existing Scientific Beliefs
④ The Unchanging Nature of Science: Existing Theories Vs. New Ideas
⑤ The Dynamics of Scientific Progress: Normal Science and Paradigm Shifts

2 밑줄 친 (a)~(e) 중에서 문맥상 낱말의 쓰임이 적절하지 <u>않은</u> 것은?

① (a)   ② (b)   ③ (c)   ④ (d)   ⑤ (e)

3-4 다음 글을 읽고, 물음에 답하시오.

The thought of worms living inside the human body can make anyone's skin crawl, but helminths, also known as parasitic worms, may be the key to (a) better health. Our immune system's natural response to these worms is to send antibodies to get rid of them. Because their job is to keep our body healthy, antibodies are always looking for (b) harmful things to kill. If there are no parasites and few germs for the antibodies to fight, the immune system can end up attacking the body itself. Scientists think that this may (c) prevent allergies and asthma, diseases related to an overactive immune system. Therefore, it is believed that we can make our bodies healthier by (d) introducing worms.

Instead of waiting for volunteers to test this hypothesis on, one researcher decided to give himself worms. After doing so, he was allergy-free for nearly two years. Currently, thousands of people worldwide are utilizing worms to (e) treat a host of diseases. It has become an increasingly trendy and somewhat debatable method of treatment; however, these worms might just be the right prescription for some patients.

*helminth: (장내) 기생충 **antibody: 항체

3 윗글의 제목으로 가장 적절한 것은?

① How Parasites Get Inside Your Body
② Using Parasites to Fight Off Diseases
③ The Positive Effects of Eliminating Parasites
④ Health Problems Caused by Parasitic Worms
⑤ Feeling Sick? You Might Have Worms in Your Body!

4 밑줄 친 (a)~(e) 중에서 문맥상 낱말의 쓰임이 적절하지 <u>않은</u> 것은?

① (a)　　　② (b)　　　③ (c)　　　④ (d)　　　⑤ (e)

In order to play most lotteries run by the government, the first thing you must do is buy a ticket. If you're lucky, you could win millions of dollars. This is highly unlikely, but the money you spend helps (A) | run / running | important government programs.

In Taiwan, however, there is a different kind of lottery. (B) | Calling / Called | the Uniform Invoice Lottery, it also raises money for the government. The difference is that there is no charge to play this lottery. It was created in the early 1950s. At that time, the Taiwanese government was having trouble (a) collecting sales taxes. Many businesses would report (b) fewer sales than they had actually made. And since most consumers paid in cash and businesses seldom gave out receipts, it was (c) impossible to catch the cheaters.

Therefore, the government came up with an innovative plan. They began to print a lottery number at the top of each (C) | receipt / receipts |. Then, every two months, lottery numbers would be drawn. The person who held the receipt with the matching numbers would be awarded a cash prize. Soon, consumers started to (d) reject receipts for all of their purchases. This forced dishonest businesses to (e) pay their sales tax in full. Within a year, the amount of sales tax collected by the government nearly doubled!

5 윗글의 제목으로 가장 적절한 것은?

① Unique Lotteries Around the World
② Dishonest Businesses Ruin a Lottery
③ Where Do Lottery Prizes Come From?
④ How Taiwan Created the First Sales Tax
⑤ A Lottery Becomes a Smart Tax Tracker

6 밑줄 친 (a)~(e) 중에서 문맥상 낱말의 쓰임이 적절하지 <u>않은</u> 것은?

① (a)   ② (b)   ③ (c)   ④ (d)   ⑤ (e)

GRAMMAR⁺ (A), (B), (C)의 각 네모 안에서 어법에 맞는 표현으로 가장 적절한 것은?

	(A)		(B)		(C)
①	run	·····	Called	·····	receipts
②	run	·····	Calling	·····	receipts
③	run	·····	Called	·····	receipt
④	running	·····	Calling	·····	receipt
⑤	running	·····	Called	·····	receipt

1-2 **community** 지역 사회; *(공통의 특질·직업 등을 가진 사람들의) 집단, 사회, …계(界) **particular** 특정한 **fundamental** 근본적인 **protective** 보호하는; *보호하려 하는, 방어적인 **foundation** 토대, 기반 **revolution** 혁명 **modify** 수정하다 **consistent** 일관된, 일치하는 **overturn** 뒤집다 [문제] **uniform** 획일적인 **inquiry** 연구, 탐구 **consensus** 의견 일치, 합의 **reinforce** 강화하다 **dynamic** (pl.) 역학

3-4 **make one's skin crawl** …을 소름 끼치게 하다 **parasitic** 기생충에 의한; *기생하는 (n. **parasite** 기생충) **immune system** 면역 체계 **germ** 세균, 미생물 **asthma** 천식 **overactive** 활약[활동]이 지나친 **hypothesis** 가설 **utilize** 활용[이용]하다 **a host of** 다수의 **debatable** 이론[논란]의 여지가 있는 **prescription** 처방전; *처방

5-6 **run** 달리다; *(사업체 등을) 운영하다 **unlikely** 있음 직하지 않은; *가망 없는 **charge** 요금 **sales tax** 판매세 **receipt** 영수증 **innovative** 획기적인 **draw** 그리다; *뽑다, 추첨하다 **award** 수여하다, 주다 **cash prize** 상금 **purchase** 구입; *구입[구매]한 것 **dishonest** 정직하지 못한 **in full** 전부[빠짐없이] **double** 두 배로 되다 [문제] **ruin** 망치다

O2 장문 독해하기 II — 순서 배열 장문

순서 배열 장문은 첫 번째 단락에 이어질 나머지 세 단락을 순서에 맞게 배열하는 유형이다. 이와 함께, 지칭 추론이나 내용 일치 판단과 같이 글에 대한 전반적인 이해를 평가하는 문제가 출제된다.

유형기법 33 문제의 구성과 글의 세부 내용을 파악하라!

- 문제의 구성과 지문의 대략적인 내용을 파악한다.
글을 읽기 전에 먼저 문제 유형을 확인하고, 내용 일치 판단 문제의 선택지를 통해 지문의 대략적인 내용을 파악한다.

- 글의 세부 내용을 확인한다.
이 유형에 주로 출제되는 지칭 추론과 내용 일치 판단 문제는 글의 세부적인 내용에 대한 정확한 이해를 요구한다. 먼저 단락의 순서를 배열한 후에 세부 내용을 확인하는 것이 오답률을 줄일 수 있다.

유형기법 34 글의 전개 방식을 파악하고 단락 간의 연결에 유의하라!

- 시간의 흐름과 공간적 이동을 파악한다.
순서 배열 장문에서 흔히 등장하는 일화 형식의 글은 대개 시간의 흐름이나 공간의 이동에 따라 내용이 전개된다. 따라서, 단락별로 주요 사건이 일어나는 시간과 공간을 염두에 두면서 읽으면 글의 흐름을 파악하는 데 도움이 된다.

- 연결사, 대명사, 지시어 등의 단서를 활용한다.
단락의 순서를 배열할 때 연결사, 대명사, 지시어 등이 주요 단서가 되므로, 이를 활용한다.

 1 - 3 다음 글을 읽고, 물음에 답하시오.

(A)

Eight-year-old Yolanda went to her grandmother's and proudly announced that she was going to be very successful when she grew up and asked her grandmother if she could give her any tips on how to achieve this. The grandmother nodded, took the girl by the hand, and walked (a) her to a nearby plant nursery. There, the two of them chose and purchased two small trees.

(B)

The grandmother smiled and said, "Remember this, and you will be successful in whatever you do: If you choose the safe option all of your life, you will never grow. But if you are willing to face the world with all of its challenges, you will learn from those challenges and grow to achieve great heights." Yolanda looked up at the tall tree, took a deep breath, and nodded (b) <u>her</u> head, realizing that her wise grandmother was right.

(C)

They returned home and planted one of them in the back yard and planted the other tree in a pot and kept it indoors. Then her grandmother asked her which of the trees (c) <u>she</u> thought would be more successful in the future. Yolanda thought for a moment and said the indoor tree would be more successful because it was protected and safe, while the outdoor tree had to cope with the elements. Her grandmother shrugged and said, "We'll see." Her grandmother took good care of both trees.

*elements: 악천후

(D)

In a few years, Yolanda, now a teenager, came to visit her grandmother again. Yolanda reminded her that (d) <u>she</u> had never really answered her question from when she was a little girl about how she could become successful when she grew up. The grandmother showed Yolanda the indoor tree and then took (e) <u>her</u> outside to have a look at the towering tree outside. "Which one is greater?" the grandmother asked. Yolanda replied, "The outside one. But that doesn't make sense; it had to cope with many more challenges than the one inside."

1 주어진 글 **(A)**에 이어질 내용을 순서에 맞게 배열한 것으로 가장 적절한 것은?

① (B) ─ (D) ─ (C)   ② (C) ─ (B) ─ (D)   ③ (C) ─ (D) ─ (B)
④ (D) ─ (B) ─ (C)   ⑤ (D) ─ (C) ─ (B)

2 밑줄 친 (a)~(e) 중에서 가리키는 대상이 나머지 넷과 <u>다른</u> 것은?

① (a)   ② (b)   ③ (c)   ④ (d)   ⑤ (e)

3 윗글에 관한 내용으로 적절하지 <u>않은</u> 것은?

① Yolanda는 자신이 크게 성공할 것이라고 자랑스럽게 말했다.
② 할머니는 역경으로부터 배울 수 있다고 말했다.
③ Yolanda는 집 밖에 심은 나무가 더 잘 자랄 거라고 말했다.
④ 할머니는 두 나무를 정성스럽게 돌보았다.
⑤ Yolanda는 십 대가 되어 할머니를 다시 방문했다.

기법
적용

대략적인 내용 파악

내용 일치 판단 문제의 선택지 내용으로 미루어 보아, 자신이 크게 성공할 것이라고 말하는 Yolanda에게 할머니가 나무 두 그루를 통해 역경에 관한 깨달음을 주는 내용일 것이라고 짐작할 수 있다.

시간의 흐름과 공간적 이동 파악

(A)의 Eight-year-old Yolanda와 (D)의 In a few years, Yolanda, now a teenager를 통해 서로 다른 두 시점에 일어난 일을 시간의 흐름에 맞게 확인한다. 또한, (A)의 walked her to a nearby plant nursery와 (C)의 returned home과 같이 공간의 이동을 나타낸 표현들에 주목하여 글의 흐름을 파악한다.

연결사, 대명사, 지시어의 활용

(A)의 the two of them과 two small trees, (C)의 They와 one of them, the other tree 등의 단서를 활용하면 글의 순서를 파악하는 것이 보다 수월해진다.

1-3

다음 글을 읽고, 물음에 답하시오.

(A)

Mr. Clark's kindergarten students were excited for their dance performance. They couldn't wait to perform for their parents. While the class got ready backstage, their families found seats. Soon, the lights dimmed, the music started, and the students came out through the curtains and began to dance. But then an older boy climbed onto the stage. "Who is (a) he?" the parents asked each other.

(B)

However, some people in the audience were still shouting in confusion, so Mr. Clark ran out onto the stage. "Let's give a big round of applause for our special guest, Mina's brother!" The audience began to applaud, hesitantly at first, but then loudly and enthusiastically. "Think about what you've just seen," (b) he continued. "Our students might forget the dance steps they learned, but I hope they will always remember how to accept others."

(C)

Seeing this, Mr. Clark suddenly remembered that Mina had an older brother who was mentally disabled. "This must be him!" he thought. (c) He was watching the students and clumsily copying their dance steps. The audience began to complain loudly, but the kindergarteners loved it. They seemed more excited than ever, and they danced wonderfully. At the end of the performance, they even made (d) him bow with them.

(D)

Mr. Clark gasped in surprise as the boy began to dance near the younger kids. He was about to stop the performance so that he could ask (e) him to leave. But then he noticed something. One of his students, a little girl named Mina, was waving to the boy. She took him by the hand and pulled him over so that he could dance with her!

1

주어진 글 (A)에 이어질 내용을 순서에 맞게 배열한 것으로 가장 적절한 것은?

① (B) ─ (D) ─ (C)　　　　　② (C) ─ (B) ─ (D)

③ (C) ─ (D) ─ (B)　　　　　④ (D) ─ (B) ─ (C)

⑤ (D) ─ (C) ─ (B)

2

밑줄 친 (a)~(e) 중에서 가리키는 대상이 나머지 넷과 <u>다른</u> 것은?

① (a)　　　　② (b)　　　　③ (c)　　　　④ (d)　　　　⑤ (e)

3

윗글에 관한 내용으로 적절하지 <u>않은</u> 것은?

① 유치원생들이 춤추기 시작했을 때 한 소년이 무대 위로 올라왔다.

② Clark 씨는 무대 위로 뛰어 올라와 관객들에게 사과했다.

③ 유치원생들은 소년과 함께 춤추는 것을 좋아했다.

④ Clark 씨는 소년이 무대에서 내려오도록 공연을 중단하려 했다.

⑤ Mina는 소년이 함께 춤을 출 수 있도록 그의 손을 끌어당겼다.

1-3　kindergarten 유치원 (*n.* kindergartener 유치원생)　backstage 무대 뒤에서　dim (빛이) 어두워지다　confusion 혼란
give a big round of applause 큰 박수를 보내다　applaud 박수를 치다　hesitantly 머뭇거리며　enthusiastically 열광적으로
disabled 장애를 가진　clumsily 어색하게, 서투르게　bow (허리를 굽혀) 절하다　gasp 숨이 턱 막히다

(A)

One morning, while Ethan was getting his morning coffee, he decided to try something he had read about online. After paying for his own coffee, he paid for the coffee of the person standing behind him in line as well. This experience made (a) <u>him</u> feel good, so he posted a story about it on his blog the next day.

3

(B)

But people kept donating to the account, so (b) <u>he</u> contacted another school and then another. Finally, Ethan decided to start his own nonprofit organization. It now features a website that shows people how they can start their own campaigns to pay lunch bills at a local school. It also gives people the opportunity to sponsor individual students. Thanks to Ethan's great idea, there are now fewer students going hungry at school.

6

9

(C)

When Ethan asked the principal how much money the students owed in total, (c) <u>he</u> was surprised to hear that it was more than $1,000. He told the principal that he would be back the next week. As soon as he got home, Ethan set up an online account. Then he made another blog post, asking people to donate to the account in order to pay off all of the students' unpaid bills. He raised enough money in a few days.

12

15

(D)

A short time later, a friend left a comment beneath it. He suggested that Ethan should use his money to help poor students pay their lunch bills instead. (d) <u>He</u> had gotten the idea after reading about a kid who was denied lunch at school because his parents hadn't paid the previous month's bill. So Ethan called a local elementary school and arranged a meeting with the principal. After explaining the situation, (e) <u>he</u> handed $100 to the man, who accepted it gratefully.

18

21

4 주어진 글 (A)에 이어질 내용을 순서에 맞게 배열한 것으로 가장 적절한 것은?

① (B) — (D) — (C)　　　　　② (C) — (B) — (D)

③ (C) — (D) — (B)　　　　　④ (D) — (B) — (C)

⑤ (D) — (C) — (B)

5 밑줄 친 (a)~(e) 중에서 가리키는 대상이 나머지 넷과 <u>다른</u> 것은?

① (a)　　　　② (b)　　　　③ (c)　　　　④ (d)　　　　⑤ (e)

6 윗글에 관한 내용으로 적절하지 <u>않은</u> 것은?

① Ethan은 자신의 커피를 산 후, 뒤에 서 있던 사람의 커피값도 계산했다.

② 사람들은 Ethan이 설립한 비영리 단체를 통해 개별 학생을 후원할 수도 있다.

③ Ethan은 교장으로부터 학생들의 급식비 미납액을 듣고 놀랐다.

④ Ethan은 온라인 계좌를 이용하여 목표한 모금액을 채우는 데 어려움을 겪었다.

⑤ 친구는 Ethan에게 형편이 어려운 학생들의 급식비 납부를 도와줄 것을 제안했다.

· REVIEW TEST ·

정답 및 해설 p. 50

A　네모 안에서 어법에 맞는 표현으로 가장 적절한 것을 고르시오.

1　The scientific community is a group of people who / whose education and training have taught them to view the world in a particular way.

2　These fundamental beliefs are so important that / what scientists are very protective of them.

3　If there are no parasites and few germs for the antibodies to fight, the immune system can end up attacking / to attack the body itself.

4　Seeing this, Mr. Clark suddenly remembered that Mina had an older brother who was mental / mentally disabled.

5　Then he made another blog post, asked / asking people to donate to the account in order to pay off all of the students' unpaid bills.

6　He suggested that Ethan should use his money to help poor students pay / paying their lunch bills instead.

B　다음 밑줄 친 부분이 어법상 바르면 O를 쓰고, 틀리면 바르게 고치시오.

1　When they make new discoveries, they try to fit <u>it</u> into those existing beliefs, even when it is not easy to do so.

2　However, these great changes are necessary for science to advance and for our understanding of the world <u>to continue</u> to develop.

3　Instead of waiting for volunteers to test this hypothesis on, one researcher decided <u>giving</u> himself worms.

4　In order to play most lotteries run by the government, the first thing you must do is <u>buy</u> a ticket.

5　Our students might forget the dance steps they learned, but I hope they will always remember <u>the way how</u> to accept others.

6　She took him by the hand and <u>pull</u> him over so that he could dance with her!

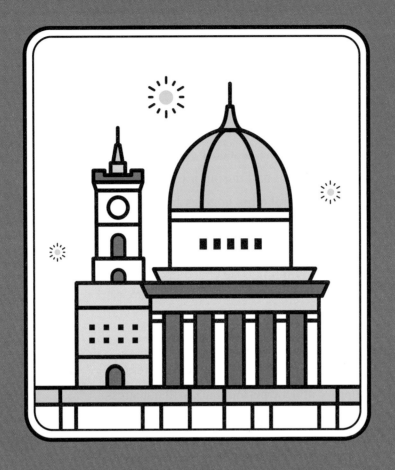

MINI TEST

정답 및 해설 p. 51

1 다음 글의 주제로 가장 적절한 것은?

When professional athletes train, they don't just develop their skills and strengthen their bodies. They also improve their ability to deal with pressure. Great Britain's 2012 and 2016 Olympic teams even developed a special program to help athletes maintain focus during high-pressure situations. Top coaches in many different sports unexpectedly change the training environment to help athletes learn to perform well under any circumstances. For example, a soccer coach might make right-footed players use only their left foot to kick the ball during a practice. The coach of the Olympic swimmer Michael Phelps once broke his goggles before a race, making him compete without being able to see clearly. Although it might sound strange, this experience proved to be useful. During an Olympic race in 2008, Phelps's goggles filled with water. He didn't panic and just kept swimming. He ended up winning the gold medal and even setting a new world record!

① how professional athletes get over slumps
② why it is helpful for athletes to train under stress
③ how to improve athletic performance without stress
④ the importance of wearing proper equipment in the Olympics
⑤ tips for managing athletes' mental health before competitions

2 다음 표의 내용과 일치하지 <u>않는</u> 것은?

Apple Production from the Six Leading Southern Hemisphere Countries

(unit: ton)

Production by Country	2019	2020	2021	2022
Argentina	550,000	578,000	502,000	423,000
Australia	288,000	263,000	302,000	315,000
Brazil	1,101,000	939,000	1,286,000	1,025,000
Chile	1,665,000	1,515,000	1,485,000	1,393,000
New Zealand	554,000	575,000	515,000	502,000
South Africa	1,008,000	1,112,000	1,206,000	1,324,000

The table above shows apple production in six different countries in the Southern Hemisphere from 2019 to 2022. ① Although its production declined annually, Chile remained the largest producer of apples in each of the years shown in the table. ② The only country to show an increase in apple production in every year displayed was South Africa. ③ Brazil and South Africa alternated as the second largest producer each year, with both countries producing over one million tons annually except for Brazil in 2020. ④ New Zealand produced more apples than Argentina in every one of the years listed in the table except for 2020. ⑤ Australia produced fewer apples than any other country each year, although its production can be seen to have increased annually.

*hemisphere: (지구의) 반구

3

다음 글의 밑줄 친 부분 중, 문맥상 낱말의 쓰임이 적절하지 <u>않은</u> 것은?

European rabbits were first brought to Australia in 1859 to be hunted for sport. However, their ① <u>introduction</u> was quickly followed by an enormous increase in their numbers throughout the continent. Because European rabbits are extremely ② <u>disruptive</u> to Australia's local environments, scientists have long been trying to get their populations under control. One of the most promising methods has been ③ <u>biological</u> control, which has been attempted by spreading both the myxoma virus and rabbit hemorrhagic disease virus (RHDV) throughout the rabbit populations. Although their numbers initially declined in both cases, the rabbits eventually developed immunity, making the viruses ④ <u>effective</u>. In order to protect Australia's local environments, a different method will be required. Some experts have suggested that a ⑤ <u>combination</u> of methods should be used, claiming that any one method by itself will be less effective than two or more put into practice at the same time.

*myxoma: [의학] 점액종(粘液腫)　**hemorrhagic: 출혈의

1　professional 전문적인　athlete (운동)선수 (*a.* athletic (운동) 경기의)　maintain 유지하다　perform 수행하다 (*n.* performance 수행; *실적, 성과)　circumstance 환경, 상황　goggle (*pl.*) 고글, 물안경　compete 경쟁하다; *(시합 등에) 참가하다 (*n.* competition 경쟁; *대회, 시합)　panic 허둥대다　[문제] get over 극복하다　proper 적절한　equipment 장비

2　production 생산(량)　decline 감소하다　annually 매년　display 전시하다; *표시하다　alternate 번갈아 일어나다

3　enormous 엄청난　throughout 전역에, 도처에　continent 대륙　extremely 매우, 극심하게　disruptive 파괴적인　population 인구; *개체군, 개체 수　promising 촉망되는, 기대되는　attempt 시도하다　initially 처음에　immunity 면역력　effective 효과적인　combination 조합, 결합　put ... into practice …을 실행하다

4 다음 빈칸에 들어갈 말로 가장 적절한 것은?

Most of the time, human beings will do anything to avoid fear and sadness. It is a natural desire that keeps us free from danger and loneliness. So why do we enjoy experiencing these feelings in our entertainment? The ancient Greek philosopher ₃ Aristotle wondered about this too. His answer was something he called "catharsis." It is a way of removing unpleasant emotions, such as pity and fear, from our bodies. He based this idea on the work of Hippocrates, the greatest physician in ancient Greece. ₆ Hippocrates believed that illnesses can be caused by a misbalance in our body. Aristotle decided that this kind of misbalance could occur in the soul as well. According to Aristotle, in order to rebalance the soul, we need a way of safely experiencing bad ₉ feelings and getting them out. This is why he considered tragedy to be the greatest form of drama. The pity and fear it causes _____.

① make us feel superior to the characters

② leave us free of suppressed emotions

③ create a serious emotional imbalance

④ teach us to disguise our genuine feelings

⑤ protect us from long-lasting psychological damage

4 desire 욕구, 갈망 entertainment 오락, 여흥 ancient 고대의 remove 제거하다; *치우다[내보내다] unpleasant 불쾌한, 불편한 pity 연민, 슬픔 base …의 논거를 두다 physician 의사 illness 질병 misbalance 불균형 soul 영혼; *정신, 마음 tragedy 비극 [문제] disguise 위장하다, 숨기다 genuine 진짜의

5 밑줄 친 **no gates, no tickets to purchase**가 다음 글에서 의미하는 바로 가장 적절한 것은?

These days, everyone is concerned about financial security. Worries about debt endlessly occupy our thoughts. We have been focused on ourselves for too long, always thinking about what we want and ignoring the people around us. Success in the modern world requires a lifetime of hard work, but true success never seems to come. If our purpose in life was to cooperate with others rather than to constantly compete with them, we would see new possibilities in front of us. When we recognize that true security is simply having enough to get by, then we can stop worrying and begin to enjoy the wonders of life. This kind of life is available to everyone—<u>no gates, no tickets to purchase</u>. You simply need to appreciate what you have and embrace whatever life offers you. Ultimately, a society based on the enjoyment of life has a greater chance of thriving than one based on material growth.

① material growth is possible only for those who have privilege
② progress can be achieved only through strict resource management
③ the security of society is weakened by an approach that is too open
④ there are no requirements to access the opportunities life provides
⑤ numerous economic barriers continue to hinder happiness in modern society

5 financial 금융[재정]의 security 안전, 보장; *(재정상의) 안정 debt 부채, 빚 occupy 차지하다 cooperate 협력하다 constantly 끊임없이 get by 그럭저럭 헤어나다 available 구할 수 있는 appreciate 진가를 알아보다 embrace 받아들이다, 껴 안다 ultimately 궁극적으로, 결국 thrive 번창하다 material 물질적인 [문제] privilege 특권 strict 엄격한 approach 접근법 requirement 필요조건, 요건 access 접근하다; *이용하다 barrier 장벽 hinder 저해하다

· MINI TEST 2회 ·

정답 및 해설 p. 53

1 다음 글의 제목으로 가장 적절한 것은?

In today's society, play is valued as a developmental pastime for children that is meant to be spontaneous, imaginative, and free of responsibility. The ancient Greeks, however, placed even more importance on the act of playing. They viewed it as a way to prepare ₃ children for fulfilling their social commitment to Greek society. It was also meant to develop their appreciation of the arts, such as music, poetry, and drama. The people of ancient Greece held clear ideas about the character and ideals that a truly noble person ₆ should have, and the daily activities of life were intended to help citizens become such a person. Improving children's physical, mental, and social well-being through play was seen as an important step in this process. Nowadays, most societies aren't ₉ this demanding, but the influence of the Greeks can still be seen in modern views of recreation and leisure.

① The Role of Play in Ancient Greek Society
② Play: The Key to Developing Art Appreciation
③ The Requirements for Joining the Greek Nobility
④ Guidelines for Play That Greek Children Must Follow
⑤ The Importance of Social Commitment in Modern Times

2 다음 글의 목적으로 가장 적절한 것은?

Dear Mr. Dobson,

Thank you for being a customer of Simpson's Marketplace. We take customer concerns very seriously and appreciate your input. However, we could not accept the container of ₃ Ben's Baking Butter that you tried to return by mail earlier this week. We were sorry to hear that you thought the butter was too salty, but our strict policies prevent us from accepting any returns of perishable foods. As stated on your receipt, all sales of food ₆ products are nonrefundable. However, we consider you a valued customer, so we have included with this letter a coupon code for 20% off your next butter purchase. We hope that one of our low-salt butter varieties will be more to your liking. The code is usable ₉ on our website or at any of our stores. Thank you for your business.

Michelle Fisher
Customer Service Manager

① 환불 조건과 절차를 설명하려고
② 신제품 출시 기념 할인 행사를 안내하려고
③ 제품 개선 방향에 관한 의견에 감사를 표하려고
④ 하자가 있는 제품을 판매한 것에 대해 사과하려고
⑤ 반품 접수가 받아들여지지 않은 이유를 알려주려고

3 다음 글의 밑줄 친 부분 중, 어법상 틀린 것은?

A caul, otherwise known as a veil, is a thin layer of cell membrane that attaches itself to a baby's skin, usually around the face. Only one in every 80,000 children is born with a caul ① covered their face or head. Because this is such a rare occurrence, many 3 cultures around the world developed superstitions and myths about ② it. For instance, coal miners carried cauls with them while working underground, for they believed that the cauls would help them ③ avoid danger. And in Rome, lawyers carried cauls, 6 ④ believing that they would help them in the courtroom. Other cultures believed that children who were born with a caul ⑤ were lucky and couldn't drown. Therefore, sailors who carried cauls were thought to be protected from drowning at sea. 9

*caul: 대망막(大網膜) **cell membrane: 세포막

---

1 **pastime** 기분 전환, 오락 **spontaneous** 자발적인; *즉흥적인 **imaginative** 창의적인 **fulfill** (의무 등을) 다하다, 이행하다 **commitment** 헌신; *약속(한 일), 책무 **appreciation** 감상(력), 음미 **ideal** 이상; *이상적인 것[목표] **noble** 고귀한, 귀족의 (*n.* **nobility** 귀족) **demanding** (너무나도) 많은 것을 요구하는 **recreation** 오락 **leisure** 여가

2 **input** 조언[시간/지식 등](의 제공) **container** 그릇, 용기 **strict** 엄격한[엄한] **policy** 정책, 방침 **perishable** 잘 상하는[썩는] **nonrefundable** 환불되지 않는 **valued** 평가된; *존중되는, 귀중한 **variety** 여러 가지; *품종[종류] **liking** 좋아함, 취향, 기호

3 **veil** 베일, 면사포; *막 **layer** 막[층/겹/켜] **attach** 붙이다; *들러붙다 **occurrence** 발생하는[존재하는] 것 **superstition** 미신 **myth** 근거 없는 믿음, 신화 **coal miner** (탄광의) 광부 **courtroom** 법정 **drown** 물에 빠져 죽다, 익사하다

4 글의 흐름으로 보아, 주어진 문장이 들어가기에 가장 적절한 곳은?

> We are emotional beings who also value the slower, hands-on experiences that analog products provide.

If technology companies had their way, most analog products would be obsolete and people would do almost everything on smart devices. In many ways, this is already happening, but some analog products have made a comeback recently. (①) For example, the sales of such items as paper notebooks and vinyl records have increased in the past ten years. (②) Surprisingly, a lot of these sales are driven by millennials who aren't attached to these items by nostalgia. (③) It may seem odd for them to choose analog products over more modern and efficient technology. (④) But efficiency isn't always the primary goal for humans. (⑤) We may consider ourselves to be living in a digital age, but the human experience is still largely an analog one.

*vinyl record: 레코드판

4 hands-on 직접 해보는[실천하는] have one's way 뜻대로[마음대로] 하다 obsolete 쓸모없게 된, 안 쓰이는 make a comeback 복귀하다, 다시 인기를 얻다 millennials 밀레니얼 세대(1980~2000년 사이에 태어난 세대) be attached to …에 애착[애정]을 가지다 nostalgia 향수(鄕愁) efficient 능률적인, 효율적인 (n. efficiency 효율(성), 능률) primary 주된, 주요한 largely 크게, 대체로, 주로

5 다음 글의 내용을 한 문장으로 요약하고자 한다. 빈칸 (A), (B)에 들어갈 말로 가장 적절한 것은?

A 2005 study conducted by Dr. Glenn Wilson of the Institute of Psychiatry in London produced some interesting results. The study showed that office workers who habitually stopped what they were doing to respond to emails and texts were in a similar mental state to someone who had not slept the night before. Of the 1,100 study subjects, over half said they immediately responded to all emails, and the study confirmed that this kind of continual disruption in the workplace can drastically affect employees. The researchers even reported that workers were shown to suffer a temporary IQ drop of roughly 10 points when they were repeatedly interrupted by phone calls and emails. There is no question that, when used appropriately, communication devices and services can boost productivity. However, when their use is not controlled, they may compromise workers' mental states and therefore also their performance.

↓

_____(A)_____ caused by communication devices in the workplace can decrease _____(B)_____ because they have a negative effect on the mental state of workers.

	(A)		(B)
①	Distractions	⋯⋯	motivation
②	Noises	⋯⋯	concentration
③	Interruptions	⋯⋯	relaxation
④	Interruptions	⋯⋯	productivity
⑤	Noises	⋯⋯	communication

5 **psychiatry** 정신 의학, 정신과학 **habitually** 습관적으로 **subject** 주제; *연구[실험] 대상, 피험자 **confirm** 사실임을 보여주다[확인해 주다] **continual** 계속적인; *빈번한 **disruption** 붕괴, 분열; *중단, 지장 **drastically** 과감하게, 철저하게 **temporary** 일시적인 **roughly** 대략, 거의 **interrupt** 방해하다, 중단시키다 (*n.* **interruption** 중단, 방해) **boost** 신장시키다, 북돋우다 **productivity** 생산성 **compromise** 타협하다; *⋯을 위태롭게 하다

· MINI TEST 3회 ·

정답 및 해설 p. 54

1 다음 글의 주제로 가장 적절한 것은?

Most of us have at least one or two lifelong friends. These friends are usually people who we met before we had fully established ourselves as successful adults. Because of this, they know who we were before we had money, social status, or an impressive job title. Although these things strengthen our sense of social self-esteem, they are not what our true friends care about. Lifelong friends praise us for our successes and cheer us on when we struggle, but they are especially valuable because they care about the real person behind all of the social achievements. When we make new friends, on the other hand, it is difficult to be sure that they see who we really are. Since we're constantly presenting ourselves in terms of what we have accomplished, our social status might be all that they see.

① how social status defines who we are
② benefits of making new friends as an adult
③ why we value old friends more than new ones
④ the reason most friendships fade away over time
⑤ what the true goals of childhood friendship should be

2 다음 글의 밑줄 친 부분 중, 어법상 틀린 것은?

People seem to gradually accept social rules ① to which they initially conformed only to protect their reputations. A good example of this would be ② that of a man who moves from a culture where people greet by bowing to one where they greet by shaking hands. At first, he would probably shake hands simply to avoid offending others or ③ make a bad impression on them. However, over time, shaking hands would become natural to him. He would no longer have to think about ④ whether it was the appropriate behavior or not. At this point, it would no longer be a fear of making a cultural mistake that was guiding him. He would simply be relying on his newly internalized cultural competence without even ⑤ realizing it.

128

3 밑줄 친 부분이 가리키는 대상이 나머지 넷과 <u>다른</u> 것은?

A research team recently wrote an unusual book that is getting a lot of attention. ① <u>Their</u> message is that playing in the dirt, or even eating it, is healthy for kids. They analyzed how much bacteria babies had in their bodies and tried to find a link between these types of bacteria and getting sick. Instead, ② <u>they</u> found something surprising. ③ <u>Their</u> research showed that certain three-month-old babies were less likely to develop allergies as they grew older. These babies were the ones who had the greatest variety of bacteria in ④ <u>their</u> bodies. Based on this study, ⑤ <u>they</u> claim that contact with different types of bacteria strengthens children's immune systems. However, it is important to remember that some forms of bacteria are harmful and should be avoided.

---

1 **lifelong** 평생 동안의, 일생의 **establish** 설립하다; *자리 잡게 하다 **status** 지위, 신분 **self-esteem** 자존(심) **achievement** 업적, 성취한 것 **constantly** 끊임없이 **accomplish** 완수하다, 성취하다 [문제] **define** 정의하다; *규정하다, 분명히 밝히다

2 **initially** 처음에 **conform** (관습 등에) 따르다[순응하다] **reputation** 평판, 명성 **offend** 기분 상하게[불쾌하게] 하다 **impression** 인상[느낌] **appropriate** 적절한 **internalized** 내재화된 **competence** 능숙함, 능숙도

3 **analyze** 분석하다 **develop** 성장[발달]하다; *(병·문제가) 생기다 **variety** 여러 가지; *품종[종류] **contact** 연락; *닿음, 접촉 **immune system** 면역 체계

4 Arctic reindeer에 관한 다음 글의 내용과 일치하지 <u>않는</u> 것은?

Scientists recently discovered that while real Arctic reindeer don't have glowing red noses like the fictional Rudolph, they can change their eye color. Reindeer experience weeks of total darkness in winter in the Arctic tundra where they live. In order to ₃ survive, they need to adjust their eye color from yellow to dark blue. Blue eyes are beneficial to reindeer in the winter because they can capture more light than yellow eyes. The light that bounces off objects around them disperses more throughout the eye ₆ once it changes from yellow to blue, allowing more of this reflected light to reach the photoreceptors. This helps the reindeer see more of their surroundings, although what they see is not very clear. However, they see well enough to be able to spot and avoid ₉ predators.

*photoreceptor: (눈의) 광수용체

① 북극 툰드라에서 겨울에 몇 주간 어둠을 경험한다.
② 겨울에는 생존을 위해 눈 색깔을 조정한다.
③ 푸른 눈이 되면 노란 눈일 때보다 더 많은 빛을 포착할 수 있다.
④ 눈이 푸른색일 때, 사물에서 반사된 빛이 눈 전체에 더 널리 확산된다.
⑤ 푸른 눈으로 주변 환경을 선명하게 볼 수 있다.

4 Arctic 북극의, 북극 지방의 reindeer 순록 glowing (빛깔 등이) 강렬한, 선명한 fictional 허구적인, 소설의 adjust 조정[조절]하다 capture 포획하다; *포착하다 disperse 흩어지다[확산되다] predator 포식자

5 다음 글에서 전체 흐름과 관계 <u>없는</u> 문장은?

People often think that wildlife damage management means reducing the populations of overabundant species. However, this is not always the case. Wildlife damage management sometimes occurs with species that are clearly not overabundant. ① For example, in California, there is a bird called the peregrine falcon. ② The problem with the peregrine falcon is not that it is overabundant, but that it preys on endangered species, such as terns. ③ The peregrine falcon kills other birds by diving at high speeds and crashing into their wings. ④ In this case, the best solution is not to reduce the number of peregrine falcons, but to prevent them from preying on the terns. ⑤ The issue here is to determine how to do this without causing damage to the peregrine falcons and turning the falcon itself into an endangered species.

*peregrine falcon: 송골매 **tern: 제비갈매기

---

5 wildlife 야생 동물 management 경영, 관리 overabundant 과잉의, 과다한 prey on …을 잡아먹다 endangered 멸종 위기에 처한 crash into …와 충돌하다 determine 알아내다, 밝히다

1 다음 글에서 필자가 주장하는 바로 가장 적절한 것은?

Research has shown that an overwhelming majority of managers spend less than 30 seconds determining whether or not they will hire an applicant for a position, while those who spend up to two minutes make up a mere one percent. This suggests ₃ that recruitment is heavily influenced by intuition bias, a tendency to rely on one's immediate, instinctive feelings about candidates rather than carefully considering their qualifications. While it is true that a subjective approach to hiring can help create ₆ a strong and cohesive organizational culture, intuition bias has significant negative effects on both individuals and organizations. Instinctive feelings about candidates are often influenced by factors such as unrelated personal experiences and even cultural ₉ stereotypes. As a result, candidates from underrepresented groups oftentimes do not receive fair consideration. In addition to reinforcing social inequality, this leads to a workforce that lacks diversity and is slow to innovate. In order to prevent this, managers ₁₂ must be sure to base their hiring decisions on candidates' own abilities and merits.

*cohesive: 화합하는 **underrepresented: 불충분하게[적은 비율로] 대표된

① 기업이 우수한 인재를 확보하려면 엄격한 채용 절차를 확립해야 한다.
② 채용 시 직관에 의한 편견을 피하기 위해서는 지원자의 역량에 집중해야 한다.
③ 후보자의 업무 능력을 판단하기 위해 공신력 있는 적성 검사를 실시해야 한다.
④ 면접자는 지원자의 첫인상에 현혹되지 않도록 지속적인 교육을 받아야 한다.
⑤ 유연한 조직 문화를 위해 지원자의 문화적, 인종적 다양성을 존중해야 한다.

2 (A), (B), (C)의 각 네모 안에서 어법에 맞는 표현으로 가장 적절한 것은?

All cultures around the world seem to have some kind of gift-giving tradition. The traditions themselves vary from culture to culture, but giving an appropriate gift (A) strengthens / to strengthen social bonds nearly everywhere. Gift-giving also ₃ played an important role in the past. Examples of gift-giving traditions and rituals are found throughout ancient literature. It is common to read about warriors (B) visiting / visited neighboring kingdoms to exchange valuable gifts, which created a strong ₆ feeling of friendship between the two lands. Exchanges of expensive gifts also took place at important weddings, funerals, and festivals. In many cases, these gifts were later captured by powerful individuals, (C) who / that would either keep the gifts for ₉ themselves or present them to others as a sign of respect.

	(A)		(B)		(C)
①	strengthens	......	visiting	......	who
②	strengthens	......	visiting	......	that
③	strengthens	......	visited	......	who
④	to strengthen	......	visited	......	who
⑤	to strengthen	......	visiting	......	that

3 밑줄 친 **treat it like a foreign language**가 다음 글에서 의미하는 바로 가장 적절한 것은?

What do you think the best way to learn a foreign language is? If the only thing you do is memorize a lot of vocabulary words, you won't know how to put them together into grammatically correct sentences. You will have acquired a great deal of knowledge, but ₃ without actually making use of the language, you will still lack a real understanding of it. In other words, you will have gathered a lot of pieces, but you won't know how to put them together. The same is also true of mathematics. Memorizing a lot of formulas ₆ and equations can help you get by, but it does not lead to true understanding. It will not enable you to see mathematical patterns or solve advanced problems. So, if you want to truly learn math, treat it like a foreign language. ₉

*equation: 방정식

① focus on gaining theoretical knowledge
② practice using math in real-life contexts
③ value math as much as you do foreign languages
④ think of what math has in common with grammar
⑤ memorize as many formulas and equations as you can

---

1 **overwhelming** 압도적인, 굉장한 **majority** 다수, 대부분 **determine** 결정하다, 결심하다 **applicant** 지원자 **recruitment** 채용, 모집 **intuition** 직관, 직감 **bias** 편향, 편견 **tendency** 경향, 성향 **instinctive** 본능적인, 본능에 따른 **candidate** 후보자, 지원자 **qualification** 자질, 자격 **subjective** 주관적인 **stereotype** 고정 관념 **reinforce** 강화하다, 보강하다 **workforce** 노동력, (모든) 노동자[직원] **diversity** 다양성 **innovate** 혁신하다, 쇄신하다 **merit** 장점, 가치

2 **vary** 서로[각기] 다르다 **bond** 유대 **ritual** (종교상의) 의식; *의식적인 행사[관습] **literature** 문학; *문헌 **kingdom** 왕국 **exchange** 교환하다, 주고받다; 교환, 주고받음 **funeral** 장례식

3 **memorize** 암기하다 **vocabulary** 어휘 **grammatically** 문법적으로 **acquire** (노력해서) 습득하다[얻다] **a great deal of** 많은 **lack** 부족하다 **formula** 공식 **get by** 그럭저럭 해내다 **advanced** 진보한; *고급의, 고등의

For many years, the College Football Playoff selection committee chose four teams to compete for the championship. It wasn't long before a trend was noticed: a few teams were consistently being selected to compete. Of course, this wasn't just luck. As college football teams win games, they become more likely to be shown on television. The (a) heightened exposure attracts more fans and also helps the program recruit the most talented new prospects. This, in turn, boosts ticket sales and donations, making the program even more desirable for top athletes and (b) increasing the chances that the team will sustain its success into the future. This feedback loop explains the trend of a few teams making regular playoff appearances.

Similar patterns can be observed when we turn our gaze to the natural world. It is (c) impossible for two different species to live in the exact same environment while competing for the same food and resources. One of these species will reproduce more quickly or use the available resources more effectively or efficiently than the other. Advantages such as these will allow the species to increase its population more easily. As a result, the (d) minor species has no need to fight against the other, since its dominant population leaves fewer and fewer resources for its struggling competitor. This (e) forces the weaker species to use different resources, move to another location, or die out completely.

4　윗글의 제목으로 가장 적절한 것은?

① When the Weak Succeed Against the Odds
② The Illusion of Dominance: Reality Versus Myth
③ The Victory Cycle: How Winning Leads to More Wins
④ Diversity: The Key to Survival in Competitive Situations
⑤ How Species Can Simultaneously Be Dominant and Minor

5　밑줄 친 (a)~(e) 중에서 문맥상 낱말의 쓰임이 적절하지 <u>않은</u> 것은?

① (a)　　② (b)　　③ (c)　　④ (d)　　⑤ (e)

4-5　selection 선발, 선택　committee 위원회　consistently 지속적으로, 한결같이　heightened 고조된, 높아진　exposure 노출, 폭로　recruit 모집하다[뽑다]　prospect 전망; *유망주　boost 끌어올리다, 증가시키다　donation 기부, 기증　desirable 바람직한　sustain 유지하다, 지속시키다　appearance 등장, 나타남　gaze 응시, 시선　reproduce 번식하다, 복제하다　dominant 우세한, 지배적인 (*n.* dominance 지배, 우위)　struggling 고군분투하는　die out 멸종하다　[문제] odds 가능성; *역경, 곤란　simultaneously 동시에

1 다음 글의 요지로 가장 적절한 것은?

According to many polls, American voters are most concerned with social issues, such as national security, health care, and the economy. The majority of citizens do not list the environment as one of their top priorities. Yet matters related to the environment, ₃ such as climate change, have a direct impact on our society. For example, climate change affects natural resources, and when these resources become scarce, conflicts emerge and threaten our national security. Moreover, as temperatures rise, virus- ₆ carrying mosquitoes increase in numbers and cause serious health concerns, such as an increase in the number of malaria cases. Furthermore, focusing on resolving the climate change issue has been shown to have beneficial effects on the economy by leading to ₉ faster progress in technology and the creation of new jobs.

① 국가 간의 자원 분쟁이 기후 변화를 악화시키고 있다.
② 기후 변화로 인한 기온 상승은 다양한 질병을 유발한다.
③ 천연자원 활용에 관한 기술 개발이 기후 변화를 방지할 수 있다.
④ 유권자들이 보다 다양한 사회 문제에 주의를 기울이는 것이 중요하다.
⑤ 유권자들이 관심을 가지는 문제들은 사실상 환경 문제와 관련되어 있다.

---

1 poll 여론 조사 voter 투표자, 유권자 concerned 관심이 있는 (*n.* concern 우려[걱정]) security 보안, 안보 priority 우선 사항
natural resource 천연자원 scarce 부족한, 드문 emerge 나오다; *생겨나다, 부상하다 resolve 해결하다

2 다음 글에 드러난 Liz의 심경 변화로 가장 적절한 것은?

"Charles! Where are you?" cried Liz. Looking out across the waves, she called her brother's name. The storm had appeared without warning nearly an hour earlier, and it only seemed to be getting worse. Liz could not see her brother's fishing boat on the water. The only sound she could hear was the violent roar of the wind. Still, she continued to call out to Charles. She turned her ear to the waves and listened carefully, but there was no reply. After some time, she dropped to the ground and began to sob as the cold rain poured down on her. Just then, she saw a small, blinking light, and her heart suddenly filled with excitement. The light was coming from Charles's boat, and Liz could see someone waving to her. Realizing that Charles was alive, Liz's worries instantly melted away.

① hopeless → relieved
② disappointed → nervous
③ bored → satisfied
④ annoyed → regretful
⑤ indifferent → thrilled

---

2 warn 경고하다, 예고하다 violent 격렬한, 맹렬한 roar 으르렁거리는 소리, 포효 sob 흐느끼다, 흐느껴 울다 excitement 흥분, 신남 instantly 즉각, 즉시 [문제] indifferent 무관심한 thrilled 몹시 흥분된, 신이 난

(A)

On a weekday morning in January, a man at a metro station in Washington, D.C., started to play the violin. (a) He played for about forty-five minutes, performing a total of six classical pieces, including pieces from Bach, Massenet, Schubert, and Ponce. During this rush hour, more than a thousand people were estimated to pass through the station.

(B)

When the violinist finished playing, silence filled the station. There was no applause or cheering from a crowd. Only one woman recognized that he was Joshua Bell, one of the best musicians in the classical music world. Three days before this morning performance, (b) he sold out a theater in Boston with seats averaging about $100 per ticket. If the people in that station missed a performance from one of the best musicians in the world, what other things are they missing? There is so much in the world around us. We just have to look up and take notice.

(C)

After the first three minutes of playing, a middle-aged man turned his head toward the violinist while continuing to his destination. The violinist then received (c) his first dollar tip from a woman who tossed money into his violin case and kept walking without stopping to listen. Six minutes into the performance, a man finally stopped to lean against a wall. (d) He listened for about three minutes before leaving.

(D)

A three-year-old boy briefly stopped to watch the violinist, but his mother hurried him along. Several other children repeated the action and wanted to listen. All the parents encouraged their children to keep moving on this busy morning. In this forty-five-minute performance, a total of seven people stopped and stayed to listen. Twenty-seven people gave (e) him money; most of them just passed by without stopping. The violinist made a total of $32 that morning.

3

주어진 글 (A)에 이어질 내용을 순서에 맞게 배열한 것으로 가장 적절한 것은?

① (B) — (D) — (C)
② (C) — (B) — (D)
③ (C) — (D) — (B)
④ (D) — (B) — (C)
⑤ (D) — (C) — (B)

4

밑줄 친 (a)~(e) 중에서 가리키는 대상이 나머지 넷과 다른 것은?

① (a)　　　　② (b)　　　　③ (c)　　　　④ (d)　　　　⑤ (e)

5

윗글에 관한 내용으로 적절하지 않은 것은?

① 지하철 역에서 한 사람만 빼고 아무도 Bell을 알아보지 못했다.
② Boston에서 열린 Bell의 공연은 매진되었다.
③ 한 남성이 바이올린 연주자에게 첫 번째 팁을 주었다.
④ 아이들은 연주를 듣고 싶어 했으나 부모들이 허락하지 않았다.
⑤ 연주는 45분 동안 진행되었고 멈춰 선 관객은 7명뿐이었다.

3-5　**perform** 수행하다; *공연[연주]하다 (*n.* **performance** 공연, 연주)　**piece** 조각; *(음악·노래) 곡, 작품　**estimate** 추정하다, 예상하다
silence 침묵, 정적　**applause** 박수　**take notice** 주의하다　**destination** 목적지　**briefly** 간단히; *잠시

MEMO

MEMO

MEMO

MEMO

NE 능률

필요충분한 수학유형서로
등급 상승각을 잡다!

'22개정
교육과정

시리즈 구성

공통수학1

공통수학2

교재구성
미리
보기

1 Goodness **빼어난 문제**
'22 개정 교육과정에 맞춰 빼어난 문제를 필요한 만큼
충분하게 담아 완전 학습을 할 수 있습니다.

2 Analysis **철저한 분석**
수학 시험지를 철저하게 분석하여 적확한 유형으로 구성,
가로로 익히고, 세로로 반복하는 학습을 할 수 있습니다.

3 Kindness **친절한 해설**
선생님의 강의 노트 같은 깔끔한 해설로 알찬 학습,
정확하고 꼼꼼한 해설로 꽉 찬 학습을 할 수 있습니다.

LIST

도/서/목/록

정답 및 해설

빠른독해 바른독해

유형독해

빠른독해 바른독해

유형독해

정답 및 해설

01 주제·제목 파악하기

기출예제 pp. 8~9

1 ② **2** ⑤

1 ②

행동이 통제되지 않는 아이는 행동에 대한 분명한 제한이 설정되고 시행될 때 개선된다. 그러나 부모들은 제한이 어디에 설정되고 그것이 어떻게 시행될지에 대해 합의를 해야만 한다. 제한과 그 제한을 어기는 것에 대한 결과는 아이에게 분명하게 제시되어야 한다. 제한의 시행은 일관되고 단호해야 한다. 너무 많은 제한은 배우기 어렵고 자율성의 정상적 발달을 저해할지도 모른다. 제한은 아이의 나이, 기질, 발달 수준의 측면에서 합당해야 한다. 효과적이려면 부모 모두가 (그리고 가정의 다른 어른들도) 제한을 시행해야 한다. 그러지 않으면, 아이들은 사실상 부모님을 분리해 좀 더 멋대로 하게 하는 쪽에 제한을 시험해 보려 할지도 모른다. 모든 상황에서, 효과적이려면, 처벌은 간단하고 행동과 직접적으로 관련이 있어야 한다.

구문해설

1행 A child [whose behavior is out of control] improves [when clear limits on their behavior are set and enforced]. ▸ 첫 번째 [ ]는 선행사 A child를 수식하는 소유격 관계대명사절이다. 두 번째 [ ]는 시간을 나타내는 부사절이다.

2행 However, parents must agree on [where a limit will be set] and [how it will be enforced]. ▸ 두 개의 [ ]는 전치사 on의 목적어로 쓰인 의문사절로, 「의문사+주어+동사」의 어순을 따른다.

5행 Too many limits are difficult **to learn** and may spoil the normal development of autonomy. ▸ to learn은 형용사인 difficult를 수식하여 '…하기에'라는 정도의 의미를 나타내는 부사적 용법의 to부정사이다.

어휘

out of control 통제되지 않는 enforce 시행하다 (*n.* enforcement 시행) consequence 결과 consistent 한결같은, 일관된 firm 딱딱한; *단호한 spoil 망치다 autonomy 자율성 temperament 기질 split 분열[분리]시키다 punishment 벌 brief 단시간의; *간단한 [문제] fairly 상당히; *공정[타당]하게 consideration 사려; *고려 사항 discipline 규율, 훈육 caregiver 돌보는 사람

2 ⑤

시간 속 거리는 공간 속 거리와 같다. 사람들이 수천 마일 떨어져 살더라도 그들은 중요하다. 마찬가지로, 그들이 지금부터 수천 년 후에 살더라도 그들은 중요하다. 두 경우 모두, 먼 지점을 실재하지 않는 것으로 착각하고, 우리가 볼 수 있는 것의 한계를 세상의 한계로 취급하기 쉽다. 하지만 세상이 우리의 문 앞이나 국경에서 멈추지 않는 것처럼, 그것은 우리의 세대나 다음 세대에서 멈추지 않는다. 이러한 생각들은 상식이다. 한 유명한 속담은 '사회는 노인들이 자신들은 그늘에 결코 앉지 못할 나무들을 심을 때 크게 성장한다.'고 말한다. 우리가 방사성 폐기물을 버릴 때, 우리는 "이것이 지금으로부터 수 세기 이후에 사람들을 피폭시키든 말든 누가 상관하겠는가?"라고 말하지 않는다. 마찬가지로, 기후 변화나 오염에 신경 쓰는 우리들 중 단지 오늘날 살아 있는 사람들을 위해서만 그렇게 하는 사람은 거의 없다. 우리는 대대로 지속되기를 바라는 박물관과 공원과 다리를 건설하고, 학교와 장기 과학 프로젝트에 투자하고, 그림, 전통, 언어를 보존하고, 아름다운 장소를 보호한다. 많은 경우, 우리는 현재와 미래에 대한 우리의 걱정 사이에 명확한 선을 긋지 않으며, 둘 다 유효하다.

구문해설

3행 ..., it's easy [to *mistake* distance *for* unreality], [to *treat* the limits of {what we can see} as the limits of the world]. ▸ it은 가주어이고 두 개의 [ ]가 진주어이다. 「mistake A for B」는 'A를 B로 착각하다'라는 의미이며, 「treat A as B」는 'A를 B로 취급하다'라는 의미이다. { }는 선행사를 포함하는 관계대명사 what이 이끄는 명사절로, 전치사 of의 목적어로 쓰였다.

5행 But **just as** the world does not stop at our doorstep or our country's borders, *neither does it* stop with our generation, or the next. ▸ 「just as ... (so) ~」는 '…인 것과 마찬가지로'라는 의미의 접속사이다. 부정어구인 neither가 문두에 와서 주어와 조동사가 도치되었다.

어휘

hence 이런 이유로; *지금부터 unreality 비현실(성); *실재하지 않는 것 doorstep 문 앞의 계단 common sense 상식 proverb 속담 shade 그늘 dispose of …을 버리다 poison 독; *오염시키다 solely 단지, 오로지 for the sake of …을 위해서 preserve 보존하다, 유지하다

적용독해

pp. 10~13

1 ⑤ **2** ② **3** ③ **4** ③ **5** ② **6** ④

1 ⑤

서로 다른 동물들은 인간의 존재를 서로 다른 정도로 용인한다. 많은 종이 인간을 가까이에서 감지한 순간 도망쳐버리는 반면, 다른 종들은 더 관용적이다. 그들의 반응에 영향을 미치는 한 가지 요인은 그들이 그들의 새끼를 돌보는 방식이다. 곰과 코끼리를 포함하여, 어떤 종들은 그들이 새끼와 함께 있을 때 더 공격적으로 반응한다. 다른 종들은 교미기에 덜 관용적이다. 또한, 특정한 서식지나 먹이에 의존하는 동물들은 인간이 그들에게 가까이 다가오게 둘 가능성이 더 낮다. 이는 혼자 사는 동물들에게도 마찬가지인 반면, 큰 무리를 지어 사는 동물들은 일반적으로 사람을 무시한다. 하나의 종 안에서, 과거의 경험이 개별 동물의 행동하는 방식을 바꿀 수 있다. 예를 들어, 호주의 붉은목왈라비는 일반적으로 사람들과 밀접하게 접촉하는 것을 피한다. 그러나 그들은 피크닉장 부근에서는 훨씬 겁이 없는데, 아마 방문객들이 이전에 그들에게 먹이를 준 적이 있

기 때문일 것이다.

2행 One factor [that affects their reaction] is [how they care for their young]. ▸ 첫 번째 [ ]는 선행사 One factor 를 수식하는 주격 관계대명사절이다. 두 번째 [ ]는 주격 보어로 쓰인 관계부사절이다.

5행 Also, animals [that are dependent on a specific habitat or food] are less likely to **allow** humans **to get** close to them. ▸ [ ]는 선행사 animals를 수식하는 주격 관계대명사절이다. 「allow A to-v」는 'A가 …하도록 허용하다'라는 의미이다.

문제해설
다양한 동물들이 인간의 존재를 각기 다른 정도로 용인한다는 것을 여러 예시를 통해 설명하는 글이므로, 주제로는 ⑤ '동물이 인간에게 반응하는 방식에 영향을 미치는 요인들'이 가장 적절하다.
① 친근한 동물들의 독특한 특징들
② 동물들이 사냥꾼에게서 벗어나는 다양한 방법들
③ 야생 동물 주변에서 행동하는 적절한 방법들
④ 동물들이 큰 무리를 지어 함께 사는 이유

2 ②

지구의 바다와 대기에 있는 산소의 수준은 7억년에서 5억 5천만년 전 사이에 엄청나게 상승했는데, 약 6억년 전에는 대기에 있는 산소의 양이 현재 수준의 약 5분의 1에 달했다. 이 엄청난 증가는 산소를 이용해 에너지를 생산할 수 있는 유기체의 발전을 가능하게 했다. 믿기 힘들겠지만, 산소가 실제로 다른 유기체에게는 유독했는데, 이 유기체들은 공기가 없는 서식지로 이동하지 않으면 멸종되었다. 일부 과학자들에 따르면, 더 높은 산소 수준은 5억 3천만년에서 5억 9백만년 전에 발생한, 캄브리아기 대폭발이라고 불리는 해양 생물의 놀라운 증가를 이끌었다. 산소를 이용해 에너지를 만들어내는 대부분의 유기체들이 약 4억 3천만년 전까지는 바다에서 살았다. 그 즈음, 작은 무척추동물들이 대기에서 직접 산소를 사용할 수 있는 능력을 발달시키면서 육지에서 살기 시작했다. 최초의 다리가 네 개인 동물들은 마침내 4억 1천 6백만년에서 3억 9천 7백만년 전까지 지속된 데본기에 진화했다.

3행 This enormous increase allowed for the development of organisms [that could use oxygen **to produce** energy]. ▸ [ ]는 선행사 organisms를 수식하는 주격 관계대명사절이다. to produce는 목적을 나타내는 부사적 용법의 to 부정사이다.

7행 ..., greater oxygen levels helped drive the incredible growth of sea life [called the Cambrian explosion, {which occurred 530 to 509 million years ago}]. ▸ [ ]는 the incredible growth of sea life를 수식하는 과거분사구이다. { }는 선행사 the Cambrian explosion을 부연 설명하는 계속적 용법의 주격 관계대명사절이다.

문제해설
지구의 바다와 대기에 있는 산소 수준의 엄청난 증가가 캄브리아기 대폭발로 불리는 해양 생물의 놀라운 증가를 이끌어냈고, 이후 오랜 시간이 흘러

무척추동물들이 대기에서 직접 산소를 사용할 수 있는 능력을 갖게 되면서 육지에서 살기 시작했으며, 이것이 최초의 다리가 네 개인 동물들의 진화로 이어졌다고 했으므로, 제목으로는 ② '산소: 진화의 원동력'이 가장 적절하다.
① 지구상의 생명체는 어떻게 시작되었는가
③ 산소는 어떻게 땅의 진화에 영향을 미쳤는가?
④ 바다에서 육지로 동물들의 이동
⑤ 바다에 사는 생명체의 생존

3 ③

다른 사람들과 연결되고자 하는 욕구는 우리를 한데 모으고 유사한 행동을 촉진하는 많은 관습으로 이어진다. 음악의 보편성은 이것을 상당히 잘 보여준다. 음악은 다른 것들이 거의 할 수 없는 방식으로 개인들을 조직하는 힘을 가진다. 예를 들어, 스포츠 경기에서 대학 응원가가 어떻게 수천 명의 개인 팬들을 하나의 통합된 군중으로 한데 모으는지 생각해 보라. 또는 콘서트에서 청중의 일원들이 어떻게 음악에 맞춰 함께 움직이며 그들이 가장 좋아하는 노래가 공연될 때 심지어 함께 따라 부르거나 눈물을 흘리는지 생각해 보라. 연구는 다른 사람들과 함께 음악을 경험하는 것이 우리의 사회적 유대감에 영향을 미치는 뇌의 화학 물질에 직접적으로 영향을 미친다는 것을 보여주었다. 우리를 다른 사람들과 연결해주는 음악의 이러한 능력 때문에, 그것은 인류 역사를 통틀어 그리고 모든 문화에서 막대한 문화적 영향을 가져왔다.

1행 The desire [to connect with others] leads to many customs [that bring us together and promote similar behaviors]. ▸ 첫 번째 [ ]는 The desire를 수식하는 형용사적 용법의 to부정사구이다. 두 번째 [ ]는 선행사 many customs를 수식하는 주격 관계대명사절이다.

3행 Music has the power to organize individuals in a way [that **few** other things can (organize individuals)]. ▸ [ ]는 선행사 a way를 수식하는 관계부사절로, 반복을 피하기 위해 can 뒤에 중복되는 내용이 생략되었다. few는 '거의 … 없는'이라는 의미로 부정을 나타낸다.

3행 For example, **consider** [how college fight songs at sporting events bring thousands of individual fans together into a unified crowd]. ▸ 동사원형으로 시작하는 명령문이다. [ ]는 consider의 목적어로 쓰인 의문사절로, 「의문사+주어+동사」의 어순을 따른다.

문제해설
스포츠 경기에서 응원가가 팬들을 결집시키고 콘서트에서 청중들이 음악에 맞춰 함께 움직이며 노래를 따라 부르는 모습을 예시로 들며, 각 개인들을 감정적으로 연결시키고 사회적 유대감을 느끼게 하는 음악의 힘을 역설한 글이다. 따라서, 주제로 가장 적절한 것은 ③ '음악이 어떻게 개인들을 사회적 집단으로 통합시키는 기능을 하는가'이다.
① 음악에 대한 정서적 반응의 문화적 차이
② 유사 이래 대중음악이 발달해온 방식
④ 음악은 왜 역사적으로 사람들을 통제하는 수단이었는가
⑤ 다양한 문화의 음악이 가진 독특함에 기여하는 요소들

what → that, affect → affects ▸ has shown의 목적어로 뒤에 완전한 절이 이어지고 있으므로 what은 명사절을 이끄는 접속사 that으로 고쳐야 하고, 이 명사절의 주어(experiencing music with others)가 동명사구이므로 affect는 단수동사인 affects로 고쳐야 한다.

4 ③

많은 사람들이 청중 앞에서 말하는 것에 대한 두려움에 시달린다. 하지만 아주 어릴 적부터, 우리는 유능한 이야기꾼으로 성장한다. 학교나 직장에서의 일상적인 대화를 관찰하는 것만으로도, 우리는 이야기하는 것이 모두에게 있어 사회적 활동의 필수적인 부분임을 알 수 있다. 우리는 모두, 항상, 심지어 우리가 알아채지 못할 정도로 그것(= 이야기)을 한다. 하지만, 우리가 사람들 앞에서 이야기를 해야 한다는 것을 깨닫자마자, 대중 연설에 대한 우리의 두려움이 시작된다. 우리가 흥미로운 이야기를 가지고 있더라도, 우리들 중 다수가 자신감을 가지고 그것을 말하는 데 어려움을 겪는다. 무대 위에서 이야기하는 데 적응하는 것은 새로운 기술을 배우는 것과 다르다. 그것은 단순히 우리의 본능적이고 무의식적인 능력을 일상적인 환경 대신에 스트레스가 많은 환경에서 사용하는 것을 필요로 한다. 우리는 단지 그 전환을 하는 방법을 알아내야 한다.

구문해설

2행 Just **by observing** everyday conversations at school or in the workplace, we can see [that storytelling is an integral part of socializing for everyone]. ▸ 「by v-ing」는 '…함으로써'라는 의미이다. [ ]는 see의 목적어로 쓰인 명사절이다.

5행 However, **as soon as** we realize [that we have to tell a story in front of a crowd], ... ▸ as soon as는 '…하자마자'라는 의미의 접속사이다. [ ]는 realize의 목적어로 쓰인 명사절이다.

6행 Even if we have an interesting narrative, many of us **have difficulty delivering** it with confidence. ▸ 「have difficulty v-ing」는 '…하는 데 어려움을 겪다'라는 의미이다.

문제해설

많은 사람들이 청중 앞에서 말하는 것에 두려움을 느끼지만, 모든 사람은 이미 이야기하는 능력을 갖추고 있다는 내용이므로, 주제로는 ③ '이야기를 하는 인간의 타고난 능력'이 가장 적절하다.
① 인간 언어의 특징
② 흥미로운 이야기를 쓰는 방법
④ 어린 시절에 이야기하는 것을 배우는 것의 중요성
⑤ 타고난 이야기꾼들은 왜 대중 연설을 잘하는가

5 ②

창의적이거나 지적인 것을 추구하는 일에 종사하는 많은 사람들은 그들의 성과가 눈에 띄게 최고조에 달하는 시기를 거친다. 예를 들어, 빈센트 반 고흐는 1888년과 1889년 사이에 그의 가장 훌륭한 두 작품으로 여겨지는 「별이 빛나는 밤」과 「해바라기」를 포함하여 100여 점 이상의 그림을 그렸다. 그런데 최근 한 연구는 이러한 위대한 성취의 시기, 즉 '연이은 성공(승승장구)'이 언제 일어날지 예측하기는 어렵다는 것을 보여주었다. 해당 연구를 수행한 연구원들은 연이은 성공이 한 개인의 일련의 작품들 내에서 무작위로 발생하며, 주목할 만한 생산성의 변화와는 관련이 없다고 언급했다. 그러나 모든 연이은 성공에는 공통점으로 보이는 한 가지가 있다. 그것은 언제나 향상이 특별히 눈에 띄지 않던 시기가 지나고 나서 일어난다. 이것은 연구 속 개개인들이 너무 일찍 자신이 추구하는 것을 포기했다면, 그들의 놀라운 약진은 결코 일어나지 않았을 것임을 의미한다.

구문해설

1행 Many individuals [engaged in creative or intellectual pursuits] go through a period [during which their performance is noticeably at its peak]. ▸ 첫 번째 [ ]는 Many individuals를 수식하는 과거분사구이며, 두 번째 [ ]는 선행사 a period를 수식하는 목적격 관계대명사절이다.

4행 However, a recent study has shown [that **it** is difficult **to predict** {when this period of great achievement, or "hot streak," might occur}]. ▸ [ ]는 has shown의 목적어로 쓰인 명사절이다. it은 가주어이고 to predict 이하가 진주어이다. { }는 predict의 목적어로 쓰인 의문사절로, 「의문사+주어+동사」의 어순을 따른다.

10행 ..., **had** the individuals in the study **given up** on their pursuits too early, their incredible breakthroughs **would have never occurred**. ▸ 「if+주어+had+p.p., 주어+조동사의 과거형+have+p.p.」는 과거 사실과 반대되는 일을 가정하는 가정법 과거완료로, 여기서는 조건절에 if가 생략되어 주어와 had가 도치되었다.

문제해설

모든 '연이은 성공'은 뚜렷한 향상의 기미가 보이지 않다가 갑자기 발생하기 때문에 꾸준히 노력하지 않고 중간에 포기한다면 이 현상이 나타나지 않을 것이라고 했으므로, 제목으로는 ② '인내와 끈기: 성공의 비결'이 가장 적절하다.
① 유명 작품들에 공통으로 있는 숨겨진 특징
③ 연이은 성공이 예술가의 창의성에 미치는 영향
④ 위대한 예술가들이 창작 슬럼프를 극복하는 방법
⑤ 성공한 사람들이 자신의 연이은 성공을 계속 이어가는 방법

6 ④

영화 산업에서 관찰되어 온 한 가지 흥미로운 동향은 영화가 점점 길어지는 것 같다는 점이다. 이는 부분적으로 감독과 제작자 간의 바뀌는 힘의 균형 때문일 수 있다. 감독은 영화의 예술팀을 이끄는 반면, 제작자는 영화 제작에 자금을 대는 사업팀의 일원이다. 감독은 종종 자신의 예술적 비전을 달성하기 위해 더 긴 영화를 만들고 싶어 한다. 반면에, 제작자는 일반적으로 더 짧은 영화를 추진해 왔는데, 그것이 제작비도 덜 들고 더 폭넓은 매력을 가지기 때문이다. 과거에는 제작자의 영향력이 더 큰 경향이 있었다. 하지만 이제 그 어느 때보다 감독의 재능을 두고 더한 경쟁이 있다. 그 결과, 그들은 힘을 더 얻었고 영화는 더 길어졌다. 게다가, 스트

리밍의 성장으로 사람들은 집에 있으면서 두 시간의 오락을 쉽게 즐길 수 있게 되었다. 따라서, 장편 영화는 극장에 가는 것이 가치 있어 보이도록 하기 위해 더 길어져야만 했다.

구문해설
1행 One interesting trend [that has been observed in the film industry] is [that movies seem to be getting longer]. ▸ 첫 번째 [ ]는 선행사 One interesting trend를 수식하는 주격 관계대명사절이다. 두 번째 [ ]는 주격 보어로 쓰인 명사절이다.

6행 Producers, on the other hand, have generally pushed for shorter **ones**, [which *cost* less to make and *have* broader appeal]. ▸ ones는 앞 문장의 movies를 가리킨다. [ ]는 선행사 shorter ones를 부연 설명하는 계속적 용법의 주격 관계대명사절이다. 동사 cost와 have가 접속사 and로 병렬 연결되어 있다.

9행 In addition, the growth of streaming has **allowed** people **to** easily **enjoy** two hours of entertainment [while staying at home]. ▸ 「allow A to-v」는 'A가 …하게 해 주다'라는 의미이다. [ ]는 동시동작을 나타내는 분사구문으로, 의미를 명확히 하기 위해 접속사를 생략하지 않은 형태이다.

문제해설
영화가 점점 길어지는 이유 중 하나로 감독과 제작자 간 힘의 균형이 바뀌어 감독의 영향력이 커졌다는 것을 들고 있는 글이므로, 주제로는 ④ '현대 영화 산업에서 영화의 길이가 더 길어진 이유'가 가장 적절하다.
① 관객의 영화 관람 습관의 변화
② 예술적 비전과 상업적 잠재력의 균형 잡기
③ 스트리밍 서비스가 영화 길이에 미치는 영향
⑤ 장편 영화가 스트리밍 플랫폼에 매우 적합한 이유

GRAMMAR+
③ ▸ (A) 흥미로운 동향이 영화 산업에서 '관찰되어 온' 것이므로, 현재완료 수동형인 has been observed가 적절하다.
(B) 선행사 shorter ones를 부연 설명하는 계속적 용법의 주격 관계대명사 which가 적절하다.
(C) 사역동사 make의 목적격 보어 자리이므로 동사원형 seem이 적절하다.

O2 요지·주장 파악하기

기출예제

1 ①　**2** ③

1 ①
당신의 응대가 특별히 기분 좋거나 화가 나는 경험을 둘러싼 일회성의 상호 작용이든, 당신의 고객 기반 내에서 꽤 영향력 있는 개인과의 장기적 관계의 발전이든 간에, 응대를 우선시할 수 있는 것은 당신이 개별 고객

들과 더 깊은 관계를 맺을 수 있게 해준다. 만약 당신이 어떤 브랜드, 제품 또는 서비스에 관해 호의적인 의견이나 혹은 그 문제에 관해 어떤 견해라도 게시해 본 적이 있다면, 예를 들어 그 결과로 브랜드 매니저로부터 개인적으로 인정받는다면 기분이 어떨지 생각해보라. 일반적으로, 사람들은 할 말이 있어서, 그리고 그것을 말한 것에 대해 인정받고 싶어서 글을 게시한다. 특히, 사람들이 긍정적인 의견을 게시할 때 그것은 그 게시물로 이끈 경험에 대한 감사의 표현이다. 당신 옆에 서 있는 사람에 대한 칭찬은 보통 '감사합니다'와 같은 답변을 받지만, 슬픈 사실은 대부분의 브랜드 칭찬은 무응답 처리된다는 것이다. 이것은 무엇이 칭찬을 이끌어냈는지 이해하고 그 칭찬을 바탕으로 하여 확고한 팬을 만들어낼 수 있는 기회의 상실이다.

구문해설
2행 ..., **be it** a one-off interaction [around a particularly delightful or upsetting experience], **or** the development of a longer-term relationship [with a significantly influential individual within your customer base]. ▸ 「be it A or B」는 'A든지 B든지 간에'라는 의미이다. 첫 번째 [ ]는 a one-off interaction을 수식하는 전치사구이며, 두 번째 [ ]는 a longer-term relationship을 수식하는 전치사구이다.

11행 While a compliment [to the person {standing next to you}] is typically answered with a response like "Thank You," the sad fact is [that most brand compliments go unanswered]. ▸ 첫 번째 [ ]는 a compliment를 수식하는 전치사구이며, { }는 the person을 수식하는 현재분사구이다. 두 번째 [ ]는 주격 보어로 쓰인 명사절이다.

14행 These are **lost** opportunities [to understand what drove the compliments and (to) create a solid fan based on them]. ▸ lost는 opportunities를 수식하는 과거분사이다. [ ]는 opportunities를 수식하는 형용사적 용법의 to부정사구이며, to understand와 (to) create이 접속사 and로 병렬 연결되어 있다.

어휘
prioritize 우선순위를 매기다; *우선시하다　one-off 일회성의 interaction 상호 작용　delightful 기분 좋은　significantly 상당히　influential 영향력이 큰　post (인터넷에 글을) 올리다; (인터넷 상의) 글　personally 직접, 개인적으로　acknowledge 인정하다 recognize 인정하다　appreciation 감사　solid 고체의; *확고한, 탄탄한

2 ③
우리는 모두 삶에서 정해진 패턴을 가지고 있다. 우리는 우리 자신을 이것 또는 저것으로 이름 붙이기 좋아하고 우리의 의견이나 믿음을 꽤 자랑스러워한다. 우리는 모두 특정한 하나의 신문을 읽고, 똑같은 종류의 TV 프로그램이나 영화를 보고, 매번 똑같은 종류의 가게에 가고, 우리에게 맞는 종류의 음식을 먹고, 똑같은 종류의 옷을 입기를 좋아한다. 그리고 이 모든 것은 괜찮다. 그러나 우리가 우리 자신을 모든 다른 가능성들로부터 차단시킨다면, 우리는 지루하며, 완고하고, 경직되게 되어서 약간 지치게 될 가능성이 있다. 당신은 삶을 일련의 모험으로 보아야 한다. 각

각의 모험은 재미있게 놀고, 무언가를 배우고, 세상을 탐험하고, 교우 관계와 경험을 확장시키며, 당신의 시야를 넓힐 기회이다. 모험을 멈추는 것은 정확히 당신이 멈추는 것을 의미한다.

구문해설
8행 Each adventure is a chance [**to have** fun, **(to) learn** something, **(to) explore** the world, **(to) expand** your circle of friends and experience, and **(to) broaden** your horizons]. ▸ [ ]는 a chance를 수식하는 형용사적 용법의 to부정사구로, to have, (to) learn, (to) explore, (to) expand, (to) broaden이 접속사 and로 병렬 연결되어 있다.
10행 [Shutting down to adventure] **means** exactly *that*—you are shut down. ▸ 동명사구인 [ ]가 문장의 주어이므로 단수동사 means가 쓰였다. that은 you are shut down을 가리키는 지시대명사이다.

어휘
set 위치한; *정해진, 계획된 label …에 꼬리표를 붙이다; *…에 명칭을 붙이다 rigid 굳은; *완고한 expand 확대[확장]시키다 horizon 수평선; *시야

적용독해
pp. 16~19

1① 2⑤ 3③ 4③ 5② 6①

1 ①

사람들이 타인을 위해 착한 일을 하는 것은 드문 일이 아니다. 하지만 그들이 그렇게 할 때, 그들은 거의 항상 자신의 친절함에 대해 칭찬받기를 바라며 자신이 다른 사람에게 한 일을 언급한다. 우리가 자신이 행한 착한 일에 대해 이야기할 때, 우리는 스스로에 대해 좋은 감정을 느끼고 우리도 인정받을 자격이 있다고 생각한다. 이것이 잘못된 일은 아니지만, 착한 일을 하고 그것을 누구에게도 절대로 언급하지 않는 데에는 정말로 특별한 무언가가 있다. 어떤 행동을 진정 이타적으로 만드는 건 그 대가로 어떤 것을 받겠다는 기대 없이 친절을 베푸는 것이다. 그러한 행동에 대한 보상은 행위 그 자체로부터 얻는 따뜻하고 긍정적인 감정이다. 다음에 당신이 다른 사람을 위해 착한 일을 할 때, 그것을 자신만 알고 타인을 돕는 데에서 얻는 기쁨이 당신의 보상이 되게 하라.

구문해설
1행 …, they almost always mention [what they have done], [hoping to be praised for their kindness]. ▸ 첫 번째 [ ]는 선행사를 포함하는 관계대명사 what이 이끄는 명사절로, mention의 목적어로 쓰였다. 두 번째 [ ]는 동시동작을 나타내는 분사구문이다.
6행 **It is** the performance of an act of kindness with no *expectation* of [receiving anything in return] **that** makes an act truly selfless. ▸ 「It is … that ~」은 강조구문으로, '~하는 것은 바로 …이다'라는 의미이다. expectation과 [ ]는 동격이다.
8행 **Next time** you do something nice for someone else, keep it to yourself and *let* the joyous feeling

[(that/which) you get from helping others] *be* your reward. ▸ Next time은 '다음에 …할 때'라는 의미의 접속사이다. 사역동사 let의 목적격 보어로 동사원형이 쓰였다. [ ]는 선행사 the joyous feeling을 수식하는 목적격 관계대명사절로, 목적격 관계대명사가 생략되었다.

문제해설
필자는 사람들이 착하고 친절한 행동에 대한 보상으로 칭찬을 바라지만 진정한 보상은 베푸는 행위 그 자체에서 오므로, 좋은 일을 했을 때는 그것을 알리지 않고 돕는 행위에서 얻는 기쁨이 보상이 되게 하라고 주장하고 있다.

2 ⑤

아이들에게 무례하게 굴지 않는 법을 가르치는 것은 그들의 양육에 있어서 중요한 부분이다. 그러나 이러한 유형의 가르침은 흔히 아이들의 마음속에 있는 것을 변화시키는 것보다는 그들의 행동에 영향을 미치는 것에 초점을 맞춘다. 부모들은 보통 아이들에게 그들의 부적절한 행동이 그들에게 어떻게 영향을 미칠지에 대해 가르친다. 우리는 그들에게 "네가 복도에서 뛰면 다치게 될 거야."라고 말한다. 하지만, 이것은 우리 아이들에게 올바른 예의를 가르치는 적절한 방법이 아니다. 그것은 다른 사람들이 그들의 행동에 어떻게 직접 영향을 받는지 그들이 이해하는 데 도움이 되지 않아서, 그들을 더 나은 사람이 되게 하지 않을 것이다. 아이들이 복도에서 뛰면 그들에게 일어날지도 모르는 일에 초점을 맞추는 대신에, 우리는 그들에게 그것이 다른 사람들을 어떻게 느끼게 하는지 말해줘야 한다. 이것은 그들에게 그들의 행동을 개선할 또 다른 이유를 제공한다. 우리가 아이들에게 사회에서 살아가는 것의 책임을 가르치지 않는 한, 우리는 그들을 진정으로 교육하고 있지 않는 것이다.

구문해설
1행 [Educating children about *not being* rude] **is** an important part of their upbringing. ▸ 동명사구인 [ ]가 문장의 주어이므로 단수동사 is가 쓰였다. 동명사의 부정형은 동명사 바로 앞에 not을 붙인 형태이다.
2행 But this type of teaching often focuses on influencing the children's behavior **rather than** changing [what is in their hearts]. ▸ 「A rather than B」는 'B보다는 A'라는 의미이다. [ ]는 선행사를 포함하는 관계대명사 what이 이끄는 명사절로, changing의 목적어로 쓰였다.
5행 It doesn't **help** them **understand** [how others are personally affected by their behavior], …. ▸ help는 목적격 보어로 동사원형이나 to부정사를 쓴다. [ ]는 understand의 목적어로 쓰인 의문사절로, 「의문사+주어+동사」의 어순을 따른다.

문제해설
아이들에게 예의를 가르칠 때는 그들의 행동이 타인에게 어떤 영향을 미칠지를 알게 하는 데 초점을 맞춰야 한다고 말하고 있다.

3 ③

스포츠 사냥은 동물을 죽이는 것을 수반하는 여가 활동이다. 그것은 보통 관광의 형태인데, 일부 사람들이 다른 나라의 야생 동물을 사냥하기 위

해 그곳으로 여행 가는 것을 즐기기 때문이다. 어떤 상황에서는, 환경 보호 단체들이 실제로 엄격하게 규제된 스포츠 사냥을 지지하기도 하는데, 그것이 지역의 생물학적 다양성의 균형을 지키는 데 도움이 될 수 있다고 주장한다. 유감스럽게도, 이것은 거의 효과가 없다. 사냥꾼들은 죽일 만한 가장 크고 힘센 동물을 찾는데, 이는 전체 개체군의 유전적 힘을 약화시킨다. 자연의 포식자들은 정반대의 효과를 미치기 때문에 우리는 사냥을 그들에게 맡겨야 하는데, 그들은 약하거나 병든 사냥감을 죽임으로써 실제로 그 종의 유전적 질을 향상시킨다. 우리는 진정한 야생 동물 관광을 계속 장려해야 긴 하지만, 이것은 스포츠 사냥을 포함하지 않는다. 그것은 정말 지구의 야생 동물을 지키는 용인되는 방식이 아니다.

구문해설

1행 Sport hunting is a recreational activity [that involves the killing of animals]. ▸ [ ]는 선행사 a recreational activity를 수식하는 주격 관계대명사절이다.

3행 In some situations, environmental groups actually support closely regulated sport hunting, [arguing {that **it** can help protect the balance of a region's biological diversity}]. ▸ [ ]는 동시동작을 나타내는 분사구문이다. { }는 arguing의 목적어로 쓰인 명사절이다. it은 앞서 나온 closely regulated sport hunting을 가리킨다.

5행 Hunters search for the biggest, strongest animals to kill, [which weakens the genetic strength of the overall population]. ▸ [ ]는 앞 절 전체를 부연 설명하는 계속적 용법의 주격 관계대명사절이다.

문제해설

필자는 엄격하게 규제된 스포츠 사냥이라도 생물학적 다양성의 균형을 지키는 효과가 거의 없고 전체 개체군의 유전적 힘을 약화시키므로 허용되어서는 안 된다고 주장하고 있다.

⟨☆⟩ 서술형

엄격하게 규제된 스포츠 사냥이 지역의 생물학적 다양성의 균형을 지키는 데 도움이 될 수 있다는 것

4 ③

비록 많은 사람이 다르게 생각할지라도, 대부분의 개발 도상국은 자유 시장 정책이 도입되기 전에 더 좋은 성과를 냈다. 이전에는, 개발에 대한 노력이 정부에 의해 주도되었다. 이것은 때때로 실패로 끝났지만, 그 당시의 전반적인 성장은 더 빨랐다. 이럼에도 불구하고, 선진국들은 개발 도상국들에게 자유 시장 정책을 채택할 것을 계속해서 촉구한다. 또 다른 잘못된 생각은 선진국들이 이 자유 시장 정책 덕에 부유해졌다는 것이다. 사실, 현대 세계의 거의 모든 부유한 국가는 대외 경쟁으로부터 자국의 산업을 보호하고, 이런 산업에 재정적인 지원을 제공함으로써 부를 얻었다. 이것들은 오늘날 개발 도상국들에게 피하라고 권고되고 있는 바로 그 정책들이다. 한편, 그들에게 추구하도록 장려되고 있는 정책들은 그들을 부유하게 할 것 같지 않다.

구문해설

5행 Another incorrect belief is [that the developed countries became rich because of these free-market

policies]. ▸ [ ]는 주격 보어로 쓰인 명사절이다.

6행 In fact, almost every rich country in the modern world obtained its wealth **by protecting** its industries from foreign competition and (by) **providing** these industries with financial aid. ▸ 「by v-ing」는 '…함으로써'라는 의미로, by protecting과 (by) providing이 접속사 and로 병렬 연결되어 있다.

9행 Meanwhile, the policies [(which/that) they are being encouraged to pursue] are unlikely to make them wealthy. ▸ [ ]는 선행사 the policies를 수식하는 목적격 관계대명사절로, 목적격 관계대명사가 생략되었다.

문제해설

오늘날 선진국들이 개발 도상국들에게 권고하는 자유 시장 정책이 개발 도상국들을 부유하게 할 것 같지 않다는 내용의 글이다.

5 ②

현대 세계에서 일어나는 대부분의 일들은 우리가 통제할 수 없는 것이고, 이것은 인생을 고되고 버겁게 만들 수 있다. 흥미롭게도, 오늘날 행복하기 위한 비결은 스토아주의로 알려진 고대 그리스 로마 시대로 거슬러 올라간 철학에서 찾을 수 있다. 그 철학의 기초들 중 하나는 우리 자신의 생각과 행동 같이 우리의 통제력 안에 있는 것들과 그렇지 않은 것 간의 구분이다. 전자에 집중함으로써 우리는 더 강한 자율성을 발달시킬 수 있고, 또한 역경에 더 잘 대처할 수 있는데, 우리의 능력이나 상황이 달랐다면 우리가 무엇을 할 수 있었을지에 대해 생각하는 데 시간과 에너지를 쓰지 않기 때문이다. 대신에, 우리는 상황을 개선하고 행동을 취하기 위해 무엇을 할 수 있는지 그저 자문할 뿐이다. 스토아주의는 평화와 행복은 우리가 바꿀 힘이 없는 요인들이 아니라, 우리가 스스로 결정하는 것에 달려있다는 가르침을 준다.

구문해설

2행 Interestingly, the key to [being happy] today might be found in a philosophy [dating back to the ancient Greco-Roman world], [known as Stoicism]. ▸ 첫 번째 [ ]는 전치사 to의 목적어로 쓰인 동명사구이다. 두 번째 [ ]와 세 번째 [ ]는 각각 a philosophy를 수식하는 현재분사구와 부연 설명하는 과거분사구이다.

4행 One of its foundations is a distinction **between** things [that are within our power to control], like our own thoughts and actions, **and** things [that are not (within our power to control)]. ▸ 「between A and B」는 'A와 B 사이에'라는 의미이다. 두 개의 [ ]는 각각 바로 앞의 things를 수식하는 주격 관계대명사절이며, 반복을 피하기 위해 that are not 뒤의 내용이 생략되었다.

7행 ... because we don't **spend** time and energy **thinking** about [what we *could do if* our abilities or the circumstances *were* different]. ▸ 「spend+시간/돈+v-ing」는 '…하는 데 ~을 보내다[쓰다]'라는 의미이다. [ ]는 전치사 about의 목적어로 쓰인 의문사절이다. 「if+주어+동사의 과거형, 주어+조동사의 과거형+동사원형」은 현재 사실과 반대되는 일을 가정하는

가정법 과거이다.

9행 Stoicism teaches that peace and happiness should **not** depend on factors [(which/that) we are powerless to change] **but** on [what we determine ourselves]. ▸「not A but B」는 'A가 아니라 B'라는 의미이다. 첫 번째 [ ]는 선행사 factors를 수식하는 목적격 관계대명사절로, 목적격 관계대명사가 생략되었다. 두 번째 [ ]는 선행사를 포함하는 관계대명사 what이 이끄는 명사절로, 전치사 on의 목적어로 쓰였다.

문제해설
오늘날 행복한 삶을 살기 위해서는 스토아주의의 가르침에서처럼 통제할 수 있는 범위 안에 있는 것들과 그렇지 않은 것들을 구분하여 자신이 통제할 수 있는 것에 집중해야 한다는 내용의 글이다.

6 ①

연구원들은 보통 사람이 매일 12,000에서 60,000개의 생각을 하며, 그 중 80퍼센트는 부정적이고 95퍼센트는 반복되는 것들이라는 점을 시사했다. 만약 당신의 마음이 계속해서 같은 부정적인 생각으로 돌아간다면, 이것은 많은 스트레스를 만들어낼 수 있다. 예를 들어, 당신은 '수학 시험을 위해 더 열심히 공부했어야 했는데 그러지 않았기 때문에 나 자신에게 화가 난다.'라고 생각할지도 모른다. 시험이 끝난 후 매일같이 이것을 생각하는 것이 과거에 일어난 일을 바꾸지는 않을 것이다. 그러나, 당신은 이 감정을 반복해서 상기하는 것은 건강에 좋지 않고 도움이 되지 않는다는 것을 인식하고 일어난 일을 받아들이기로 선택할 수 있다. 이것은 당신이 수학 시험을 위해 더 열심히 공부하지 말았어야 했다는 것을 의미하는 건 아니다. 그것은 당신이 주의를 집중하기에 어떤 생각이 충분히 중요한지 선택하고 있다는 것을 의미한다. 당신의 마음에 자꾸만 떠오르는 부정적인 생각을 무시함으로써, 당신은 지금 이 순간을 더 평화롭게 살 수 있다. 이것은 당신이 미래에 더 명확하게 생각하고 더 나은 결정을 내리는 데 도움이 될 것이다.

구문해설
4행 ..., "I am upset at myself because I **should have studied** harder for my math test." ▸「should have p.p.」는 '…했어야 했는데 (하지 않았다)'라는 의미로, 과거에 하지 않은 일에 대한 후회를 나타낸다.

5행 [Thinking this every day after the test] will not change [what happened in the past]. ▸ 첫 번째 [ ]는 문장의 주어로 쓰인 동명사구이다. 두 번째 [ ]는 선행사를 포함하는 관계대명사 what이 이끄는 명사절로, change의 목적어로 쓰였다.

8행 It means that you are making a choice about [which thoughts are **important enough** *for you* **to pay** attention to]. ▸ [ ]는 전치사 about의 목적어로 쓰인 의문사절이다. 「형용사+enough to-v」는 '…할 만큼 충분히 ~한'이라는 의미이고, for you는 to pay의 의미상 주어이다.

문제해설
부정적인 생각은 자꾸 떠오르기 마련이지만 이를 의식적으로 떨치고 무시하는 것이 앞으로 더 좋은 선택을 하는 데 도움이 된다고 말하고 있다.

GRAMMAR+
ⓒ ▸ 주어가 you이고 동사 can recognize와 접속사 and로 병렬 연결된 자리이므로, chooses를 choose로 고쳐야 한다.

03 목적 파악하기

기출예제 pp. 20~21

1 ② **2** ②

---

1 ②

Johnson 코치님께,

제 이름은 Christina Markle이고, 저는 Bradley Markle의 엄마입니다. Bradley와 저는 코치님이 올해 또다시 하계 체조 캠프를 개최하신다는 것을 알게 되어 기뻤습니다. 그래서 저는 망설이지 않고 두 번째 주 프로그램에 등록하고 환불이 안 되는 보증금을 지불했는데, 그것은 7월 13일부터 17일까지이지요. 그런데 오늘 저는 저희 가족이 7월 13일에 여행에서 돌아올 예정이라는 것이 기억났고, 죄송하지만 Bradley가 그 프로그램의 첫날에 참석할 수 없을 것 같습니다. 그가 그날에 빠지게 하기보다는, 세 번째 주 프로그램으로 바꿀 수 있을지 확인하고 싶습니다. 그것이 가능한지 저희에게 알려주시기 바랍니다. 감사합니다.

Christina Markle 드림

구문해설
8행 Rather than **make** him **skip** the day, I'd like to check to see [*if* he could switch to the third week program]. ▸ 사역동사 make의 목적격 보어로 동사원형이 쓰였다. [ ]는 see의 목적어로 쓰인 명사절이며, if는 '…인지'라는 의미를 나타내는 접속사이다.

어휘
thrilled 흥분한, 감격한 gymnastics 체조 hesitate 주저하다, 망설이다 non-refundable 환불이 안 되는 deposit 착수금[보증금] make it 해내다; *참석하다 switch to …으로 바꾸다

2 ②

친애하는 Greenville의 공예가분들께,

5월 25일 오후 1시부터 6시까지 열리는 연례 공예품 박람회를 위해, Greenville 주민 센터에서는 여느 해처럼 대여 부스 공간을 제공합니다. 공간을 예약하려면 4월 20일까지 저희 웹사이트에 방문하셔서 신청서를 작성하시기 바랍니다. 대여료는 50달러입니다. 대여료로 받은 모든 돈은 다가오는 연중 활동들을 지원하는 데 사용됩니다. 곧 이용 가능한 모든 공간이 전부 예약될 것으로 예상되오니, 놓치지 마세요. 박람회에서 뵙기를 바랍니다.

5행 All the money [(that) we receive from rental fees] goes **to support** upcoming activities throughout the year. ▸ [ ]는 선행사 All the money를 수식하는 목적격 관계대명사절로, 목적격 관계대명사가 생략되었다. to support는 목적을 나타내는 부사적 용법의 to부정사이다.

어휘
craft 공예 annual 연례의 fair 박람회 reserve 예약하다 registration form 신청서 rental 대여의 fee 요금 support 지지하다; *지원하다 upcoming 다가오는, 예정된

적용독해
pp. 22~25

1 ④ **2** ④ **3** ⑤ **4** ② **5** ③ **6** ②

1 ④

Matthew 씨께,

True Modern 영화사에서 일하는 것은 지난 2년 동안 믿을 수 없을 정도로 만족스러운 경험이었습니다. 회사의 훌륭한 직원들 덕분에 저는 이 산업에 대해 많은 것을 배웠고 저희가 제작한 영화들이 매우 자랑스러웠습니다. 그래서 당신에게 최근 제가 내려야 했던 결정을 알려드리게 되어 매우 유감입니다. 최근 영화 산업의 재정적 불안정성 때문에, 저는 하는 수 없이 다른 진로를 고려해야 했습니다. 지난주에 저는 제 가족의 미래에 좀 더 안정성을 줄 수 있는 한 대기업에서 기회를 제안 받았고, 그것을 수락하기로 했습니다. True Modern 영화사와의 제 마지막 날은 9월 4일이 될 것입니다. 당신과 일하는 것은 기쁨이었고, 저는 앞으로 당신의 회사가 제작하는 것을 보기를 고대합니다.

Stella Pearson 드림

구문해설
4행 ... and have been very proud of the films [(that/which) we have produced]. ▸ [ ]는 선행사 the films를 수식하는 목적격 관계대명사절로, 목적격 관계대명사가 생략되었다.
4행 So, **it is** with great regret **that** I must *inform* you *of* the decision [that I recently had to make]. ▸ 「it is ... that ~」은 강조구문으로, '~하는 것은 바로 …이다'라는 의미이다. 「inform A of B」는 'A에게 B를 알리다'라는 의미이다. [ ]는 선행사 the decision을 수식하는 목적격 관계대명사절이다.
9행 **It** has been a pleasure [working for you], and I *look forward to seeing* [what your company produces] in the future. ▸ It은 가주어이고 첫 번째 [ ]가 진주어이다. 「look forward to v-ing」는 '…하기를 고대하다'라는 의미이다. 두 번째 [ ]는 선행사를 포함하는 관계대명사 what이 이끄는 명사절로, seeing의 목적어로 쓰였다.

문제해설
2년 동안 일해왔던 회사에 다른 회사로 이직할 계획과 마지막 근무일을 알리면서 퇴사 의사를 밝히는 글이다.

2 ④

Northeast 고등학교 학생들에게,

최근 COVID-19 환자의 수가 감소함에 따라, 도서관은 이곳 시설 중 많은 부분을 재개할 준비를 하고 있습니다. 학습실, 간행물실, 그리고 복사 센터와 같은 구역들은 다음 달까지는 정상 운영 시간으로 돌아갈 것입니다. 그동안, 저희는 최근에 저희 서비스의 많은 부분을 온라인으로 옮겼고, 여러분이 이 서비스들을 더 효과적으로 이용하실 수 있도록 온라인 지원 센터도 만들었습니다. 그 센터에는 자주 묻는 질문에 대한 답변과 함께 과학 및 문학 데이터베이스를 포함한 다양한 정보가 있습니다. 저희는 저희의 새로운 온라인 특징들이 일시적일지라도, 여러분이 COVID-19로 겪는 교육상의 어려움을 극복하는 데 도움이 되길 진심으로 바랍니다.

Northeast 고등학교 도서관

구문해설
5행 ..., and we have also created an online help center **so that** you can use these services more effectively. ▸ 「so that+주어+동사」는 '…가 ~하도록'이라는 의미이다.
8행 We sincerely hope [that our new online features—although temporary—will **help** you **overcome** the educational challenges of COVID-19]. ▸ [ ]는 hope의 목적어로 쓰인 명사절이다. help는 목적격 보어로 동사원형이나 to부정사를 쓴다.

문제해설
도서관이 정상 운영 재개를 준비하는 동안, 학생들의 편의를 위해 온라인 서비스를 실시하게 되었음을 알리는 글이다.

3 ⑤

무선 키는 당신에게 멀리서 차의 잠금을 해제할 수 있게 하는 편의를 제공하여 오늘날 널리 사용된다. 하지만, 그것은 중대한 보안 위험 요소이다. 해커들은 당신의 무선 키 신호를 알아내 그것을 당신의 자동차로 전달하기 위해 특별한 장치를 사용할 수 있다. 이는 심지어 당신의 키가 주방 조리대 위에 놓여있더라도, 그들이 당신 차의 잠금을 해제할 수 있다는 것을 의미한다. 믿기 어렵겠지만, 범죄자들은 이미 그렇게 하고 있다. 다행히도, 당신은 몇 가지 방법으로 이것을 방지할 수 있다. 당신은 당신의 무선 키가 방출하는 신호를 차단하는 특수한 무선 키 홀더를 사면 된다. 또는, 돈을 절약하기 위해서, 그저 당신의 무선 키를 전자레인지나 냉장고 안에 두어라. 이러한 가전제품에는 두꺼운 금속 벽이 있는데, 이것은 당신의 무선 키 신호를 억제할 수 있다. 하지만 이 일을 하기 전에, 당신의 무선 키가 어떠한 손상도 일으키지 않을지 확인하기 위해 그것에 관한 제품 정보를 읽어라.

구문해설
6행 You can buy special key fob holders [that block the signal {(that/which) your key fob emits}]. ▸ [ ]는 선행사 special key fob holders를 수식하는 주격 관계대명사절이다. { }는 선행사 the signal을 수식하는 목적격 관계대명사절로, 목적격 관

계대명사가 생략되었다.

8행 Before doing this, however, read the product information for your key fob **to make sure** [(that) it won't cause any harm]. ▸ to make sure는 목적을 나타내는 부사적 용법의 to부정사구이다. [ ]는 make sure의 목적어로 쓰인 명사절이다.

문제해설
자동차 무선 키 해킹 범죄를 방지하기 위해 특수한 무선 키 홀더를 구입하거나 가전제품을 이용하는 방법을 제안하는 글이다.

☆ **서술형**

무선 키를 전자레인지나 냉장고 안에 두는 것

4 ②

언제나처럼, 이 소식지를 읽음으로써 여러분 자녀들의 교육에 적극적으로 참여해 주셔서 감사합니다. 이번 달에, 전 학년이 특별 안전 강좌에 참석할 것입니다. 지역 경찰국은 아이들을 유괴하려는 수상한 사람들에 관한 전화를 여러 통 받았습니다. 부모님들은 낯선 사람이 자신의 자녀들에게 사탕을 주려고 하거나 아이들에게 차에 탈 것을 요구했다고 하셨습니다. 여러분의 자녀들이 반드시 안전하게 하기 위해, 저희는 일어날 수도 있는 어떤 위험한 사고로부터든 아이들을 보호해 줄 새로운 프로그램을 기획하고 있습니다. 매주 금요일마다, 저희는 강사와 경찰관들을 초청하여 학생들에게 낯선 사람들을 멀리하는 방법을 가르치도록 할 것입니다. 학생들은 또한 위험한 상황을 피하는 방법과 같은 중요한 기술들을 연습해 볼 것입니다. 저희가 곧 더 많은 정보를 보내드리겠습니다. 읽어 주셔서 감사 드리며, 즐거운 한 달 보내세요.

구문해설
2행 The local police department has received several calls about strangers [trying to kidnap children]. ▸ [ ]는 strangers를 수식하는 현재분사구이다.

5행 To make sure [(that) your children are safe], we're planning a new program **to _protect_** children _from_ any dangerous incidents [that might happen]. ▸ 첫 번째 [ ]는 make sure의 목적어로 쓰인 명사절이다. to protect는 a new program을 수식하는 형용사적 용법의 to부정사이다. 「protect A from B」는 'B로부터 A를 보호하다'라는 의미이다. 두 번째 [ ]는 선행사 any dangerous incidents를 수식하는 주격 관계대명사절이다.

6행 Each Friday, we're going to invite teachers and police officers **to teach** students how to stay away from strangers. ▸ to teach는 invite의 목적격 보어로 쓰인 to부정사이다.

문제해설
유괴의 위험으로부터 아이들을 보호하기 위해 아동 유괴 예방 프로그램을 실시할 예정임을 학부모들에게 알리는 글이다.

5 ③

우리는 Greenfresh 슈퍼마켓이 신뢰할 수 있는 사업체로서 지닌 확고

한 명성을 알고 있습니다. 귀사의 고객으로서, 우리는 매년 실시되는 귀사의 환경 캠페인과 우리 이웃들을 도우려는 귀사의 노력을 강력히 지지합니다. 귀사는 사회적 문제들에 관심을 가지고 있기 때문에, 우리 사회가 놀라울 정도로 과체중이라는 것을 의심할 여지 없이 이미 인식하고 있을 것입니다. 이런데도 불구하고, 우리는 최근 귀사의 푸드코트에서 제공되는 피자, 햄버거 및 기타 고지방 음식에 대한 대안이 없다는 것에 주목했습니다. 그래서 우리는 귀사가 몇 가지 추가 품목을 제공할 것을 제안합니다. 채식 버거와 채소 랩 샌드위치는 생각해 볼만한 좋은 선택입니다. 둘 다 나트륨이 거의 없거나 전혀 없이, 완전히 콜레스테롤이 없도록 만들어질 수 있습니다. 그것들은 쇼핑객들에게 인기 있을 가능성이 매우 높을 것이고 귀사의 푸드코트 매출을 올리는 데 도움이 될 것입니다. 귀사는 체중 감량 캠페인의 일환으로 Greenfresh의 새 메뉴 품목을 홍보할 수 있을지도 모릅니다. 우리는 귀사가 우리의 제안을 고려해보기를 바랍니다.

구문해설
5행 Despite this, we recently noticed [that there are no alternatives to the pizza, burgers, and other high-fat meals {served in your food courts}]. ▸ [ ]는 noticed의 목적어로 쓰인 명사절이다. { }는 the pizza, burgers, and other high-fat meals를 수식하는 과거분사구이다.

6행 We therefore **suggest** that you (**should**) **offer** some additional items. ▸ 요구·제안·주장·권유를 나타내는 동사 뒤에 이어지는 that절에는 「(should)+동사원형」을 쓴다.

문제해설
사회의 과체중 문제를 언급하면서, Greenfresh 슈퍼마켓의 푸드코트에 건강한 메뉴를 추가할 것을 제안하는 글이다.

6 ②

Leena 사에서 우리는 10년간 획기적인 의류 디자인을 만들어오고 있습니다. 계속해서 발전해 나가며 훨씬 더 창의적인 디자인을 만들어내기 위해, 우리는 최근에 액세서리를 전문으로 하는 회사인 Sapto와 제휴를 맺었습니다. Sapto는 우리의 경쟁사였지만 이제는 강력한 파트너입니다. 단순한 투자를 넘어, 이러한 움직임은 우리가 우리의 스타일과 제품의 브랜드 이미지를 새롭게 하는 데 도움이 되고 있습니다. 이러한 변화의 물결을 이어나가기 위해서, 우리는 사명인 'Leena'를 버리기로 결정하였는데, 왜냐하면 이것(= 'Leena')은 우리가 생각하기에 더 이상 우리의 이미지를 정확하게 나타내지 않기 때문입니다. 따라서, 우리는 이제 'Frolics'로 알려질 것입니다. 우리는 이 사명이 우리가 새로운 협업을 통해서 창조하려는 스타일을 반영한다고 생각합니다. 우리는 고객들에게 훨씬 더 창의적이고 재미있는 디자인을 제공하기를 고대하며, 고객들이 재개념화된 우리의 브랜드와 쉽게 교감하게 될 것이라고 믿습니다.

구문해설
2행 ... and produce **even** more creative designs, we recently joined forces with _Sapto_, [a company {that specializes in accessories}]. ▸ even, far, much, a lot 등은 비교급 앞에 쓰여 비교급을 강조한다. Sapto와 [ ]는 동격이며, { }는 선행사 a company를 수식하는 주격 관계대명사절이다.

9행 ..., and we trust [that they will find themselves
                                          v   o

easily connecting with our reconceptualized brand].
<u>OC</u>
▶ [ ]는 trust의 목적어로 쓰인 명사절이다.

문제해설
타 회사와 협업하기로 한 후, 회사의 이미지를 정확하게 나타내지 않는 기존 사명을 새로운 사명으로 변경할 것임을 공지하는 글이다.

GRAMMAR ＋

ⓒ ▶ which 이하는 the name "Leena"를 부연 설명하는 계속적 용법의 주격 관계대명사절이다. 관계대명사 뒤의 we feel은 삽입절이며, 관계대명사절 내의 동사가 필요하므로 representing을 represents로 고쳐야 한다.

REVIEW TEST

Ⓐ

1 how **2** to connect **3** be **4** what **5** lying
6 has

Ⓑ

1 are → is **2** hope to be → hoping to be **3** O
4 but also → but **5** satisfied → satisfying
6 tried → trying

PART 02
O1 글의 흐름과 무관한 문장 찾기

기출예제

1 ③ **2** ②

1 ③

비록 현대 과학은 도덕적 탁월함이 선천적, 유전적인 요소를 가지고 있을지도 모른다고 주장하지만, 아리스토텔레스에 따르면 그것은 습관과 반복의 결과물이다. 이것은 도덕적 탁월함이 삶의 초기에 대략 정해진다는 것을 의미하며, 이는 얼마나 일찍 그것을 가르쳐야 할지에 대한 문제가 매우 중요한 이유이다. 프로이트는 우리가 5세 혹은 그 무렵 이후에는 자신의 성격을 많이 바꾸지 않는다고 주장했지만, 다른 많은 것들에서처럼 프로이트가 틀렸다. (도덕적으로 우수한 사람은 옳은 일을 하지 않을 수 없으며, 그것은 계절의 변화나 행성의 자전만큼이나 자연스러운 일이다.) 최근의 심리학 연구는 인간의 뇌가 신경 해부학적으로나 인지적 기능 측면에서 모두 20대 중반까지 계속해서 발달하기 때문에, 성격적 특성이 남성과 여성 모두에게서 민족성에 상관없이 서른 살 무렵에 안정된다는 것을 보여준다. 이 새로운 해석의 이점은 도덕적 탁월함을 가르칠 수 있다는 것에 대해 우리가 아리스토텔레스나 프로이트보다 조금 더 낙관적

일 수 있다는 것이다.

구문해설

3행 This means that moral excellence will be broadly set early in our lives, [which is why **the question** of {how early to teach it} is so important]. ▶ [ ]는 앞 절 전체를 부연 설명하는 계속적 용법의 주격 관계대명사절이다. the question과 { }는 동격이다.

10행 ... personality traits stabilize around age thirty [in both men and women] and [regardless of ethnicity] **as** the human brain continues to develop, *both* neuroanatomically *and* in terms of cognitive skills, until the mid-twenties. ▶ 두 개의 전치사구 [ ]가 접속사 and로 병렬 연결되어 있다. as는 이유를 나타내는 접속사이다. 「both A and B」는 'A와 B 둘 다'라는 의미이다.

어휘

moral 도덕의 excellence 뛰어남, 탁월함 innate 타고난, 선천적인 genetic 유전적인 component (구성) 요소 broadly 대략, 대체로 thereabouts 그 근처에(서), 그 부근에(서) stabilize 안정되다, 안정시키다 regardless of …와 상관없이 ethnicity 민족성 in terms of … (측)면에서 cognitive 인식[인지]의 advantage 이점, 장점 optimistic 낙관적인

2 ②

사과는 흔히 실패한다. 사과가 실패하는 한 가지 이유는 '가해자'와 '피해자'가 대개 사건을 다르게 보기 때문이다. 연구원들은 개인의 이야기들을 조사함으로써, 해를 가하는 사람들이 아마도 수치심과 죄책감으로부터 스스로를 보호하기 위해 잘못한 일을 축소하는 경향이 있음을 알아냈다. 그들은 또한 자신의 행동의 결과를 대단치 않게 생각하는 경향이 있다. 그러나 이러한 경향은 상처 입은 사람의 분노를 악화시킬 수 있다. (진심 어린 사과가 행해질 때, 그것은 피해자에게 선뜻 받아들여지고 화해가 뒤따른다.) 아마, 상처 입은 사람은 사건이 실제 그랬던 것보다 더 심했다고 생각할 것이고, 가해자의 태도를 부당하거나 심지어 비도덕적이라고 볼지도 모른다. 양측의 사람들은 모두 자기만의 관점을 가지고 있고, 어느 쪽도 완전히 진실인 것은 아니다. 따라서, 진정으로 사과하기 위해서는 우리가 일어났다고 생각하는 것을 단순히 주장하지 말고, 일어난 일에 대해 상대방이 정말로 어떻게 느끼는지를 먼저 주의 깊게 들어야 한다.

구문해설

11행 Therefore, **to apologize** sincerely we must first listen attentively to [how the other person really feels about what happened]—not simply assert [what {we think} happened]. ▶ to apologize는 목적을 나타내는 부사적 용법의 to부정사이다. 첫 번째 [ ]는 listen to의 목적어로 쓰인 의문사절로, 「의문사+주어+동사」의 어순을 따른다. 두 번째 [ ]는 선행사를 포함하는 관계대명사 what이 이끄는 명사절로, assert의 목적어로 쓰였다. { }는 삽입절이다.

어휘

offender 범죄자; *남의 감정을 해치는 사람 (*n.* offense 범죄; *화나게 하는 행위) victim 피해자 examine 조사[검토]하다

11

narrative 이야기 shame 수치심 downplay 경시하다, 대단치 않게 생각하다 sincere 진정한, 진심 어린 (*ad.* sincerely 진심으로) readily 선뜻, 기꺼이 immoral 비도덕적인 attentively 주의 깊게 assert 주장하다

적용독해

1 ④ **2** ④ **3** ④ **4** ③ **5** ③ **6** ③

1 ④

당신은 남성복과 여성복의 단추가 다르게 배치되어 있는 것을 알아챈 적이 있는가? 남성용 셔츠에는 단추가 착용자의 오른편에 위치해 있다. 여성용 셔츠에는 그것들(= 단추)이 왼편에 있다. 이는 단추가 달린 의류가 비쌌을 때 시작된 전통 때문이다. 단추를 채우는 옷을 살 만큼 충분히 부유했던 여성들은 좀처럼 스스로 옷을 입지 않았다. 대신에, 그들은 하녀들이 옷을 입혀줬는데, 하녀들은 보통 대부분의 사람들처럼 오른손잡이였다. 따라서, 의류 제작자들은 착용자의 왼편에 단추를 달아서 하녀들이 단추를 채우기 더 쉽게 만들었다. (비록 단추를 만드는 데 사용되는 재료는 변화해 왔지만, 단추는 수천 년 동안 잠금장치로 사용되어 왔다.) 오늘날, 대부분의 사람들은 스스로 옷을 입고 단추의 위치는 디자이너나 브랜드에 따라 다를 수 있지만, 많은 의류 제작자들이 여전히 그런 널리 알려진 전통을 바꾸기를 꺼린다.

구문해설

4행 Women [who were **wealthy enough to buy** button-up clothing] rarely dressed themselves. ▸ [ ]는 선행사 Women을 수식하는 주격 관계대명사절이다. 「형용사+enough to-v」는 '…할 만큼 충분히 ~한'이라는 의미이다.

6행 Therefore, clothing makers made **it** easier *for the maids* [to fasten the buttons] .... ▸ it은 가목적어이고 [ ]가 진목적어이며, for the maids는 to부정사구의 의미상 주어이다.

8행 ..., although the material [used **to make** them] has changed. ▸ [ ]는 the material을 수식하는 과거분사구이다. to make는 목적을 나타내는 부사적 용법의 to부정사이다.

문제해설

남성복과 여성복의 단추 위치가 다른 이유에 관해 설명하는 글이므로, 단순히 단추의 재료와 기능에 관한 내용을 언급한 ④는 글의 흐름과 무관하다.

2 ④

중추 신경계는 인체의 움직임과 활동을 제어한다. 그것은 전통적으로 뇌와 척수라는 두 가지의 구성 요소를 갖고 있는 것으로 여겨지지만, 척수는 사실 뇌를 신체에 연결하는 다리일 뿐이다. 하지만 척수는 일부 신체 움직임들을 단독으로 제어한다. 이 움직임들은 의식적인 생각이 필요하지 않은 자동 반사 작용이다. 예를 들어, 만약 당신이 뜨거운 표면을 만지면, 당신의 척수는 뇌가 고통을 알아채기도 전에 당신이 반응하게 할 것이다. (뇌는 중추 신경계의 나머지 부분의 도움 없이는 외부 세계를 인지할 수 없을 것이다.) 이것은 당신의 피부 속 신경이 척수로 메시지를 보내기 때문에 일어나는데, 그것(= 척수)은 팔 근육에 손을 떼라고 지시함으로써 반응한다.

구문해설

2행 Although **it** is traditionally seen as having *two components*, [the brain and the spinal cord], the spinal cord is really just a bridge [that connects the brain to the body]. ▸ it은 앞서 나온 the central nervous system을 가리키는 대명사이다. two components와 첫 번째 [ ]는 동격이다. 두 번째 [ ]는 선행사 a bridge를 수식하는 주격 관계대명사절이다.

8행 This happens because nerves [in your skin] send a message to the spinal cord, [which responds **by *telling*** the muscles in your arm *to pull* your hand away]. ▸ 첫 번째 [ ]는 nerves를 수식하는 전치사구이다. 두 번째 [ ]는 선행사 the spinal cord를 부연 설명하는 계속적 용법의 주격 관계대명사절이다. 「by v-ing」는 '…함으로써'라는 의미이다. 「tell A to-v」는 'A에게 …하라고 시키다[지시하다]'라는 의미이다.

문제해설

중추 신경계를 구성하는 두 가지 요소 중 하나인 척수의 자동 반사 작용을 설명하는 글이므로, 뇌가 중추 신경계의 다른 부분의 도움을 받아야 외부 세계를 인지할 수 있다고 언급한 ④는 글의 흐름과 무관하다.

3 ④

1980년대에 미국의 일부 교도소들은 재소자들을 덜 폭력적이고 공격적이게 하기 위해 그들의 감방을 분홍색으로 칠했다. 이 발상은 Alexander Schauss라는 한 심리학자의 연구에서 비롯되었다. Schauss는 자신이 재소자들의 힘과 공격성을 현저히 줄일 수 있는 특별한 색조의 분홍색을 만들어냈다고 주장했다. 그는 심지어 분홍색 종이를 응시한 참가자들의 체력 손실을 보여주는 실험까지 했다. 교도소를 운영하던 많은 사람들은 Schauss의 연구에 깊은 인상을 받아서, 그가 그들의 재소자들에게 그의 색상의 영향을 시험하게 하는 데 동의했다. (교도소 폭력은 심각한 문제이며, 과잉 수용이 주된 원인 중 하나라고 여겨진다.) 그 색은 오늘날 교도소뿐만 아니라 병원과 정신 병원에서도 여전히 사용된다.

구문해설

1행 In the 1980s, some prisons [in the United States] painted their cells pink **in order to *make*** the prisoners *less violent and aggressive*. ▸ [ ]는 some prisons를 수식하는 전치사구이다. 「in order to-v」는 '…하기 위해서'라는 의미이다. make의 목적격 보어로 형용사의 비교급이 쓰였다.

5행 He even conducted an experiment [that showed a loss of physical strength in participants {who **had stared** at a piece of pink paper}]. ▸ [ ]는 선행사 an experiment를 수식하는 주격 관계대명사절이다. { }는 선행사 participants를 수식하는 주격 관계대명사절이다. 참가자들이 분홍색 종이를 응시한 것은 체력의 손실을 보인 것보다 더 이전 시점에 일어난 일이므로 과거완료시제인 had stared가 쓰였다.

9행 The color is still used today, **not only** in prisons **but also** in hospitals and psychiatric institutions. ▸ 「not only A but (also) B」는 'A뿐만 아니라 B도'라는 의미이다.

문제해설
감방을 분홍색으로 칠하면 재소자들의 공격성이 줄어드는 효과가 있다는 한 심리학자의 주장이 받아들여져 많은 시설에 반영되었다는 내용의 글이므로, 교도소 폭력의 원인을 언급한 ④는 글의 흐름과 무관하다.

 서술형

(A) painted ▸ 문장의 동사 자리이며 과거의 일을 나타내므로, painting을 painted로 고쳐야 한다.
(B) were impressed ▸ 교도소를 운영하는 사람들이 영감을 '받은' 것이므로, impressed를 수동태인 were impressed로 고쳐야 한다.

4 ③

이메일이 직장 환경에 처음 도입되었을 때, 그것은 의사소통의 효율성을 크게 향상시켰다. 전자 메시지는 종이 기반의 메시지보다 훨씬 더 빨랐고, 많은 경우에 대면 회의나 전화 통화의 필요성을 없애주었다. 그러나 요즘에는 이메일이 유효성을 잃어가고 있으며, 많은 사업체들이 다른 방식의 의사소통을 찾고 있다. 이것은 어느 정도는 사람들이 매일 받는 이메일의 엄청난 양 때문인데, 그중 많은 것이 정크 메일이다. (회사가 모든 직원에게 정보나 소식을 신속하게 전달해야 할 때, 이메일은 선호되는 의사소통 방식이다.) 그것(= 이메일)의 쇠퇴의 또 다른 원인은 젊은 세대가 소셜 네트워킹 플랫폼과 인스턴트 메신저와 같은, 다른 방식의 의사소통을 선호하는 경향이 있다는 것이다. 그 결과, 다른 기술이 갈수록 더 이메일을 대체하면서 이메일은 현대의 직장에서 축소된 역할을 하고 있다.

구문해설
5행 This is partly due to the high volume of emails [that people receive daily], [much of which is junk mail]. ▸ 첫 번째 [ ]는 선행사 emails를 수식하는 목적격 관계대명사절이다. 두 번째 [ ]는 선행사 the high volume of emails that people receive daily를 부연 설명하는 계속적 용법의 주격 관계대명사절이다.

8행 Another reason for its decline is [that younger generations tend to prefer other forms of communication, such as social networking platforms and instant messaging]. ▸ [ ]는 주격 보어로 쓰인 명사절이다.

문제해설
직장에서 의사소통 방식으로서의 이메일의 역할이 점점 줄어들고 있는 이유에 대한 글이므로, 회사에서 이메일이 선호되는 경우를 언급한 ③은 글의 흐름과 무관하다.

5 ③

어떤 사람들은 백신이 자폐증을 일으킨다고 믿는다. 그런 사실상 부정확한 믿음을 무시하기가 쉽긴 하지만, 우리는 사람들이 어떻게 이러한 종류의 결론에 도달하게 되었는지 더 자세히 살펴봐야 한다. 실제로, 우리는 모두 과학적 사실에 대한 부정으로 이어질 수 있는 특정한 인간의 특성을 가지고 있다. 자폐증과 같이 명백한 원인이 없는 질환들은 우리를 불편하게 만들어서, 우리는 입증되지 않은 연관성으로 우리의 지식의 틈을 메우

는 경향이 있다. (이런 지식의 틈을 메우기 위해 우리는 더 많은 정보를 수집하고, 어떤 정보가 적절하며 증거에 의해 뒷받침되는지 결정한다.) 게다가, 위험 요소로 보이는 무언가를 직면할 때, 우리는 합리적으로 상황에 접근하기보다는 흔히 우리의 마음속에서 가능한 최악의 시나리오를 생각해 낸다. 이것이 바로 백신과 관련하여 일어나는 일로, 백신을 이해하지 못하는 사람들은 그것이 유해하다는 것이 사실이 아님을 보여주는 자료에도 불구하고 그것이 유해하다고 믿기 쉽다고 생각한다.

구문해설
4행 Conditions [that don't have an obvious cause], [such as autism], make us uncomfortable, so we tend to **fill** the gaps in our knowledge **with** unproven connections. ▸ 첫 번째 [ ]는 선행사 Conditions를 수식하는 주격 관계대명사절이다. 두 번째 [ ]는 삽입구이다. 「fill A with B」는 'A를 B로 채우다[메우다]'라는 의미이다.

7행 What's more, [when facing something {that seems to be a risk}], we often come up with the worst possible scenarios in our minds **rather than** approaching the situation rationally. ▸ [ ]는 시간을 나타내는 분사구문으로, 의미를 명확히 하기 위해 접속사를 생략하지 않은 형태이다. { }는 선행사 something을 수식하는 주격 관계대명사절이다. 「A rather than B」는 'B보다는 A'라는 의미이다.

10행 ... people [who don't understand them] find [(that) **it** is easy {to imagine (that) they're harmful}], despite the data [that shows (that) this is untrue]. ▸ 첫 번째 [ ]는 선행사 people을 수식하는 주격 관계대명사절이다. 두 번째 [ ]는 find의 목적어로 쓰인 명사절이다. it은 가주어이고 { }가 진주어이다. 세 번째 [ ]는 선행사 the data를 수식하는 주격 관계대명사절이다.

문제해설
사람들이 백신이 자폐증을 일으킨다고 믿는 이유는 원인 불명의 질환에 대해 불편함을 느껴 입증되지 않은 정보로 지식의 틈을 메우려 하기 때문이라는 내용의 글이므로, 단순히 지식의 틈을 메우기 위한 노력들을 언급한 ③은 글의 흐름과 무관하다.

6 ③

요가와 명상은 심신을 진정시키는 데 도움이 되는 것으로 알려져 있다. 하지만 그것들이 스트레스로 인해 발생한 당신의 유전자의 변화도 거꾸로 되돌릴 수 있다는 것을 알고 있었는가? 명상 훈련은 염증을 유발하는 유전자의 활동을 둔화시키는 것으로 보인다. 우리가 너무 많은 스트레스를 경험할 때, 우리의 유전자는 면역 체계에 염증 반응을 촉발시킨다. 만약 스트레스가 효과적으로 관리되지 않으면, 그 염증은 만성이 될 수 있고 결국 허약한 심신의 건강 상태로 이어질 수 있다. (당신의 신체 건강을 돌보는 것은 당신의 정신 건강을 돕는 것에 이로울 수 있다.) 스트레스를 줄이기 위해 규칙적으로 명상하는 사람들은 일반적으로 더 적은 염증 증상을 보이는데, 이는 만성 스트레스의 영향이 반전되었다는 징후이다. 더 많은 연구가 여전히 필요하긴 하지만, 심신 운동과 염증 감소 간의 관련성은 확실한 것 같다.

구문해설
1행 But did you know [that they can also reverse

changes in your genes {caused by stress}]? ▸ [ ]는 know의 목적어로 쓰인 명사절이다. { }는 changes in your genes 를 수식하는 과거분사구이다.

2행 Meditation exercises appear to slow down the activity of genes [that cause inflammation]. ▸ [ ]는 선행사 genes를 수식하는 주격 관계대명사절이다.

8행 People [who meditate regularly **to reduce** stress] typically show *fewer symptoms of inflammation*, [**a sign** {that the effects of chronic stress have been reversed}]. ▸ 첫 번째 [ ]는 선행사 People을 수식하는 주격 관계대명사절이다. to reduce는 목적을 나타내는 부사적 용법의 to부정사이다. fewer symptoms of inflammation과 두 번째 [ ]는 동격이다. a sign과 { }는 동격이다.

문제해설
요가와 명상이 스트레스로 인한 염증을 줄여준다는 내용의 글이므로, 단순히 신체 건강을 돌보는 것이 정신 건강에 유익하다고 언급한 ③은 글의 흐름과 무관하다.

GRAMMAR+
② ▸ (A) 문장의 동사가 필요하므로, appear가 적절하다.
(B) 「be beneficial to」는 '…에 이롭다'라는 의미이며 이때 to는 전치사이므로, 동명사인 helping이 적절하다.
(C) 동사 meditate를 수식하는 부사 regularly가 적절하다.

O2 주어진 문장의 위치 찾기

기출예제
pp. 34~35

1 ④ 2 ③

1 ④

이론적이고 실제적인 관점 모두에서 중요한 문제인 몰입의 이유에 관해 많은 연구가 행해져 왔다. 업무 몰입의 동기를 알아내는 것은 우리가 그것을 잘 다루거나 그것에 영향을 주는 것을 가능하게 할지도 모른다. 몰입의 이유는 상황적인 것과 개인적인 것, 두 가지 주요 분야로 나뉜다. 가장 영향력 있는 상황적 원인은 직무 자원, 피드백, 그리고 지도자의 지위인데, 물론 그 마지막 항목(= 지도자의 지위)은 직무 자원과 피드백에 대한 책임이 있다. 실제로 리더들은 직원들에게 그들의 실적에 대한 솔직하고 건설적인 피드백을 줌으로써, 그리고 직원들이 자신의 직무를 잘 수행할 수 있게 하는 필요한 자원을 제공함으로써 몰입에 영향을 준다. 그러나 몰입이 업무 성과를 견인하지만, 업무 성과도 몰입을 견인한다는 것에 주목할 만하다. 즉, 직원들이 그들 자신의 기대와 포부에 부합하거나 그것을 할 수 있게 정도로 자신의 업무를 잘할 수 있을 때, 그들은 더 많이 몰입하고, 자신의 성과를 자랑스러워하며, 일을 더 의미 있게 생각할 것이다. 이는 사람들이 자신의 가치와 일치하는 직무에 종사할 때 특히 분명하다.

구문해설
3행 Much research **has been carried out** on *the causes of engagement*, [an issue {that is important from both a theoretical and practical standpoint}]: …. ▸ has been carried out은 계속을 나타내는 현재완료 수동태이다. the causes of engagement와 [ ]는 동격이다. { }는 선행사 an issue를 수식하는 주격 관계대명사절이다.

7행 The most influential situational causes are job resources, feedback and leadership, [**the latter**, of course, being responsible for job resources and feedback]. ▸ [ ]는 동시동작을 나타내는 분사구문으로, 주절의 주어와 분사구문의 의미상 주어가 다르기 때문에 the latter를 생략하지 않은 형태이다.

9행 Indeed, leaders influence engagement **by giving** their employees honest and constructive feedback on their performance, and **by providing** them with the necessary resources [that *enable* them *to perform* their job well]. ▸ 「by v-ing」는 '…함으로써'라는 의미로, by giving과 by providing이 접속사 and로 병렬 연결되어 있다. [ ]는 선행사 the necessary resources를 수식하는 주격 관계대명사절이다. 「enable A to-v」는 'A가 …을 할 수 있게 하다'라는 의미이다.

어휘
noteworthy 주목할 만한 engagement 약속; *몰입 (*v.* engage 약속하다; *몰입하다) drive 운전하다; *(어떤 방향으로) 몰다, 견인하다 (*n.* driver 운전자; *동력 요인) performance 공연; *실적, 성과 (*v.* perform 수행하다) carry out 수행하다 theoretical 이론의, 이론적인 standpoint 관점 identify 확인하다, 알다 manipulate (사물을 능숙하게) 다루다, 조작하다 influence 영향; *영향을 주다 (*a.* influential 영향력 있는) situational 상황에 따른 latter (둘 중에서) 후자; *(나열된 것들 중에서) 마지막 constructive 건설적인 exceed 넘다, 능가하다 ambition 야망, 포부 evident 분명한, 명백한 employ 고용하다

2 ③

예술 작품의 제작 과정을 인정하는 것은, 이를테면 화가가 다양한 종류의 물감을 섞는 방식 혹은, 이미지 편집 도구가 작동하는 방식 등에 관한 자세하고 기술적인 지식을 요구하지 않는다. 필요한 것은 물감으로 작업하는 것과 이미지 편집 앱으로 작업하는 것 사이의 커다란 차이점에 대한 일반적인 감각일 뿐이다. 이러한 감각은 아마도 우리가 소비자 이미지 편집 앱을 사용하는 방법을 비롯해 컴퓨터를 사용하는 방법에 대한 기본적인 친숙함뿐만 아니라 물감과 붓에 대한 기본적인 친숙함도 포함할 수 있다. 예술 비평가 같은 전문가의 경우, 재료와 기법에 대한 더 깊은 친숙함이 작품에 대해 정보에 근거한 판단에 도달하는 데 흔히 유용하다. 이는 모든 종류의 예술 재료나 도구가 예술적 창작을 위해 그것의 고유한 도전과 행위 유발성을 동반하기 때문이다. 비평가들은 보통 특정한 예술적 효과를 위해 예술가들이 각기 다른 종류의 재료와 도구를 활용하는 방식에 관심을 보인다. 그들은 또한 예술 작품 그 자체로 구현되는, 특정 재료와 도구로 달성될 수 있는 것의 한계를 뛰어넘으려는 예술가의 시도의 성공에 관심이 있다.

4행 [Acknowledging the making of artworks] does not require a detailed, technical knowledge of, say, [how painters mix different kinds of paint], or [how an image editing tool works]. ▸ 첫 번째 [ ]는 문장의 주어로 쓰인 동명사구이다. 두 번째와 세 번째 [ ]는 전치사 of의 목적어로 쓰인 관계부사절이다.

6행 **All** [that is required] **is** a general sense of a significant difference [between working with paints and working with an imaging application]. ▸ 첫 번째 [ ]는 선행사 All을 수식하는 주격 관계대명사절이며, 이때 All은 the only thing에 가까운 의미로 단수동사 is가 쓰였다. 두 번째 [ ]는 a significant difference를 수식하는 전치사구이다.

15행 They are also interested in the success of an artist's attempt—embodied in the artwork itself—[to push the limits of {what can be achieved with certain materials and tools}]. ▸ [ ]는 an artist's attempt를 수식하는 형용사적 용법의 to부정사구이다. { }는 선행사를 포함하는 관계대명사 what이 이끄는 명사절로, 전치사 of의 목적어로 쓰였다.

어휘

specialist 전문가 critic 비평가 familiarity 익숙함, 친근함 technique 기법 informed (어떤 분야에) 정통한, 해박한; *정보에 근거한 acknowledge 인정하다 significant 중요한; *상당한, 아주 큰 attempt 시도 embody 구현하다 push the limit 한계를 뛰어넘다

적용독해
pp. 36~39

1 ③ **2** ④ **3** ④ **4** ③ **5** ④ **6** ⑤

1 ③

우주에 있는 우주 비행사들에게 중력의 힘은 지구에서보다 약하다. 이 때문에 우주 비행사에게 때때로 두통, 메스꺼움, 구토와 같은 '우주 멀미'의 증상들이 나타난다. 우주 멀미는 신체의 움직임에 대한 정보를 감지하는 우리 귀 안쪽의 작은 기관들과 관련이 있다. 그것들은 이 정보를 뇌로 보내고, 뇌는 이 정보를 이용해 몸의 균형을 유지한다. 우주의 낮은 중력 속에서, 그 기관들에 의해 보내지는 정보가 달라진다. 과학자들에 따르면, 이 차이가 뇌를 혼란스럽게 하여 우주 멀미와 관련된 증상들을 초래한다. 다행히도, 우주 멀미는 그리 오래 지속되지 않는다. 며칠이 지나면, 뇌가 우주 비행사들이 속한 환경의 낮은 중력에 적응하여 증상들은 사라진다. 하지만, 어떤 경우에, 우주 비행사들은 지구로 돌아와서 '중력 멀미'를 경험할 수도 있는데, 그것은 우주 멀미와 비슷한 증상을 보인다.

구문해설

1행 ..., this difference **confuses** the brain and **results** in the symptoms [associated with space sickness]. ▸ 동사 confuses와 results가 접속사 and로 병렬 연결되어 있다. [ ]는 the symptoms를 수식하는 과거분사구이다.

8행 ..., the information [sent by those organs]
$\underset{S}{}$

changes. ▸ [ ]는 the information을 수식하는 과거분사구이다.
$\underset{V}{}$

11행 ..., astronauts can experience "gravity sickness," [which has symptoms {that are similar to **those** of space sickness}], when they return to Earth. ▸ [ ]는 선행사 "gravity sickness"를 부연 설명하는 계속적 용법의 주격 관계대명사절로, 주절과 부사절 사이에 삽입되었다. { }는 선행사 symptoms를 수식하는 주격 관계대명사절이다. those는 앞서 나온 symptoms를 가리킨다.

문제해설

주어진 문장의 this difference가 가리키는 것은 귀에 있는 우리 몸의 평형 기관이 신체의 움직임에 대한 정보를 뇌로 보내는데 우주처럼 중력이 낮은 환경에서는 이 정보가 달라진다는 내용이므로, 주어진 문장은 ③에 들어가는 것이 가장 적절하다.

2 ④

Garci Rodriguez de Montalvo가 쓴 16세기 스페인 소설 「에스플란디안의 모험」은 캘리포니아라고 불리는 아시아 대륙 동쪽의 섬 낙원을 묘사한다. 이 소설이 '캘리포니아'라는 단어가 인쇄물에 처음으로 등장한 곳이라고 여겨진다. 이 소설은 또한 오늘날의 멕시코와 미국에서 캘리포니아라고 불리는 지역들이 그 이름을 얻게 된 곳이라고도 여겨진다. 스페인 사람들이 멕시코를 탐험하던 때에 「에스플란디안의 모험」은 매우 인기가 있었고, (그로 인해) 캘리포니아의 전설은 널리 알려져 있었다. Fortún Ximénez와 Hernán Cortés가 처음 서쪽 해안을 따라 북쪽으로 항해했을 때, 그들은 지금의 바하 칼리포르니아 반도라고 불리는 곳을 그 허구의 섬으로 착각하고 캘리포니아라고 이름 지은 것으로 보인다. 그 반도가 섬이라는 잘못된 믿음이 바로잡히기까지는 여러 해가 걸렸다. 그 당시 캘리포니아는 이미 그 반도와 그곳의 북쪽에 있는 현재 미국 주(州)인 땅의 이름으로 완전히 확고해져 있었다.

구문해설

2행 ..., they *mistook* [what is now called the Baja California peninsula] **for** the fictional island and *named* it California. ▸ 「mistake A for B」는 'A를 B로 착각하다'라는 의미이다. [ ]는 선행사를 포함하는 관계대명사 what이 이끄는 명사절이다. 동사 mistook과 named가 접속사 and로 병렬 연결되어 있다.

6행 **It** is believed [that this novel was the first place {(where/that) the word "California" appeared in print}]. ▸ It은 가주어이고 [ ]가 진주어이다. { }는 선행사 the first place를 수식하는 관계부사절로, 관계부사가 생략되었다.

7행 The novel is also thought to be [where the areas {called California in modern-day Mexico and the United States} got their names]. ▸ [ ]는 be의 주격 보어로 쓰인 관계부사절이다. { }는 the areas를 수식하는 과거분사구이다.

10행 **It took** many years **to correct** *the misguided belief* [that the peninsula was an island]. ▸ 「It takes+시간+to-v」는 '…하는 데 (시간)이 걸리다'라는 의미이다. the misguided belief와 [ ]는 동격이다.

문제해설

주어진 문장의 Fortún Ximénez와 Hernán Cortés는 ④ 앞의 멕시코를 탐험하던 스페인 사람들 중 일부로, 자신들이 여행하던 반도를 섬으로 착각했다는 내용이 ④ 뒤의 the misguided belief로 재진술되고 있으므로, 주어진 문장은 ④에 들어가는 것이 가장 적절하다.

3 ④

사람들은 흔히 다른 국가로 보내지는 대외 원조에 대해 불평한다. 그들은 그 돈이 낭비된다고 주장하는데, 때로는 이것이 사실이다. 그러나 이러한 일은 과거에 국가들이 동맹국이 되도록 설득하기 위해 원조가 주어진 시기 동안 주로 일어났다. 오늘날에는 대부분의 대외 원조가 사람들의 삶을 개선하는 데 쓰이므로, 그 문제가 훨씬 더 작아졌다. 낭비되는 대외 원조액을 줄이는 것은 가치 있는 목표이다. 하지만 훨씬 더 중요한 것은, 우리가 사람들에게 대외 원조에 발생하는 일에 관한 근거 없는 믿음 뒤에 숨은 진실을 알려주어야 한다는 것이다. 그 돈은 실제로 가난하게 살고 있는 사람들의 건강을 향상시키고 그들의 지역 사회를 더 나은 곳으로 만드는 데 쓰인다. 결과적으로, 우리는 아무도 단순히 출생지 때문에 불필요하게 고통받지 않는 세상에서 살아갈 기회가 있다.

구문해설

③행 People often complain about **foreign aid** [being sent to other countries]. ▸ [ ]는 전치사 about의 목적어로 쓰인 동명사구이며, foreign aid는 동명사의 의미상 주어이다.

④행 However, this mostly happened in the past, during a time [when aid was given to persuade countries to become allies]. ▸ [ ]는 선행사 a time을 수식하는 관계부사절이다.

⑦행 [Reducing the amount of foreign aid {that is wasted}] **is** a worthwhile goal. ▸ 동명사구인 [ ]가 문장의 주어이므로 단수동사 is가 쓰였다. { }는 선행사 foreign aid를 수식하는 주격 관계대명사절이다.

⑧행 The money actually goes toward [improving the health of people {living in poverty}] and [**making** their communities **better places**]. ▸ 두 개의 [ ]는 전치사 toward의 목적어로 쓰인 동명사구로, 접속사 and로 병렬 연결되어 있다. { }는 people을 수식하는 현재분사구이다. making의 목적격 보어로 명사구가 쓰였다.

문제해설

주어진 문장은 대외 원조가 낭비된다는 근거 없는 믿음 뒤에 숨은 진실을 사람들에게 알려야 한다는 내용이므로, 그 돈이 실제로 어떻게 사용되는지 설명하는 문장 앞인 ④에 들어가는 것이 가장 적절하다.

☆ **서술형**

대외 원조가 낭비되는 것

4 ③

모든 살아 있는 생물은 물 부족 기간에 어려움을 겪는다. 그러나 일부 동물들, 특히 건기가 있는 지역의 동물들은 그들이 건조한 환경에서 살아남는 데 도움이 되는 놀라운 적응 형태를 가지고 있다. 그러한 두 동물인 갈라파고스땅거북과 사막거북은 그들의 방광에 물을 저장한다. 비와 녹색 식물에서 나오는 물을 마시는 것은 그들이 방광을 채울 수 있게 해준다. 그리고 나면 그 거북들은 건기 내내 그 저장된 물로 살아남을 수 있다. 건조한 기후에서 사는 다른 동물들은 그들이 물을 보관하게 해주는 적응 형태를 가지고 있다. 예를 들어, 사막 쟁기발두꺼비라고 불리는 북미의 특별한 종류의 두꺼비는 자신의 시간의 75퍼센트를 땅속 깊은 곳에서 보낸다. 그곳에서, 두꺼비는 물이 빠져나가는 것을 막아주는, 끈적끈적한 임시 피부로 자신을 감싼다. 계절성 강우가 찾아오면 쟁기발두꺼비는 다시 밖으로 나온다.

구문해설

②행 Yet some animals, particularly **those** in places with dry seasons, have amazing adaptations [that *help* them *survive* dry conditions]. ▸ those는 앞서 나온 animals를 가리킨다. [ ]는 선행사 amazing adaptations를 수식하는 주격 관계대명사절이다. help는 목적격 보어로 동사원형이나 to부정사를 쓴다.

⑤행 [Drinking water from rainfall and green plants] **allows** them to fill their bladders. ▸ 동명사구인 [ ]가 문장의 주어이므로 단수동사 allows가 쓰였다.

⑧행 There, it wraps itself with a sticky temporary skin [that **keeps** water **from escaping**]. ▸ [ ]는 선행사 a sticky temporary skin을 수식하는 주격 관계대명사절이다. 「keep A from v-ing」는 'A가 …하는 것을 막다'라는 의미이다.

문제해설

주어진 문장은 건조한 기후에 살면서 체내에 물을 보관하는 다른 동물이 있다는 내용이므로, 거북들에 대한 내용이 끝나고 새로운 동물의 예시가 언급되는 문장 앞인 ③에 들어가는 것이 가장 적절하다.

5 ④

대부분의 사람들은 상상을 내적이고 사적인 것으로 생각하는데, 누구나 다른 사람은 모르게 무언가를 상상할 수 있다는 것은 사실이다. 그러나 이 순전히 정신적인 투영조차도 외부 세계와 우리가 속해있는 사회 공동체에 그 근원을 두고 있다. 우리 자신 너머에 존재하는 소재에 의존하지 않고는, 어떠한 마음속 이미지도 결코 존재할 수 없다. 이것은 우리가 우리의 상상이 오로지 우리만의 것이라고 믿을지 모르지만, 그것이 의존하는 재료들은 사실 다른 많은 사람들에 의해 공유된다는 것을 의미한다. 어떤 사람들은 이것을 한계라고 여길지 모르지만, 상상의 사회적 특성은 사실상 사회가 공유된 가치를 중심으로 결속되는 것을 가능하게 한다. 실제로 도덕의 개념은 여기에 달려있다. 우리가 가능한 행동들을 고려하는 데 동일한 근거를 공유할 때, 무엇이 옳고 그른지에 대해 공정한 판단을 내리고 공동체의 모든 구성원이 동의할 수 있는 사회적 기준을 만들어낼 수 있다.

구문해설

①행 ..., but the social quality of imagination actually makes **it** possible *for society* [to come together around shared values]. ▸ it은 가목적어이고 [ ]가 진목적어이다. for society는 to부정사의 의미상 주어이다.

3행 Most people think of the imagination as **something internal and private**, and *it* is true [that one can imagine something without **anyone else** {knowing about it}]. ▶ -thing, -body, -one으로 끝나는 대명사는 형용사가 대명사를 뒤에서 수식한다. it은 가주어이고 [ ]가 진주어이다. { }는 전치사 without의 목적어로 쓰인 동명사구이며, anyone else는 동명사의 의미상 주어이다.

10행 ..., we are able to **make** fair judgments about [what is right and wrong] and **formulate** social standards [that every member of a community can agree upon]. ▶ make와 formulate가 접속사 and로 병렬 연결되어 있다. 첫 번째 [ ]는 전치사 about의 목적어로 쓰인 의문사절이다. 두 번째 [ ]는 선행사 social standards를 수식하는 목적격 관계대명사절이다.

문제해설
주어진 문장의 this는 ④의 앞에서 언급한 상상이 의존하는 재료들이 사실 다른 많은 사람들에 의해 공유된다는 것을 가리키며, ④ 다음 문장의 this는 주어진 문장에서 언급한 상상의 사회적 특성이 사회가 공유된 가치를 중심으로 결속되는 것을 가능하게 한다는 것을 가리킨다. 따라서, 주어진 문장은 ④에 들어가는 것이 가장 적절하다.

6 ⑤

개미가 새로운 먹이원을 우연히 마주치게 되면, 군체 대장의 명령 없이도 그 군체는 먹이를 거두어들이기 위해 재빠르게 스스로를 재조직한다. 이것은 개미가 새로운 먹이원의 냄새를 따라가면서 페로몬 자취를 남기기 때문에 가능하다. 이 새로운 흔적은 근처에 있는 다른 개미에 의해 발견되며, 그 개미는 바로 자신의 경로를 바꾼다. 이 방향의 변화는 머지않아 다른 개미에 의해 발견될 것이며, 그렇게 계속 이어질 것이다. 새로운 정보가 빠르게 전체 군집 도처에 퍼진 후, 모든 개미는 이제 새롭게 발견된 먹이원으로부터 거두어들이기 위해 스스로 조정한 상태다. 단 한 마리의 개미도 군체의 행동을 바꾸기 위해 의식적인 결정을 하고 있지 않다. 그럼에도 불구하고, 군체의 이익을 위한 새로운 행동 양식이 나타난다.

구문해설
3행 When an ant happens to come upon a new source of food, the colony quickly reorganizes itself **to harvest** from *it* without any orders from a colony leader. ▶ to harvest는 목적을 나타내는 부사적 용법의 to부정사이다. it은 앞에 언급된 a new source of food를 가리킨다.

6행 This new trail is noticed by another nearby ant, [which then alters its own path]. ▶ [ ]는 선행사 another nearby ant를 부연 설명하는 계속적 용법의 주격 관계대명사절이다.

7행 **It won't be long before** its change in direction is noticed by a different ant, and so on. ▶「It won't be long before+주어+동사」는 '머지않아 …할 것이다'라는 의미이다.

문제해설
주어진 문장은 그 어떤 개미도 군집의 행동을 변화시키고자 의식적인 결정을 내리지 않고 있다는 내용이므로, 그럼에도 불구하고 군체의 이익을 위한

새로운 행동 양식이 나타난다는 문장 앞인 ⑤에 들어가는 것이 가장 적절하다.

GRAMMAR+

③ ▶ (A) 문장의 주어인 the colony를 가리키는 재귀대명사이므로 itself가 적절하다.
(B) 특정되지 않은 다른 하나를 의미하므로 another가 적절하다.
(C) emerge는 '나타나다'라는 의미의 자동사이므로 emerges가 적절하다.

03 이어질 글의 순서 배열하기

기출예제
pp. 40~41

1 ⑤ 2 ⑤

1 ⑤

그리스의 역사가인 헤로도토스는 계피에 관한 한 이야기를 썼는데, 그것은 그가 페니키아인들로부터 알게 되었던 것이다. (C) 페니키아인들은 산 절벽에 있는 둥지로 계피 나뭇가지들을 나르던 큰 새들에 의해서 그것들이 아라비아로 오게 되었다고 주장했다. 계피를 얻기 위해, 아라비아인들은 커다란 동물의 시체를 잘라 둥지 근처의 바닥에 두었다. (B) 그 새들이 그 먹이를 집어서 둥지로 돌아가면, 고기의 무게가 둥지를 부수면서 계피가 산 아래로 떨어졌는데, 아라비아인들은 그것(= 계피)을 줍기 위해 그곳으로 달려갔다. 그 향신료는 이후 다른 나라들로 수출되었다. (A) 이 이야기는 아마도 사실이 아닐 것이다. 하지만 이 향신료를 먼 나라에서 온 사람들과 거래했던 이들에게 있어서, 어려움에 관한 이런 과장된 이야기가 소비자에게 상품의 가치를 높였을지도 모른다.

구문해설
3행 For those [who traded this spice to people from far-off lands], however, **such an exaggerated tale** of hardship *may have increased* a product's value to the consumer. ▶ [ ]는 선행사 those를 수식하는 주격 관계대명사절이다. 「such+a(n)+형용사+명사」는 '그러한[이러한] …, 그와 같은 …'이라는 의미이다. 「may have p.p.」는 '…했을지도 모른다'라는 의미로, 과거 사실에 대한 불확실한 추측을 나타낸다.

6행 ..., the weight of the meat broke the nest and the cinnamon fell down the mountain, [where the Arabians ran **to pick** it up]. ▶ [ ]는 선행사 down the mountain을 부연 설명하는 계속적 용법의 관계부사절이다. to pick은 목적을 나타내는 부사적 용법의 to부정사이다.

어휘
unlikely 있음직하지 않은, 정말 같지 않은 spice 향신료 far-off 먼, 멀리 떨어진 exaggerated 과장된, 부풀린 hardship 어려움[곤란] export 수출하다

2 ⑤

식물은 영양분이 제한적일 때 미세하게 조정된 적응 반응을 보인다. 정원사는 노란 잎을 영양 부족과 비료가 필요하다는 신호로 인식할 수도 있다. (C) 그러나 식물에게 보충 미네랄을 공급해 줄 관리자가 없다면, 그것은 더 먼 토양에서 (영양분을) 구할 수 있도록 뿌리를 증식하거나 연장하며 뿌리털을 발달시킬 수 있다. 식물은 또한 자신의 기억을 사용하여 영양 혹은 자원 가용성에 있어서의 시공간적 변화의 역사에 대응할 수 있다. (B) 이 분야에서의 연구는 식물이 시공간적 측면 모두에서 환경 내 자신의 위치를 지속적으로 인지하고 있다는 것을 보여주었다. 과거에 다양한 영양소 가용성을 경험해 본 식물은 잎 생산 대신 뿌리를 연장하는 데 에너지를 소모하는 것과 같은 위험을 감수하는 행위를 보이는 경향이 있다. (A) 이와 대조적으로, 영양분이 풍부했던 이력을 지닌 식물은 위험을 회피하고 에너지를 비축한다. 모든 발달 단계에서 식물은 귀중한 에너지의 손실과 비생산적인 사용을 제한하면서 성장, 생존, 번식에 에너지를 쓸 수 있도록 환경 변화나 불균형에 대응한다.

구문해설

5행 ..., plants respond to environmental changes or unevenness **so as to be** able to use their energy for growth, survival, and reproduction, [while limiting damage and nonproductive uses of their valuable energy]. ▸「so as to-v」는 '…하기 위해서'라는 의미이다. [ ]는 동시동작을 나타내는 분사구문으로, 의미를 명확히 하기 위해 접속사를 생략하지 않은 형태이다.

11행 Plants [that **have experienced** variable nutrient availability in the past] tend to exhibit risk-taking behaviors, ... ▸ [ ]는 선행사 Plants를 수식하는 주격 관계대명사절이다. have experienced는 경험을 나타내는 현재완료시제이다.

어휘

finely 미세하게 tune 조율하다 adaptive response 적응 반응 abundance 풍부 risk averse 위험을 회피하는 unevenness 불균형 reproduction 번식 constantly 끊임없이, 항상 availability 이용 가능성, 가용성 risk-taking 위험을 감수하는 caretaker 관리인 supplemental 보충의 proliferate 증식[번식]시키다 patch 작은 땅 temporal 시간의 spatial 공간의 variation 변화

적용독해

pp. 42~45

1 ② 2 ⑤ 3 ⑤ 4 ④ 5 ⑤ 6 ④

1 ②

꿈이 항상 현실이 되는 것은 아니다. 한 연구에 따르면, 영국 성인의 96퍼센트가 현재 자기가 어린 시절 꿈꾸던 직업에서 일하고 있지 않다고 한다. (B) 그 연구는 또한 변호사와 교사가 가장 달성 가능한 장래 희망이라고 밝혔다. 가르치는 것을 꿈꾸던 사람들 중 14퍼센트가 교육 분야에서 일하고 있다고 말했고, 변호사가 되고 싶어 한 사람들 중 같은 비율이 법률, 법 집행, 또는 보안 분야에 고용되었다고 말했다. (A) 운동선수나 배우가 되는 것과 같은 다른 꿈들은 실현 가능성이 더 적었고, 이러한 직업을 꿈꾸던 사람들이 결국 일하게 된 가장 흔한 분야는 접대, 행사 관리, 그리고 회계였다. 그렇지만 어린 시절의 꿈을 이루는 것이 정말 중요한가? (C) 실제로, 그것은 그렇다. 그것은 한 사람의 향후 만족에 영향을 미칠 수 있다. 자기가 꿈꾸던 직업에 종사하는 사람들 중 92퍼센트가 만족스럽게 근무 중이라고 보고한 반면, 다른 일을 하는 사람들 중에는 84퍼센트가 만족한다고 보고했다. 즉, 꿈을 이루지 못한 사람들은 불만족스러울 가능성이 두 배나 높았다.

구문해설

1행 Dreams do **not always** become reality. ▸「not always ...」는 '항상 …한 것은 아닌'이라는 의미로 부분부정을 나타낸다.

4행 ... the most common sectors [in which individuals {dreaming of these careers} ended up working] were hospitality, events management, and accountancy. (s 아래: the most common sectors, v 아래: were) ▸ [ ]는 선행사 the most common sectors를 수식하는 목적격 관계대명사절이다. { }는 individuals를 수식하는 현재분사구이다.

9행 ..., **with** the same percentage of those [who had wanted to be a lawyer] **reporting** [that they were employed in the legal, law enforcement, or security sector]. ▸「with+(대)명사+v-ing」는 '~가 …한 채로'라는 의미이다. 첫 번째 [ ]는 선행사 those를 수식하는 주격 관계대명사절이다. 두 번째 [ ]는 reporting의 목적어로 쓰인 명사절이다.

문제해설

영국 성인의 대다수가 자기가 어린 시절 꿈꾸던 직업에 종사하지 않고 있다는 연구 결과를 나타내는 주어진 글 다음에, 장래 희망을 실현할 가능성이 제일 높은 직업에 대해 언급하는 (B)가 가장 먼저 이어지고, 이와 반대로 실현 가능성이 제일 낮은 직업이 무엇인지 언급하고 어린 시절의 꿈을 이루는 것의 중요성에 대해 질문하는 (A)가 이어진 후, 그에 대해 답하는 (C)로 이어지는 것이 가장 자연스럽다.

2 ⑤

실시간으로 주제에 대해 논의하는 것과는 대조적으로, 온라인 토론회에서는 사람들이 서로 다른 시간에 메시지를 게시함으로써 소통한다. (C) 그들이 게시하는 각각의 새로운 메시지는 앞서 추가된 메시지를 다루며, 이런 방식으로 논의가 진행된다. 이런 토론회의 주된 장점은 사람들이 충분한 시간이 있을 때는 언제든지 논의에 참여할 수 있다는 것이다. (B) 이런 의견 제시 중 일부는 간단한 의견인 반면, 다른 것들은 질문, 응답, 심지어는 이의 제기도 될 수 있다. 각각의 메시지는 논의가 활발하게 유지되기 위해 길거나 많은 세부 사항을 포함할 필요가 없다. (A) 부정적인 면은 이런 정도의 활동이 꾸준하게 유지될 가능성이 낮다는 것이다. 결과적으로, 온라인 토론회 형식으로 개최되는 논의는 부자연스럽게 긴 시간 동안 지속될지도 모르고, 일부 메시지는 결국 무시될지도 모른다.

구문해설

1행 In online discussion forums, people interact by [posting messages at different times], as opposed to [discussing the topic in real time]. ▸ 두 개의 [ ]는 각각 전치

사 by와 to의 목적어로 쓰인 동명사구이다.

9행 Each new message [(which/that) they post] addresses **one** [that was added earlier], ... ▸ 첫 번째 [ ]는 선행사 Each new message를 수식하는 목적격 관계대명사절로, 목적격 관계대명사가 생략되었다. 두 번째 [ ]는 선행사 one을 수식하는 주격 관계대명사절로, 이때 one은 message를 가리킨다.

10행 The main advantage of these forums is [that people can contribute to the discussion {whenever they have enough time}]. ▸ [ ]는 주격 보어로 쓰인 명사절이다. { }는 복합관계부사절로, whenever는 '…할 때는 언제든지'라는 의미이다.

문제해설
실시간 논의가 아닌 온라인 토론회 환경에서는 참가자가 각기 다른 시간에 메시지를 게시하며 소통한다는 내용의 주어진 글 다음에, 그 과정과 장점을 상술하는 (C)가 가장 먼저 이어지고, 의견을 제시하는 메시지의 여러 형태를 언급하는 (B)가 이어진 후, 온라인 토론회의 부정적인 면에 대해 설명하는 (A)로 이어지는 것이 가장 자연스럽다.

3 ⑤

어떤 영화들은 모든 사람이 이야기하고 있는 현재의 사회 문제에 관한 것이다. 하지만, 모든 영화가 시사와 관련되고자 의도된 것은 아니라는 점을 기억하는 것이 중요하다. (C) 한 가지 이유는 영화를 만드는 데 오랜 시간이 걸린다는 것이다. 현재의 뜨거운 쟁점이 각본이 쓰여지던 때에는 존재하지 않았을지도 모른다. 이는 많은 사람들이 환경 보호주의에 관한 것이라고 생각했던 한 영화에 일어난 일이다. (B) 어떤 면에서는 이런 생각이 타당했다. 어쨌든, 그 영화의 줄거리는 작은 식물을 가지고 오염으로부터 지구를 구하는 것에 관한 것이었다. 그리고 그 영화가 개봉되었을 때, 환경 보호주의는 큰 쟁점이었다. 그러나 그것은 전혀 사실이 아니었다. (A) 사실, 그 영화의 작가와 감독은 영화가 완성되고 개봉되기 거의 15년 전에 줄거리를 구상했다. 이는 지금의 환경 운동이 시작되기도 훨씬 전이었다.

구문해설
1행 Some movies are about current social issues [that everyone is talking about]. ▸ [ ]는 선행사 current social issues를 수식하는 목적격 관계대명사절이다.

2행 However, **it** is important [to remember {that *not all* films are meant to be topical}]. ▸ it은 가주어이고 [ ]가 진주어이다. { }는 remember의 목적어로 쓰인 명사절이다. 「not all ....」은 '모두 …한 것은 아닌'이라는 의미로 부분부정을 나타낸다.

9행 Today's hot issues **might** not **have existed** when the script was being written. ▸ 「might[may] have p.p.」는 '…했을지도 모른다'라는 의미로, 과거 사실에 대한 불확실한 추측을 나타낸다.

10행 This is [what happened with a movie {that **many people thought** was about environmentalism}]. ▸ [ ]는 선행사를 포함하는 관계대명사 what이 이끄는 명사절로, 주격 보어로 쓰였다. { }는 선행사 a movie를 수식하는 주격 관계대명사절이다. many people thought는 삽입절이다.

문제해설
모든 영화가 시사와 관련되고자 의도된 것은 아니라는 내용의 주어진 글 다음에, 그 이유가 영화 제작 시기와 사회적 쟁점 간의 시차에 있다고 설명하며 환경 보호주의와 관련되었다는 오해를 받은 한 영화의 예시를 언급하는 (C)가 가장 먼저 이어지고, 그 영화의 줄거리와 당시 상황을 상술하는 (B)가 이어진 후, 사실 그 영화는 지금의 환경 운동이 나오기 한참 전에 구상되었다고 설명하는 (A)로 이어지는 것이 가장 자연스럽다.

⭐ **서술형**

영화가 환경 보호주의에 관한 내용이라고 생각한 것

4 ④

유럽과 아시아의 많은 국가들은 점점 더 적은 현금을 사용하고 있다. 스웨덴이 가장 큰 낙폭을 보였는데, 오직 거래의 2퍼센트만 현재 현금으로 결제되고 있다. (C) 이러한 발전은 몇 가지 긍정적인 영향을 미쳐왔다. 예를 들어, 금융 기관들은 현금을 다루는 서비스의 감소 덕분에 더 많은 이윤을 창출할 수 있다. 게다가, 전국의 은행 강도 사건들이 거의 사라졌다. (A) 그럼에도 불구하고, 현금 없는 사회가 모두에게 유익한 것은 아니다. 나이 든 사람들은 기술과 씨름하는 한편, 젊은 세대들은 실물 화폐가 교환되지 않으면 과소비를 하기가 더 쉽다. (B) 게다가, 이러한 진전은 개인의 프라이버시에 대한 위협과 같은 몇 가지 윤리적인 우려를 불러일으킨다. 그러므로, 현금 유통이 0퍼센트가 되는 날이 오기 전에, 몇 가지 법적·경제적 문제가 해결될 필요가 있다.

구문해설
3행 While **the elderly** struggle with the technology, the younger generations are more prone to *overspending* when no physical money is exchanged. ▸ 「the+형용사」는 복수 보통명사로 쓰여 '…한 사람들'이라는 의미를 나타낸다. overspending은 전치사 to의 목적어로 쓰인 동명사이다.

문제해설
많은 나라에서 현금 사용 비중이 줄어들고 있다는 주어진 글 다음에, 이러한 발전의 긍정적인 영향에 대해 서술하는 (C)가 가장 먼저 오고, 이와 동시에 존재하는 문제점을 언급하는 (A)가 이어진 후, 추가적인 문제점과 함께 해결의 필요성을 제시하는 (B)로 이어지는 것이 가장 자연스럽다.

5 ⑤

한창 전쟁 중에 삶이 지속하기 너무 힘든 것 같을 때, 난민들은 가라앉을지도 모르는 배에 오르는 것과 같은 힘든 여정의 위험을 받아들인다. (C) 그들의 여정이 견디기 힘들긴 하지만, 난민들에게는 자신의 조국을 잃는 것이 더 고통스럽다. 신체에 가해진 손상이 상당해 보일지도 모르지만, 정신에 가해진 손상이 보통 더 심각하다. (B) 더는 이름, 주소, 친척, 그리고 폭넓은 범위의 친구들이 있는 한 사회의 구성원이 아닌, 그들은 '망명자'가 되었다. 그들은 자기 자신을 잃어갈까 봐 두렵다. 그래서, 자신의 정체감을 유지하기 위해, 난민들은 '고국'에서의 추억에 매달린다. (A) 예를 들면, 어떤 사람들은 옛 직장의 유니폼 같은, 더 이상 유용하지 않은 옷을 가지고 다닌다. 때때로 그들은 마치 자신이 누구였는지를 스스로 상기시키려는 것처럼 그 옷을 입어본다.

구문해설

3행 Some, for example, carry clothes with them [that are no longer practical], ... ▸ [ ]는 선행사 clothes를 수식하는 주격 관계대명사절이다.

11행 The damage [done to the body] may seem significant, but the damage [done to the mind] is often more severe. ▸ 두 개의 [ ]는 각각 the damage를 수식하는 과거분사구이다.

문제해설

난민들이 한창 전쟁 중에 어쩔 수 없이 힘든 여정의 위험을 받아들인다는 내용의 주어진 글 다음에, 난민들에게는 여정의 힘듦보다 조국을 잃는 것에 대한 정신적 고통이 더 크다는 내용의 (C)가 가장 먼저 이어지고, 그들은 더 이상 한 사회의 구성원이 아닌 '망명자'가 되어 자신을 잃을까 봐 두려워한다는 내용의 (B)가 이어진 후, 정체감을 유지하기 위한 난민들의 노력의 예시를 보여주는 (A)로 이어지는 것이 가장 자연스럽다.

6 ④

최근의 한 연구는 많은 기술적 장치와 시스템이 특정 작업을 수행하기 위해서뿐만 아니라 제대로 작동하고 있다고 사용자를 안심시키기 위해 설계되었음을 보여주었다. (C) 이것의 한 예는 일부 인터넷 음성 통화 앱이 가짜 잡음을 특별히 포함하는 방식이다. 이 잡음은 실제로 통화하는 사람들을 편안하게 하도록 돕는데, 완전한 무소음 연결은 어떤 사람들로 하여금 통화가 끊어졌다고 생각하게 만들 수 있기 때문이다. 그러나 이러한 기능이 디지털 시대에 (생긴) 새로운 것은 아니다. (A) 1960년대에 1ESS(전자 교환 방식) 전화 시스템이 도입되었을 때, 때때로 통화가 제대로 연결되지 않곤 했다. 이런 일이 발생하면, 그 시스템은 그 통화를 완전히 다른 사람에게 보내어, 발신자가 자신이 잘못된 번호로 전화를 걸었다고 생각하게끔 하곤 했다. (B) 기술적인 결함을 몰랐기에, 그들은 단순히 전화를 끊고 다시 통화를 시도하곤 했다. 이것이 기만적으로 보일 수 있지만, 그것은 사용자의 불만을 막고 새로운 기술의 유효성에 대한 대중의 신뢰를 유지하는 데 도움이 되었다.

구문해설

6행 ..., the system **would** send the call to a completely different person, [leading the caller to believe {that they *had dialed* the wrong number}]. ▸ would는 '…하곤 했다'라는 의미로, 과거의 반복된 행동을 나타내는 조동사이다. [ ]는 결과를 나타내는 분사구문이다. { }는 believe의 목적어로 쓰인 명사절이며, had dialed는 주절의 과거시제보다 더 이전 시점에 일어난 일을 나타내는 과거완료시제이다.

8행 [(Being) Unaware of the technical failure], they would simply hang up and try calling again. ▸ [ ]는 이유를 나타내는 분사구문으로, Being이 생략된 형태이다.

문제해설

많은 기술적 장치와 시스템이 제대로 작동하고 있다고 사용자를 안심시켜주기 위해 설계된다는 주어진 글 다음에, 가짜 잡음을 포함하는 인터넷 음성 통화 앱을 예시로 언급하며 이러한 기능이 새로운 것이 아니라는 (C)가 가장 먼저 이어지고, 1960년대에 1ESS 전화 시스템이 처음 도입되었을 때 통화가 제대로 연결되지 않으면 아예 그 통화를 완전히 다른 사람에게

보내도록 설계되었다는 (A)가 이어진 후, 이것이 사용자의 불만을 막고 기술에 대한 신뢰를 유지하는 데 도움이 되었다는 (B)로 이어지는 것이 가장 자연스럽다.

 GRAMMAR⁺

ⓐ ▸ 「not only A but also B」는 'A뿐만 아니라 B도'라는 의미의 상관접속사로, A와 B는 문법적으로 대등해야 한다. not only 뒤에 to부정사가 쓰였으므로, reassured를 to reassure로 고쳐야 한다.

REVIEW TEST
p. 46

Ⓐ

1 because of **2** to react **3** deep **4** knowing
5 have existed **6** preserve

Ⓑ

1 O **2** leading → lead **3** which → where[that]
4 allow → allows **5** O **6** to maintain → maintain

 PART 03

01 빈칸 추론하기

기출예제
pp. 48~49

1 ③ **2** ①

1 ③

청소년기에 우리 중 많은 사람들은 훌륭한 책이나 작가에 빠져드는 경험을 했다. 우리는 책의 새로운 발상에 매료되었으며, 영향을 주는 것에 매우 열려있었기 때문에 이러한 초기의 흥미로운 발상과의 만남은 우리 마음속에 깊이 침투하여 우리의 사고 과정의 일부가 되었고 우리가 그것을 흡수한 수십 년 후에도 우리에게 영향을 끼쳤다. 그러한 영향은 우리의 내적 조망을 풍요롭게 하였는데, 사실 우리의 지능은 더 나이가 많고 현명한 사람들의 교훈과 생각을 흡수하는 능력에 달려있다. 그러나 나이가 들면서 신체가 굳어지듯이, 마음도 그러하다. 그리고 우리의 약함과 취약성이 학습 욕구를 자극했던 것처럼, 우리에게 서서히 다가오는 우월감도 새로운 발상과 영향에 대해 천천히 마음을 닫게 만든다. 어떤 사람들은 현대 세계에서 우리 모두가 더 회의적이게 된다고 주장할지 모르지만, 사실 훨씬 더 큰 위험은 우리가 나이가 들수록 개인으로서 우리에게 부담을 주고, 전반적으로는 우리 문화에 부담을 주는 것처럼 보이는 <u>마음의 점진적인 폐쇄</u>에서 온다.

구문해설

6행 Such influences enriched our mental landscape, and in fact our intelligence depends on the ability [to

20

absorb the lessons and ideas of those {who are older and wiser}]. ▶ [ ]는 the ability를 수식하는 형용사적 용법의 to부정사구이다. { }는 선행사 those를 수식하는 주격 관계대명사절이다.

9행 And **just as** our sense of weakness and vulnerability motivated the desire *to learn*, **so** does
                                                                      V
our creeping sense of superiority slowly close us off
              S
to new ideas and influences. ▶ 「just as ... so」는 '…인 것과 (꼭) 마찬가지로'라는 의미로, so 뒤의 주어와 동사가 도치되었다. to learn은 the desire를 수식하는 형용사적 용법의 to부정사이다.

12행 ..., but in fact a far greater danger comes from the increasing closing of the mind [that **burdens** us *as* individuals *as* we get older, and **seems** to be burdening our culture in general]. ▶ [ ]는 선행사 the increasing closing of the mind를 수식하는 주격 관계대명사절로, 동사 burdens와 seems가 접속사 and로 병렬 연결되어 있다. 첫 번째 as는 '…로(서)'라는 의미의 전치사이며, 두 번째 as는 '…할수록'이라는 의미의 접속사이다.

어휘
adolescence 청소년기 sway 흔들림; *지배, 영향 novel 소설; *새로운, 신기한 encounter 만남, 조우 decade 10년간 absorb 흡수하다 enrich 풍요롭게 하다 landscape 풍경; *전망, 조망 tighten 꽉 죄다; *굳게 하다 vulnerability 취약성 creeping 서서히 다가오는 superiority 우월(성) (↔ inferiority 열등함) advocate 지지하다; *주장하다 skeptical 회의적인 burden 부담[짐]을 지우다 [문제] obsession 강박 상태 misconception 오해 self-destructive 자기 파괴적인

2 ①
꿀벌 군집의 입구는 흔히 '댄스 플로어'라고 불리는데, 군집의 상태와 벌집 외부 환경에 관한 정보를 교환하는 시장과 같은 곳이다. 댄스 플로어에서 벌어지는 상호 작용을 연구하는 것은 지엽적인 정보에 대응하여 자신의 행동을 바꾸는 개체들이 어떻게 군집이 노동력을 조절하게 하는지 분명히 보여주는 다수의 예들을 우리에게 제공한다. 예를 들어, 물을 모은 꿀벌들은 벌집으로 돌아오자마자 자신의 물을 벌집 안으로 넘겨주기 위해 물을 받을 벌을 찾는다. 만약 이 (물을 받을 벌을) 찾는 시간이 짧으면, 돌아온 벌은 수원(水源)으로 데려갈 다른 벌들을 모집하기 위해 8자 춤을 출 가능성이 더 크다. 반대로, 이 찾는 시간이 길면 그 벌은 물을 가지러 가는 것을 포기할 가능성이 더 높다. 물을 받는 벌들은 자신을 위해 혹은 다른 벌이나 애벌레에게 넘겨주기 위해 필요할 때만 물을 받기 때문에, 이 전달 시간은 집단 전체의 물 수요와 상관관계가 있다. 따라서 물을 넘겨주는 시간에 대한 개별 물 조달자의 반응이 군집의 수요에 맞춰서 물 수집(량)을 조절한다.

구문해설
3행 [Studying interactions on the dancefloor] **provides** us with a number of illustrative examples of [how individuals {changing their own behavior in response to local information} *allow* the colony *to*

regulate its workforce]. ▶ 동명사구인 첫 번째 [ ]가 문장의 주어이므로 단수동사 provides가 쓰였다. 두 번째 [ ]는 전치사 of의 목적어로 쓰인 의문사절로, 「의문사+주어+동사」의 어순을 따른다. { }는 individuals를 수식하는 현재분사구이다. 「allow A to-v」는 'A가 …하게 해주다'라는 의미이다.

11행 [Since receiver bees will only accept water if they require it, **either** for themselves **or** to pass on to other bees and brood], ... ▶ [ ]는 이유를 나타내는 부사절이다. 「either A or B」는 'A 또는 B'라는 의미이다.

어휘
colony 군집, 집단 refer to A as B A를 B라고 언급[지칭]하다 illustrative 예증이 되는, 분명히 보여주는 unload 넘겨주다, (짐을) 내리다 waggle dance 8자 춤(벌이 방향과 거리를 동료에게 알리는 동작) conversely 반대로 pass on 넘겨주다[전달하다] overall 전체의 regulate 규제하다; *조절하다 [문제] measure 측정하다 workload 작업량 respective 각자의, 각각의 acquire 습득하다

적용독해   pp. 50~53

1 ② **2** ① **3** ⑤ **4** ④ **5** ① **6** ②

1 ②
누구든지 간에 집단에 포함되는 것은 기분 좋은 일이다. 아무도 소외되기를 원하지 않는다. 포함된다는 것은 어떤 사람이 이런저런 이유로 집단의 기준에 맞지 않는 다른 사람들보다 선호된다는 것을 의미한다. 사실, 성취감을 주는 삶은 다른 사람들에 의해 받아들여지고 그들의 사회적 활동에 포함되는 것에 달려있다고 주장할 수도 있다. 이러한 수용은 한 사람의 자질, 생각, 신념, 그리고 간단히 말해서 그 사람의 존재 전체가 타인의 공동체에게 인정받았다는 것을 보여준다. 다른 사람들이 당신이 누구인지에 대한 본질을 인정하고 받아들일 때, 그것은 평화와 개인적인 성취감을 제공한다. 광고주들은 사람들이 그들의 제품을 구매하게 하려는 수단으로 어떤 집단에의 소속감을 판매하려고 노력한다. 그들은 어떤 제품을 소유하는 것이 당신을 더 사회적으로 수용될 수 있는 사람으로 만들어 그 결과 더 성취감을 주는 삶으로 이끌어줄 것이라고 당신이 믿기를 원한다.

구문해설
2행 [Being included] **means** that a person is preferred over other people {who, for one reason or another, do not meet the standards of the group}. ▶ 동명사구인 [ ]가 문장의 주어이므로 단수동사 means가 쓰였다. { }는 선행사 other people을 수식하는 주격 관계대명사절이다.

8행 ... as a means [to **get** people **to purchase** their products]. ▶ [ ]는 a means를 수식하는 형용사적 용법의 to부정사구이다. 「get A to-v」는 'A가 …하게 하다'라는 의미이다.

문제해설
타인에게 인정받고 집단에 소속되는 것이 사람들을 기분 좋게 해준다는 내용의 글로, 빈칸에는 ② '어떤 집단에의 소속감을 판매하다'가 들어가는 것

이 가장 적절하다.
① 대중의 의견을 반박하다
③ 소비자들의 다양한 요구를 수용하다
④ 그들 기업의 자선 활동을 홍보하다
⑤ 자신들의 브랜드를 개성과 연결시키다

2 ①

살충제가 농작물에 해를 입히는 곤충을 죽이는 데 사용될 때, 그것은 전체 개체군에 동일한 영향을 주지 않는다. 살충제는 그것에 들어있는 특정 독소에 유전적으로 저항할 수 없는 개체만 죽인다. 이것이 보통 개체군의 대다수인 반면에, 그 독소를 분해할 수 있는 소수의 개체는 상당한 선택적 이익을 갖게 될 것이다. 살충제의 사용에도 불구하고, 그들은 살아남아서 자신의 DNA를 다음 곤충 세대에 전할 가능성이 훨씬 더 높아지게 될 것이다. 결과적으로, 이 세대는 살충제에 더 잘 견디게 될 것이다. 만약 살충제가 반복해서 사용되면, 이 저항성은 그 어떤 곤충에도 효과가 거의 없을 때까지 점점 더 커져서, 살충제 제조사가 훨씬 더 치명적인 독소가 들어있는 신제품을 개발하게 할 것이다.

구문해설

2행 It kills only individuals [that are genetically unable to resist the specific toxins {(which/that) it contains}]. ▸ 두 개의 it은 앞 문장의 a pesticide를 가리키는 대명사이다. [ ]는 선행사 individuals를 수식하는 주격 관계대명사절이다. { }는 선행사 the specific toxins를 수식하는 목적격 관계대명사절로, 목적격 관계대명사가 생략되었다.

7행 ..., this resistance will grow and grow until it has little effect on any of the insects, [leading the pesticide manufacturer to develop new products {that contain even deadlier toxins}]. ▸ [ ]는 결과를 나타내는 분사구문이다. { }는 선행사 new products를 수식하는 주격 관계대명사절이다.

문제해설

살충제를 뿌리면 대다수의 해충은 죽지만 저항성을 가지고 있는 소수의 해충은 살아남아 자신들의 DNA를 다음 세대에 전하게 되어, 결국 그들의 저항성이 점점 더 커질 것이라는 내용이다. 따라서, 빈칸에는 ① '상당한 선택적 이익을 갖게 될 것이다'가 들어가는 것이 가장 적절하다.
② 먹고 살 다른 농작물을 찾아낼 수 있을 것이다
③ 포식자로부터의 위협을 용케 피할지도 모른다
④ 살충제 없는 지역으로 이동할 수 있을 것이다
⑤ 살충제를 더 효과적으로 만드는 데 사용될 수 있을 것이다

3 ⑤

1930년대에, 높은 비행기 사고 수는 많은 사람들로 하여금 항공 여행을 두려워하게 만들었다. 항공사 경영진들은 상업 비행에 큰 잠재력이 있다는 것을 알고 있었다. 그러나, 많은 사람들은 단지 그것을 시도하기에는 너무 위험한 것으로 여겼다. 경영진들은 상업 비행이 더 안전하게 만들어질 필요가 있음을 알고 있었다. 1944년에, 경쟁 항공사의 경영진들은 항공 여행에 대한 공동 규칙을 제정하기 위해 시카고에서 만났다. 그들은 Annex 13이라는 조항이 있는 계약서에 서명했다. 그것은 모든 항공기

사건 및 사고가 적절히 조사되도록 보장한다. 이러한 조사를 통해, 위험한 사건의 원인이 되는 요소들이 확인될 수 있다. 그리고 나서 그것들이 다시는 발생하지 않도록 권고가 이루어질 수 있다. Annex 13이 만들어진 이후, 상업용 여객기와 연루된 모든 사고가 조사되어 왔다. 이것은 전 세계적으로 더 나은 안전 절차의 채택으로 이어졌다. 의심의 여지 없이 시카고 조약의 협력은 대성공이었다. 사람들이 공동의 목표를 공유할 때 얼마나 함께 잘 일할 수 있는지는 놀라운 것이다.

구문해설

3행 However, many people simply considered it *too dangerous to try*. ▸ it은 앞 문장의 commercial flight를 가리킨다. 「too+형용사/부사+to-v」는 '~하기에 너무 …한/하게, 너무 … 해서 ~할 수 없는'이라는 의미이다.

7행 Through these investigations, factors [that contribute to dangerous events] can be identified. ▸ [ ]는 선행사 factors를 수식하는 주격 관계대명사절이다.

문제해설

상업 비행을 안전하게 만들겠다는 공동의 목표를 위해서 항공사 경영진들이 협력하여 안전 수칙을 만들어낸 사례를 소개한 내용으로 보아, 빈칸에는 ⑤ '사람들이 공동의 목표를 공유할 때 얼마나 함께 잘 일할 수 있는지'가 들어가는 것이 가장 적절하다.
① 대중이 얼마나 빠르게 더 안전한 환경을 만들어낼 수 있는지
② 경쟁자들을 함께 일하게 하는 것이 얼마나 어려울 수 있는지
③ 사람들이 자신의 목표를 성취하는 데 얼마나 오래 걸리는지
④ 우리가 공동의 도전에 직면했을 때 얼마나 빨리 우리의 의견이 바뀌는지

✪ 서술형

(A) scared ▸ 동사 made의 목적격 보어 자리로 형용사 scared가 되어야 한다.
(B) has been ▸ '…이래[이후]로'라는 의미의 전치사 since와 함께 쓰였으므로, 계속을 나타내는 현재완료시제 has been이 되어야 한다.

4 ④

'피자가 오븐 안에 있다'라는 문장은 공간적 관계를 표현한다. '회의가 오후에 있다'는 시간적 관계를 표현한다. '모든 까치는 새다'라는 문장에서 나타나는 관계는 범주의 관계이다. 범주 관계는 분류학의 토대인데, 분류학은 그것들을 계층적으로 제시한다. 골든 리트리버는 (일종의) 개이다. 개는 (일종의) 포유류이다. 포유류는 (일종의) 동물이다. 이러한 관계에서의 용어들은 동등하지 않은데, '골든 리트리버'라는 범주는 '개'라는 범주와 동등하지 않다. 오히려, '개'라는 범주는 골든 리트리버를 포함한다. 언어학자들은 이러한 서로 다른 용어들을 하의어와 상의어로 지칭한다. 하의어는 관계에서 더 구체적인 용어이지만, 상의어는 더 일반적인 용어이다. '장미'는 '꽃'의 하의어인데, 왜냐하면 '장미'가 가리키는 것들이 '꽃'이 가리키는 것들 중에 포함되기 때문이다.

구문해설

2행 The relationship [expressed in the sentence "Every magpie is a bird"] is one of category. ▸ [ ]는 The relationship을 수식하는 과거분사구이다.

3행 The category relationship is the foundation of

taxonomy, [which presents them hierarchically]: ....
▶ [ ]는 선행사 taxonomy를 부연 설명하는 계속적 용법의 주격 관계대명사절이다.

10행 "Rose" is a hyponym of "flower" because the things [that "rose" refers to] are included among the things [that "flower" refers to]. ▶ 두 개의 [ ]는 각각 선행사 the things를 수식하는 목적격 관계대명사절이다.

문제해설
언어의 범주 관계는 상의어와 하의어를 사용해 계층적으로 나타낼 수 있는데, 상의어의 범주는 하의어의 범주를 포함한다는 내용의 글이다. 따라서, '장미'의 범주가 '꽃'의 범주 안에 있음을 추론할 수 있으므로, 빈칸에 들어갈 말로 가장 적절한 것은 ④ "꽃'이 가리키는 것들 중에 포함된다'이다.
① 다른 대부분의 꽃들보다 더 흔하다
② '꽃'이 가리키는 것들과 동일하다
③ '꽃'의 의미보다 더 넓은 범위를 지닌다
⑤ '꽃'이 가리키는 것들보다 수가 적다

5 ①

우리 문화와 사회에서 우리가 돈을 지불하는 대부분의 제품과 서비스는 그 자체를 넘어서는 어떤 것을 나타내게 되는데, 하지만, 그것들이 상징하는 것이 때로는 매우 바람직하지 않게 여겨질 수 있다. 소비자들이 특정 제품을 구매하기로 선택한 이유가 있는 것과 마찬가지로, 그들은 특정 제품을 구매하지 않기로 선택한 이유도 있다. 이는 우리가 되고 싶거나 그렇게 보이기를 열망하는 이상적인 자아뿐만 아니라, 되고 싶지 않거나 연관되고 싶지 않은 '탐탁지 않은 자아'도 가지고 있기 때문이다. 연구는 이 견해를 뒷받침하는데, 연구들은 사람들이 다양한 제품을 '나'인 것 또는 '내가 아닌' 것으로 분류하는 경향이 있음을 보여준다. 소비자들은 또한 특정 제품의 브랜드가 상징하는 가치에 대한 반감을 표현하기 위해 그 제품을 피하는 것으로 관찰되었다. 사람들은 때로는 심지어 자신이 잊고 지나왔다고 생각하는 정체성을 나타내는 소유물을 버림으로써 '오래되고 구식인' 형태의 자신이라고 여겨지는 것과 거리를 두려고 노력한다.

구문해설
5행 That is because we have **not only** an ideal self [that we aspire to be and to be seen as], **but** an "undesired self" [that we do not want to become or be associated with]. ▶「not only A but (also) B」는 'A뿐만 아니라 B도'라는 의미이다. 두 개의 [ ]는 각각 선행사 an ideal self와 선행사 an undesired self를 수식하는 목적격 관계대명사절이다.

6행 Research has supported this idea **with** studies **demonstrating** [that people tend to label various products as being "me" or "not me]." ▶「with+(대)명사 +v-ing」는 '…가 ~하면서[한 채로]'라는 의미로, studies와 동사가 능동 관계이므로 현재분사가 쓰였다. [ ]는 demonstrating의 목적어로 쓰인 명사절이다.

10행 People sometimes even try to distance themselves from [what they consider to be "old and outdated" versions of themselves] by throwing out possessions [that represent an identity {(which/

that) they consider themselves to have moved on from}]. ▶ 첫 번째 [ ]는 선행사를 포함하는 관계대명사 what이 이끄는 명사절로, 전치사 from의 목적어로 쓰였다. 두 번째 [ ]는 선행사 possessions를 수식하는 주격 관계대명사절이다. { }는 an identity를 수식하는 목적격 관계대명사절로, 목적격 관계대명사가 생략되었다.

문제해설
우리는 이상적인 자아를 드러내게 해줄 것이라 생각하는 상품은 구매하지만, 반대로 되고 싶지 않거나 연관되고 싶지 않은 모습을 드러내는 상품은 피하게 된다는 내용의 글이다. 잊고 지나온 자신의 과거 정체성을 나타내는 소유물을 버려 마음에 들지 않는 과거의 자신과 거리를 둔다고 했으므로, 빈칸에는 ① '오래되고 구식인'이 들어가는 것이 가장 적절하다.
② 창의적이고 지적인
③ 열등하고 비도덕적인
④ 본능적이고 감정적인
⑤ 고급스럽고 유행을 따르는

6 ②

우리가 결정을 내릴 때 무언가에 대한 완전한 지식을 갖고 있는 경우는 거의 없다. 우리는 할 수 있는 한 많은 사실들을 수집하지만, 그것들을 처리하는 시간과 우리의 능력에 의해 제약을 받는다. 따라서, 우리가 내리는 거의 모든 결정은 부분적인 무지에 기반하고 있다. 그러나 우리가 결정을 내려야 할 때 불완전한 지식이 우리를 방해하게 해서는 안 된다. 거의 모든 경우에, 제한된 정보를 바탕으로 결정을 내리는 것이 아예 결정을 내리지 않는 것보다 낫다. '어떤 결정이든 결정하지 않는 것보다는 낫다'라는 말이 극단적으로 들릴지 모르지만, 이는 선택을 하는 것의 중요성을 강조한다. 당신이 만약 벼랑 끝을 향해 차로 달리고 있다면 왼쪽이나 오른쪽으로 방향을 틀어야 하는데, 당신이 어떤 방향을 선택하는지는 방향을 바꿀 필요에 비해서는 중요하지 않다. 당신의 감정과 직감을 고려하는 것을 두려워하지 마라. 대부분의 상황에는 불확실성이 있기 때문에, 우리의 결정의 대부분은 궁극적으로 우리의 직관에 의해 어느 정도 영향을 받게 마련이다.

구문해설
3행 Therefore, nearly every decision [that we make] is based on partial ignorance. ▶ [ ]는 선행사 nearly every decision을 수식하는 목적격 관계대명사절이다.

5행 In almost every case, [making a decision based on limited information] **is** better than not making *one* at all. ▶ 동명사구인 [ ]가 문장의 주어이므로 단수동사 is가 쓰였다. one은 a decision을 나타내는 부정대명사이다.

문제해설
가능한 한 많은 사실을 수집하더라도 그것들을 처리하기에는 시간과 능력이 부족하기에 우리는 불완전한 지식과 제한된 정보에 기대어 결정을 내릴 수밖에 없고, 대부분의 상황은 불확실하므로 우리가 내리는 결정은 어느 정도의 직감이나 직관에 영향을 받을 수밖에 없다는 내용의 글이다. 따라서, 빈칸에는 ② '부분적인 무지'가 들어가는 것이 가장 적절하다.
① 분명한 이유
③ 비논리적인 설명

④ 일련의 우연

⑤ 완전한 자료 분석

GRAMMAR⁺

ⓓ ▶ 의문사절 주어(which direction you choose)는 단수 취급하므로, are를 is로 고쳐야 한다.

02 함축 의미 추론하기

기출예제　　　　　　　　pp. 54~55

1 ④　**2** ⑤

1 ④

당신이 주의를 집중하는 방식은 당신이 스트레스에 대처하는 방식에 중요한 역할을 한다. 분산된 주의는 스트레스를 해소하는 능력을 손상시키는데, 왜냐하면 당신의 주의가 분산되더라도 당신은 자신의 경험 중 스트레스가 많은 부분에만 집착할 수 있어서 그것이 지엽적으로 집중되기 때문이다. 당신의 주의의 초점이 넓어지면, 당신은 스트레스를 더 쉽게 해소할 수 있다. 당신은 어떤 상황의 더 많은 측면을 균형 잡힌 시각으로 바라보며, 피상적이고 불안을 유발하는 주의 수준에 당신을 옭아매는 한 부분에 갇히지 않을 수 있다. 초점이 좁으면 각 경험의 스트레스 수준이 높아지지만, 초점이 넓으면 당신은 각 상황을 더 넓은 시각으로 더 잘 볼 수 있기 때문에 스트레스 수준이 낮아진다. 걱정을 유발하는 하나의 작은 일은 더 큰 그림(일)보다 덜 중요하다. 그것은 당신 자신을 눌어붙지 않는 프라이팬으로 변모시키는 것과 같다. 당신은 여전히 계란을 부칠 수 있지만, 계란이 팬에 들러붙지 않을 것이다.

구문해설

3행　...., it is narrowly focused, **for** you are able to fixate only on the stressful parts of your experience. ▶ for는 이유를 나타내는 접속사이다.

6행　You can **put in perspective** many more aspects of any situation and (can) not get locked into one part [that ties you down to superficial and anxiety-provoking levels of attention]. ▶ 「put ... in perspective」는 '…을 균형있게[올바르게] 바라보다'라는 의미이며, put의 목적어가 길어 in perspective 뒤에 위치하였다. [ ]는 선행사 one part를 수식하는 주격 관계대명사절이다.

어휘

critical 비판적인; *대단히 중요한　scatter 분산시키다, 흩어지게 만들다　let go of …을 해소하다[놓아주다]　fixate on …에 집착하다　attentional spotlight 주의의 초점[집중]　aspect 측면　tie down 옭아매다　superficial 피상[표면]적인　transform 변형시키다　nonstick (요리 중에) 눌어붙지 않는　stick to …에 들러붙다　[문제] confront 직면하다　identify 확인하다[알아보다]　confine 한정하다, 제한하다

2 ⑤

수 세기에 걸쳐 여러 작가와 사상가들은 외부의 관점에서 인간을 바라보며 사회생활의 연극적 특성과 마주해 왔다. 이것을 표현하는 가장 유명한 인용문은 셰익스피어에게서 나온다: '모든 세상은 연극 무대이고, 모든 인간은 단지 배우일 뿐이다; 그들에게는 퇴장과 입장이 있고, 한 인간은 일생 동안 많은 역할을 연기한다.' 연극과 배우들이 전통적으로 가면의 이미지에 의해 표현되었다면, 셰익스피어와 같은 작가들은 우리 모두가 끊임없이 가면을 쓰고 있다는 것을 암시하고 있는 것이다. 어떤 사람들은 다른 사람보다 더 나은 배우이다. 연극 「오셀로」 속 이아고와 같은 사악한 유형은 자신의 적대적인 의도를 친근한 미소 뒤에 숨길 수 있다. 다른 사람들은 더 많은 자신감과 허세를 가지고 연기할 수 있는데, 그들은 흔히 지도자가 된다. 훌륭한 연기력을 가지고 있는 사람들은 우리의 복잡한 사회적 환경을 더 잘 이끌며 앞서갈 수 있다.

구문해설

3행　The most famous quote [expressing this] comes from Shakespeare: .... ▶ [ ]는 The most famous quote를 수식하는 현재분사구이다.

어휘

theatrical 연극의　quote 인용문[구]　merely 한낱, 단지　represent 대표[대신]하다; *나타내다, 상징하다　imply 암시[시사]하다　evil 사악한, 악랄한　conceal 감추다, 숨기다　hostile 적대적인　intention 의사, 의도　navigate 항해하다; *이끌다, 인도하다　complex 복잡한　[문제] external 외부의　show off …을 자랑하다　adjust 조정[조절]하다

적용독해

　　　　　　　　　　　　　　pp. 56~59

1 ⑤　**2** ②　**3** ③　**4** ④　**5** ④　**6** ④

1 ⑤

공감이 우리의 일상생활에 미치는 영향은 인지하기 쉽다. 그것은 우리가 좋은 소설에 몰두하거나 새로운 TV 드라마에 푹 빠지는 것을 좋아하는 이유이다. 재미있다는 것 외에도, 그것들의 이야기들은 우리에게 등장인물들이 겪고 있는 것을 느낄 기회를 제공한다. 우리는 그들의 상황에 처해있다고 상상하며 우리 자신이 그들과 함께 웃거나 울고 있는 것을 발견한다. 공감은 또한 우리의 개인적인 관계에서도 중요한 역할을 한다. 친구와 사랑하는 사람들의 힘든 일에 그저 말만 앞세우는 쿼터백을 맡는 것과는 대조적으로, 그들의 경험에 공감함으로써 우리는 그들을 더 잘 이해하고 더 의미 있는 힘을 보탤 수 있다. 이것은 그들에게 도움이 될 뿐만 아니라 우리에게도 유익하다. 연구들은 공감하는 것이 의사소통 능력을 향상시키고 스트레스 수준을 낮추는 것과 같은 여러 가지 긍정적인 효과를 미칠 수 있다는 것을 보여주었다.

구문해설

1행　The influence [that empathy has on our daily lives] is easy **to recognize.** ▶ [ ]는 선행사 The influence를 수식하는 목적격 관계대명사절이다. to recognize는 형용사인 easy를 수식하여 '…하기에'라는 정도의 의미를 나타내는 부사적 용법의 to부

정사이다.

1행 It's the reason [(why/that) we love to be immersed in a good novel or get hooked on a new TV drama]. ▸ It은 앞 문장의 empathy를 가리킨다. [ ]는 선행사 the reason을 수식하는 관계부사절로, 관계부사가 생략되었다.

3행 ..., their stories provide opportunities *for us* **to feel** [what the characters are going through]. ▸ to feel 은 opportunities를 수식하는 형용사적 용법의 to부정사이고, for us는 to feel의 의미상 주어이다. [ ]는 선행사를 포함하는 관계대명사 what이 이끄는 명사절로, feel의 목적어로 쓰였다.

8행 **Not only** *is this* helpful for them, **but** it's **also** beneficial for us. ▸「not only A but also B」는 'A뿐만 아니라 B도'라는 의미로, 부정어구인 Not only가 문두에 와서 주어와 동사가 도치되었다.

<u>문제해설</u>
공감하는 것이 우리에게 미치는 긍정적인 영향에 대한 글로, as opposed to로 미루어 보아 밑줄 친 부분은 공감하는 것과 대조되는 행동을 의미한다는 것을 추론할 수 있다. 따라서, 밑줄 친 부분이 의미하는 바로 가장 적절한 것은 ⑤ '상황을 감정적으로 이해하지 않고 조언을 하는 것' 이다.
① 다른 사람들의 스트레스를 없애기 위해 노력하는 것
② 문제가 저절로 해결되기를 기다리지 않는 것
③ 다른 사람들과 감정에 관한 깊은 대화를 나누는 것
④ 어떤 종류의 상황에서도 지시를 따르지 못하는 것

2 ②

미국 역사상 가장 위대한 대통령 중 한 명인 에이브러햄 링컨은 활동적이고 유능한 것으로 알려져 있었다. 성공을 이루는 것에 대한 그의 철학은 항상 도끼를 가는 것이었다. 그는 유명하게는 "내게 나무를 베어 넘길 6시간을 달라, 그러면 나는 첫 4시간을 도끼를 가는 데 쓸 것이다."라고 말했다. 이것이 효과적인 전략임에도 불구하고, 대부분의 사람들은 그것을 사용하지 않는다. 대신에, 그들은 가장 빠른 도구와 방법만을 사용하여 즉시 과업을 시작하는 경향이 있다. 그러나 보통 그것은 일을 완수하는 최선의 방법이 아니다. 과업을 시작하기 전에, 그것을 완성할 다양한 방법들을 조사하는 시간을 가져라. 다른 사람들은 어떻게 일을 하는지에 주의를 기울이고, 당신 자신의 것과 다른 방법들을 찾아라. 그 일에 가장 효과적인 도구를 찾는 것 또한 중요하다. 준비할 시간을 더 많이 가짐으로써, 당신은 당신 업무의 질과 능률을 향상시킬 수 있다.

<u>구문해설</u>
1행 **Abraham Lincoln**, [one of the greatest presidents in American history], was known for being energetic and efficient. ▸ [ ]는 Abraham Lincoln과 동격이며, 문장의 주어와 동사 사이에 삽입되었다.

6행 But that isn't usually the best way [to **get** things done]. ▸ [ ]는 the best way를 수식하는 형용사적 용법의 to부정사구이다. get의 목적어와 목적격 보어가 수동 관계이므로 과거분사인 done이 쓰였다.

<u>문제해설</u>
미국의 전 대통령 에이브러햄 링컨의 말을 통해, 일을 성공적으로 완수하기 위해서는 최적의 도구와 방법을 먼저 생각해 본 후에 과업에 임해야 한다는 내용의 글이다. 따라서, 밑줄 친 부분이 의미하는 바로 가장 적절한 것은 ② '시작하기 전에 과업에 알맞은 도구와 방법을 찾다'이다.
① 당신이 생각해 낼 수 있는 첫 번째 방법을 사용하는 것에 집중하다
③ 당신이 사용하는 도구들이 충분히 비용 효율이 높은지 확인하다
④ 다양한 과업을 끝마치기 위한 가능한 한 많은 방법을 생각해 내다
⑤ 다른 사람들에 의해 가장 흔히 사용되는 관습적인 방법을 따르다

3 ③

사회의 존속은 사리사욕과 집단을 위해 최선인 것 사이에 적절한 균형을 유지하는 데 달려있다. 개인으로서 사람들은 자기 자신을 위해 다른 사람들이 가진 것을 빼앗고 싶어 할지도 모르지만, 공동체는 사람들이 서로의 것을 훔치지 않을 때 형편이 더 나아질 것이다. 우리가 정부의 혜택을 무료로 받을 수 있다면 우리 자신에게는 좋겠지만, 이러한 혜택은 모두가 정당한 몫의 세금을 지불할 때만 존재한다. 국제 정치에서도 마찬가지이다. 개별 국가들은 그들이 원하는 것은 무엇이든 하고 싶어 할지 모르지만, 모두의 이익을 위해 조약과 국제 협약이 존재한다. 요컨대, 사회는 언제나 개인의 행동에 제약이 있을 때 이득을 본다. 우리는 그러한 제약이 우리에게 적용되지 않기를 바랄지도 모르지만, 우리가 다른 모든 이와 동일한 규칙에 따라 행동하기로 동의하는 것이 사회의 일원이 되는 기본 조건이다. 이러한 이유로 대부분의 사람들은 <u>집단의 이익을 위해 행동하는 것이 우리의 사리사욕에 부합한다</u>는 것을 인정한다.

<u>구문해설</u>
1행 The existence of society depends on [maintaining a proper balance **between** self-interest **and** what is best for the group]. ▸ [ ]는 전치사 on의 목적어로 쓰인 동명사구이다.「between A and B」는 'A와 B 사이에'라는 의미이다.

9행 **We** might **wish** that those restrictions **did not apply** to us, but [*our* agreeing to play by the same rules as everyone else] is a fundamental condition of our membership in society. ▸「주어+wish+가정법 과거」는 '...라면 좋을 텐데'라는 의미로, 주절의 시제와 같은 시점의 일을 나타낸다. 여기에서는 주절이 현재시제이므로 현재 사실과 반대되거나 실현 가능성이 희박한 일에 대한 소망을 나타낸다. [ ]는 주어로 쓰인 동명사구이며, our는 동명사 agreeing의 의미상 주어이다.

<u>문제해설</u>
사회는 개인의 이익과 집단의 이익 간 균형이 이루어질 때 존속될 수 있으며, 개인이나 개별 국가는 자신이 원하는 대로 하고 싶을 수도 있지만 다른 이들과 동일하게 행동에 제약이 적용되도록 동의해야 결국 모두가 이득을 볼 수 있다는 내용의 글이다. 따라서, 밑줄 친 부분이 의미하는 바로 가장 적절한 것은 ③ '모두의 이익을 위해 협력하는 것이 각 개인의 삶을 향상시킨다'이다.
① 사회의 목적은 개인 간의 갈등을 해결하는 것이다
② 지나친 개인주의는 개인의 잠재력을 심각하게 제한한다
④ 사회적 합의가 너무 복잡하면 공동체는 지속될 수 없다
⑤ 개인 간의 경쟁은 집단을 위한 최선의 결과를 도출한다

(A) what ▸ 관계사절 앞에 선행사가 없으므로, 선행사를 포함하는 관계대명사 what이 되어야 한다.
(B) is ▸ 동명사구(our agreeing ... everyone else)가 주어이므로, 단수동사 is가 되어야 한다.

4 ④

대부분의 사람은 아마도 사용한 식용유를 항공 여행과 연관 짓지 않을 것이다. 그러나 연구원들은 항공 여행의 탄소 발자국을 줄이려는 노력의 일환으로 이와 같은 물질에 의지하고 있다. 실제로 유럽의 한 회사는 최근 전적으로 SAF, 즉 지속 가능한 항공 연료로만 작동되는 하나의 엔진이 장착된 점보제트기를 운항했다. SAF는 일반적으로 화석 연료보다 전체 탄소 발자국이 더 적은 연료를 말한다. 물론, 제트 엔진에 동력을 공급하기 위해서는 SAF가 연소되어야 하므로, 이것도 여전히 이산화탄소를 대기로 방출한다. 그러나 SAF를 지지하는 사람들은 전체 탄소 발자국이 80퍼센트만큼 줄어들 수 있음을 시사해 왔다. 작물을 기반으로 한 바이오 연료의 경우, 이는 제품의 전체 수명 주기에 걸쳐 달성되는데, 작물이 자라면서 대기에서 탄소를 제거하기 때문이다. 이러한 유망한 발견에도 불구하고 극복되어야 하는 많은 과제가 있으며, 비평가들은 SAF가 꼭 게임 체인저가 되지는 않을 수도 있다고 한다.

구문해설

3행 In fact, a corporation in Europe recently flew a jumbo jet with one engine [powered entirely by **SAF**, or {sustainable aviation fuel}]. ▸ [ ]는 one engine을 수식하는 과거분사구이다. SAF와 { }는 동격이다.
10행 ..., there are many challenges [that must be overcome], and critics have suggested [that SAF might not necessarily be a game changer]. ▸ 첫 번째 [ ]는 선행사 challenges를 수식하는 주격 관계대명사절이다. 두 번째 [ ]는 suggested의 목적어로 쓰인 명사절이다.

문제해설

SAF의 장점과 한계점을 서술한 글로, SAF가 화석 연료에 비해 탄소 배출량이 더 적기는 하지만 항공 연료가 환경에 미치는 영향을 근본적으로 개선할 정도의 게임 체인저는 아닐 수도 있다는 내용이다. 따라서, 밑줄 친 부분이 의미하는 바로 가장 적절한 것은 ④ '탄소 배출을 줄이는 주요한 발전'이다.
① 항공기의 속도를 높이기 위한 전략
② 경제 위기 극복을 위한 도구
③ 바이오 연료의 비용을 낮추기 위한 해결책
⑤ 지구 온난화의 영향을 악화시키는 기술

5 ④

정보 기술은 현대 사업체들의 효율을 크게 높이면서 놀라운 속도로 진보해 왔다. 그러나 정보 기술은 정말로 초과 수하물을 수반한다. 그것을 매일 이용하기 위해서, 회사들은 많은 하드웨어와 에너지를 필요로 하는데, 이 두 가지는 모두 많은 비용이 든다. 무게가 3그램 미만인 32메가바이트짜리 마이크로칩 한 개를 생산하는 데 거의 1.7킬로그램의 재료와 수

천 가지의 잠재적으로 위험성이 있는 화학 물질이 필요하다. 그리고 그 한 개의 마이크로칩이 사용되면, 그것은 그것의 수명에 걸쳐 2킬로그램이 넘는 가치의 화석 연료를 계속 소모하게 된다. 하나하나 생각하면 이는 많은 것처럼 보이지 않는다. 그러나 마이크로칩은 점점 더 많은 제품에 사용되고 있으며, 전산화된 기술에 대한 수요는 둔화될 조짐이 보이지 않는다.

구문해설

1행 Information technology has advanced at an incredible rate, [greatly increasing the efficiency of modern businesses]. ▸ [ ]는 동시동작을 나타내는 분사구문이다.
3행 **In order to use** it on a daily basis, companies require a lot of hardware and energy, [both of which are costly]. ▸ 「in order to-v」는 '…하기 위해서'라는 의미이다. [ ]는 선행사 a lot of hardware and energy를 부연 설명하는 계속적 용법의 관계대명사절이다.
4행 [Producing a single 32 megabyte microchip {that weighs less than 3 grams}] **requires** approximately 1.7 kilograms of material .... ▸ 동명사구인 [ ]가 문장의 주어이므로 단수동사 requires가 쓰였다. { }는 선행사 a single 32 megabyte microchip을 수식하는 주격 관계대명사절이다.

문제해설

현대 사회에서 매일 정보 기술을 이용하기 위해서는 엄청난 양의 하드웨어와 에너지가 필요하다는 내용의 글로, 마이크로칩 하나를 생산하고 사용하는 데 많은 비용이 든다는 것을 예시로 들고 있다. 따라서, 밑줄 친 부분이 의미하는 바로 가장 적절한 것은 ④ '정보 기술은 생산하고 사용하는 데 많은 자원을 필요로 한다'이다.
① 훈련받은 전문가에 대한 수요가 서서히 증가하고 있다
② 정보 기술은 경제 성장에 큰 영향을 미쳐왔다
③ 정보 기술은 환경 문제를 해결할 잠재력을 가지고 있다
⑤ 정보 기술의 생산 과정은 더 엄격한 규정을 택하고 있다

6 ④

사람들은 자신들이 주변 환경의 산물이라고 생각하지만, 사실은 그 반대이다. 사람들의 환경은 대체로 그들의 결정과 그들이 스스로 만들어낸 상황에 의해 형성된다. 그러므로, 인생에 소극적이기보다는 적극적으로 접근하는 것이 중요하다. 행복을 추구하는 것이 당신을 성공으로 이끌어줄 가능성이 성공이 당신에게 행복을 가져다줄 가능성보다 더 크다. 그러므로 인생이 당신이 가는 길에 보내는 폭풍우가 당신을 좌지우지하고 당신의 길을 결정하도록 용납하지 마라. 대신에, 당신이 지닌 어떤 문제나 갈등에도 직접적으로 맞서고 그것들을 해결할 수 있는 방법을 찾음으로써 폭풍우가 휘몰아치는 날씨에서 벗어날 당신만의 길을 찾아라. 당신의 문제들을 처리함으로써, 당신은 주변의 더 평화롭고 좋은 환경에 기여하게 될 것이다. 만약 당신이 그것들을 해결되지 않은 상태로 남아있게 한다면, 당신은 차갑고 비참한 폭풍우 속에서 방황하게 될 것이다. 기억하라, '이것'이 '저것'을 만들어낸다는 것을, 반대로가 아니라.

구문해설

4행 **It** is more likely [that seeking happiness will lead you to success] than **it** is (likely) [that success will bring happiness to you]. ▸ 첫 번째 가주어 It의 진주어는 첫 번째 [ ]이고, 두 번째 가주어 it의 진주어는 두 번째 [ ]이다. 반복을 피하기 위해 두 번째 it is 뒤의 내용이 생략되었다.

5행 So don't **allow** the storms [that life sends your way] **to push** you around and **(to) decide** your path. ▸ 「allow A to-v」는 '…가 ~하게 하다'라는 의미로, allow의 목적격 보어로 쓰인 to push와 (to) decide가 접속사 and로 병렬 연결되어 있다. [ ]는 선행사 the storms를 수식하는 목적격 관계대명사절이다.

7행 ... by **facing** any problems or conflicts [(which/ that) you have] directly and **looking for** ways [to solve them]. ▸ 전치사 by의 목적어로 쓰인 동명사 facing과 looking for가 접속사 and로 병렬 연결되어 있다. 첫 번째 [ ]는 선행사 any problems or conflicts를 수식하는 목적격 관계대명사절로, 목적격 관계대명사가 생략되었다. 두 번째 [ ]는 ways를 수식하는 형용사적 용법의 to부정사구이다.

문제해설
사람은 주변 환경의 산물이 아니라 스스로 환경을 만들어내는 존재이므로, 적극적인 자세로 자신의 길을 찾고 문제에 맞서야 한다는 내용의 글이다. 따라서, 밑줄 친 부분이 의미하는 바로 가장 적절한 것은 ④ '당신이 하는 선택들이 당신을 둘러싼 환경을 만든다'이다.
① 당신이 이루는 성공이 당신의 삶에 행복을 가져온다
② 당신이 하는 선택들이 해결되어야 하는 문제들을 일으킨다
③ 당신 삶 속의 환경이 성공의 기회를 만든다
⑤ 당신 삶의 해결되지 않은 갈등들이 당신에게 그 이상의 문제들을 야기한다

GRAMMAR ⁺
ⓓ ▸ 앞에 나온 복수명사 any problems or conflicts를 가리키는 대명사이므로, it을 them으로 고쳐야 한다.

03 요약문 완성하기

기출예제

pp. 60~61

1 ② 2 ①

1 ②

역사 소설을 위한 조사는 문서화되지 않은 평범한 사람들, 사건들, 또는 장소들에 초점을 둘 수 있다. 소설은 역사적 맥락을 재현하는 일상적인 상황, 감정, 그리고 분위기를 묘사하는 데 도움이 된다. 역사 소설은 '역사학자들이 알아낼 수 있는 뼈대에 살을 더하고 그렇게 함으로써 반드시 사실은 아니지만 과거의 사건, 상황, 그리고 문화에 대한 더 명백한 암시를 보여주는 설명을 제공한다'. 소설은 과거의 부분들을 지어내는 만큼 과거에 색채, 소리, 드라마를 더한다. 그리고 Robert Rosenstone은 지어내는 것이 영화의 약점이 아니라 강점이라고 주장한다. 소설은 사료

의 부족으로 전혀 드러나지 않았던 과거의 일부를 사용자들이 볼 수 있게 해준다. 실제로, Gilden Seavey는 역사 소설 제작자들이 엄격한 학술적 기준을 고수했다면, 많은 역사적 주제는 적절한 증거의 부족으로 탐구되지 않은 채 남아있을 것이라고 설명한다. 그러므로, 역사 소설은 전문적인 역사와 반대되는 것이 아니라, 되려 대중 역사가들과 대중적인 관객들이 모두 배울 수 있는 과거에 대한 도전적인 표현으로 여겨져야 한다.
→ 역사 소설은 불충분한 증거를 사용하여 과거를 재구성하지만, 그것은 매력적인 설명을 제공하여 역사적 사건에 대한 사람들의 이해를 풍부하게 할 수 있다.

구문해설
3행 Historical fiction **adds** "flesh to the bare bones [that historians are able to uncover] and by doing so **provides** an account [that {while not (being) necessarily true} provides a clearer indication of past events, circumstances and cultures]." ▸ 동사 adds와 provides가 접속사 and로 병렬 연결되어 있다. 첫 번째 [ ]는 선행사 the bare bones를 수식하는 목적격 관계대명사절이다. 두 번째 [ ]는 선행사 an account를 수식하는 주격 관계대명사절이다. { }는 being이 생략된 분사구문으로, 의미를 명확히 하기 위해 접속사를 생략하지 않은 형태이다.

9행 Fiction can allow users to see parts of the past [that **have never**—for lack of archives—**been represented**]. ▸ [ ]는 선행사 parts of the past를 수식하는 주격 관계대명사절이다. have never been represented는 경험을 나타내는 현재완료시제이다.

어휘
fiction 소설, 허구의 창작물 under-documented 문서로 덜 기록된 portray 묘사하다 flesh 살, 고기 uncover 밝히다, (비밀을) 알아내다 account 설명 indication 표시, 징후 circumstance 상황 archive 역사 자료, 기록 보관소 unexplored 탐구되지 않은 inviting 유혹[매력]적인, 솔깃한 [문제] insignificant 중요치 않은, 사소한 insufficient 불충분한 enrich 풍요롭게 하다

2 ①

2006년, 연구자들은 미국에 대한 9·11 테러 공격 이후 (남을) 돕는 동기에 대한 연구를 수행했다. 그 연구에서, 그들은 타인 중심적인 동기(다른 사람의 고통을 줄이기 위해 주는 것) 때문에 금전, 혈액, 물품 또는 다른 형태의 지원을 제공한 사람들이 원래 동기가 개인(자신)의 고통을 줄이는 것이었던 사람들보다 1년 후에도 여전히 지원을 하고 있을 가능성이 거의 네 배 더 높다는 것을 발견했다. 이 결과는 아마도 정서적 자극의 차이에서 비롯된 것 같다. 9·11 사건은 미국 전역의 사람들에게 감정적으로 영향을 미쳤다. 자기 자신의 고통을 줄이기 위해 베푼 사람들은 초기의 기부를 통해 감정적 자극을 줄여 감정적 고통을 해소하였다. 하지만, 타인의 고통을 줄이기 위해 베푼 사람들은 공격 이후에도 오랫동안 계속해서 고군분투하는 피해자들에 공감하는 것을 멈추지 않았다.
→ 한 연구는 타인 중심적인 동기보다는 자기 중심적인 동기에 의해 하게 될 때 베푸는 행위가 지속될 가능성이 낮은데, 이는 아마도 감정적 자극

27

의 감소 때문이라는 것을 발견했다.

구문해설

2행 In the study, they found [that individuals {who gave money, blood, goods, or other forms of assistance because of other-focused motives (giving to reduce another's discomfort)} were almost four times more likely to still be giving support one year later than those {whose original motivation was to reduce personal distress}]. ▸ [ ]는 found의 목적어로 쓰인 명사절이다. 첫 번째 { }는 선행사 individuals를 수식하는 주격 관계대명사절이고, 두 번째 { }는 선행사 those를 수식하는 소유격 관계대명사절이다.

9행 Those [who gave **to reduce** their own distress] reduced their emotional arousal with their initial gift, [discharging that emotional distress]. ▸ 첫 번째 [ ]는 선행사 Those를 수식하는 주격 관계대명사절이다. to reduce는 목적을 나타내는 부사적 용법의 to부정사이다. 두 번째 [ ]는 결과를 나타내는 분사구문이다.

어휘

assistance 도움, 원조 discomfort 불편, 고통 stem from …에서 비롯되다 affect 영향을 미치다 initial 초기의 discharge (짐을) 내리다; *배출하다, 배설하다 empathize 공감하다 victim 피해자[희생자] self-centered 자기 중심의 [문제] maximization 극대화

적용독해

pp. 62~65

1 ④ **2** ② **3** ⑤ **4** ②

1 ④

사회 심리학자들은 개인이 다른 사람을 돕는 것에 대해 얼마나 강하게 책임감을 느끼는지를 시험하기 위해 한 실험을 마련했다. 그 실험에서, 사람들은 분리된 방에 배치되었지만 서로 의사소통을 할 수 있도록 마이크와 이어폰을 제공받았다. 이것은 그들이 서로의 목소리는 들을 수 있지만 서로 볼 수는 없게 했다. 그러고는 간질 발작 소리를 흉내 낸 녹음 파일이 재생되었고, 참가자들은 다른 사람들 중 한 명이 발작을 겪고 있다고 믿게 되었다. 어떤 경우에는, 개인들은 자신이 그 소리를 듣고 있는 유일한 사람이라고 생각하게 되었다. 다른 경우에는, 그들은 다른 사람들도 역시 그 소리를 들을 수 있다고 생각하게 되었다. 그 연구는 자신이 그 소리를 듣는 유일한 사람이라고 생각한 참가자들이 다른 사람들도 그 소리를 들을 수 있다고 생각한 참가자들보다 도와주러 자신의 방에서 나갈 가능성이 훨씬 더 크다는 것을 보여주었다. 게다가, 듣고 있다고 생각되는 사람들의 수가 늘어날수록 개인의 책임감은 그에 따라 줄어들었다.
→ 한 실험은 <u>긴급한</u> 상황에 직면할 때, 그 상황을 알고 있는 사람의 수가 늘어남에 따라 개인의 책임감이 <u>감소한</u>다는 것을 보여주었다.

구문해설

5행 Next, a recording [that imitated the sounds of an epileptic seizure] was played, and participants were led to believe [that one of the others was suffering the seizure]. ▸ 첫 번째 [ ]는 선행사 a recording을 수식하는 주격 관계대명사절이다. 두 번째 [ ]는 believe의 목적어로 쓰인 명사절이다.

7행 In some cases, individuals **were made to think** that he or she was the only person [hearing the sounds]. ▸ 사역동사 make의 수동태이므로 목적격 보어인 동사원형 think가 to부정사로 바뀌었다. [ ]는 the only person을 수식하는 현재분사구이다.

9행 The study showed [that participants {who believed that they were the only person to hear the sounds} were much more likely to leave their room **to help** than *those* {who believed that others could also hear it}]. ▸ [ ]는 showed의 목적어로 쓰인 명사절이다. 첫 번째 { }는 선행사 participants를 수식하는 주격 관계대명사절이다. to help는 목적을 나타내는 부사적 용법의 to부정사이다. 두 번째 { }는 선행사 those를 수식하는 주격 관계대명사절이며, those는 앞서 나온 participants를 가리킨다.

11행 Moreover, **as** the number of people [who were believed to be listening] increased, the feeling of individual responsibility lessened accordingly. ▸ as는 '…할수록'이라는 의미의 접속사이다. [ ]는 선행사 people을 수식하는 주격 관계대명사절이다.

문제해설

한 실험에서 각각 분리된 방에 있는 참가자들에게 간질 발작 소리를 흉내 낸 녹음 파일을 들려주었는데, 참가자가 자신 외에 다른 사람들도 그 소리를 듣고 있다고 생각했을 때보다 자신이 그 소리를 듣고 있는 유일한 사람이라고 생각했을 때 돕기 위해 방에서 나올 가능성이 더 컸다는 내용이다.

2 ②

동물들의 고통을 최소화하는 인도적인 처우와 공정을 내세우는 고기 포장재를 보는 일은 흔하다. 소비자들은 고기가 얻어지는 방식에 대해 도덕적으로 관심이 있기 때문에 이러한 라벨에 끌린다. 하지만, 한 연구는 그러한 라벨을 사용하는 데 또 다른 이유가 있음을 시사한다. 한 실험에서, 연구원들은 참가자들에게 서로 다른 방식으로 제시된 동일한 고기 표본을 주었다. 하나는 '인도적으로 사육된'이라는 라벨이 붙어있었고, 다른 하나는 공장에서 나온 것이라고 알려졌다. 놀랍게도, 전자가 후자보다 맛이 더 좋은 것으로 평가되었다. 참가자들은 심지어 냄새와 겉보기 면에서도 인도적(으로 사육되었다는) 라벨이 붙은 고기가 공장(에서 나온 것이라는) 라벨이 붙은 표본보다 더 뛰어나다고 평가했다. 이러한 결과들은 소비자들이 제품의 품질을 인식하는 방식에 단순히 제품의 성분보다 훨씬 더 많은 것들이 있음을 보여준다.
→ 한 연구는 동물들이 사육된 방식과 관련된 <u>정보</u>가 육류 제품의 품질에 대한 소비자들의 인식에 <u>영향을 미칠</u> 수 있다는 것을 보여주었다.

구문해설

1행 **It** is common [to see meat packaging {that boasts of humane treatment and processess <that minimize the suffering of the animals>}]. ▸ It은 가주어

이고 [ ]가 진주어이다. { }는 선행사 meat packaging을 수식하는 주격 관계대명사절이다. 〈 〉는 선행사 humane treatment and processes를 수식하는 주격 관계대명사절이다.

5행 ..., researchers <u>gave</u> <u>participants</u> <u>identical meat</u>
V O₁ O₂
<u>samples</u> [presented in different ways]. ▸ [ ]는 identical meat samples를 수식하는 과거분사구이다.

9행 These results show [that there is **a lot** more to {how consumers perceive a product's quality} than simply its ingredients]. ▸ [ ]는 show의 목적어로 쓰인 명사절이다. a lot, far, much, even 등은 비교급 앞에 쓰여 비교급을 강조한다. { }는 전치사 to의 목적어로 쓰인 관계부사절이다.

문제해설
소비자들은 고기가 얻어지는 방식에 대해 도덕적으로 관심이 있기 때문에 인도적 처우와 공정을 내세우는 포장재와 라벨을 선호하며, 이러한 정보가 육류 제품의 품질에 대한 소비자의 인식에도 영향을 미친다는 내용이다.

⊛ 서술형
동물들의 고통을 최소화하는 인도적 처우와 공정을 내세우는 고기 포장재

3 ⑤

비슷한 식단을 가진 두 사람은, 그들의 다른 활동들도 비슷하다 하더라도, 매우 다른 신체적 외모를 가질지도 모른다. Yale 대학교의 연구원들은 이것에 대한 이유를 발견했을지도 모른다. 그 과학자들은 쥐들의 위장 신호 체계의 차이를 발견했다. 실제로, 쥐들이 배부를 때 위장에서 신호를 보내는 세기는 쥐마다 각기 달랐다. 어떤 경우에는 그 신호가 분명치 않았는데, 이는 쥐들이 배가 부른 후에도 계속 먹게 했다. 이러한 유형의 행동은 결국 비만으로 이어지며, 이는 인간의 비만이 단순히 개인의 선택 이상의 것과 관련되어 있을지도 모른다는 것을 시사한다. Tamas Horvath 교수는 위장과 두뇌 간 연결의 타고난 특성이 특정 사람들로 하여금 그들이 먹어야 하는 것보다 더 많이 먹게 하는지도 모른다고 주장한다.
→ 한 연구에 따르면, 어떤 사람들은 그들의 위에서 뇌로 보내지는 신호가 평균보다 더 약하기 때문에 과식하기 더 쉬울지도 모른다.

구문해설
2행 Researchers at Yale University **may have found** the reason for this. ▸「may have p.p.」는 '···했을지도 모른다'라는 의미로, 과거 사실에 대한 불확실한 추측을 나타낸다.

4행 Indeed, <u>the intensity</u> [with which the rats'
S
stomachs sent signals when they were full] <u>varied</u>
V
from rat to rat. ▸ [ ]는 선행사 the intensity를 수식하는 목적격 관계대명사절이다.

5행 In some cases, the signal was dull—this **caused** the rats **to** *continue* to eat even after they were full. ▸「cause A to-v」는 'A가 ···하게 하다'라는 의미이다. continue는 to부정사와 동명사 둘 다를 목적어로 쓰는 동사이다.

문제해설
쥐의 위장 신호 측정 연구를 통해, 배가 부를 때 위에서 뇌로 보내지는 신호가

세지 않은 사람이 과식을 하게 될 수 있고 이것이 비만으로 이어질 수 있음을 발견했다는 내용이다.

4 ②

1951년에, 한 사회 심리학자가 50명의 대학생들에게 소위 '시력 테스트'라고 불리는 것에 참여하도록 요청한 실험을 실시했다. 상정된 검사에서, 실험 참가자들은 카드에 있는 선들을 보고 어떤 선이 다른 것보다 길이가 더 긴지를 선택하도록 요청받았다. 그런데 '실험 참가자들' 중 일부는 사실은 때때로 의도적으로 틀린 답을 선택하도록 요청받은 배우들이었다. 12번의 실험 후, 실제 실험 참가자의 거의 3분의 1이 그 배우들이 의도적으로 틀린 답을 선택했을 때 잘못된 대다수에 동의했다. 대조적으로, 실험의 통제 집단에는 배우가 없었는데, 실험 참가자 중 1퍼센트 미만이 틀린 답을 선택했다. 이 실험은 집단에 순응하는 사람들의 경향을 보여주었고, 그것은 왜 개인이 사회적 환경에 있을 때 '어울리기' 위해 때로는 자신의 행동이나 이전에 가지고 있던 의견을 바꾸는지 설명하는 데 도움이 된다.
→ 한 사회 심리학자에 의해 수행된 실험에 따르면 개인은 집단 환경에서 다수의 잘못된 판단을 채택하는 경향이 있으며, 이는 사회적 압박이 행동에 미치는 영향을 보여준다.

구문해설
1행 In 1951, a social psychologist conducted an experiment [in which 50 college students were invited to participate in what was called a "vision test."] ▸ [ ]는 선행사 an experiment를 수식하는 목적격 관계대명사절이다.

4행 However, some of the "participants" were actually actors [who **had been asked** to occasionally select the wrong answer on purpose]. ▸ [ ]는 선행사 actors를 수식하는 주격 관계대명사절이다. had been asked는 주절의 과거시제보다 더 이전 시점에 일어난 일을 나타내는 과거완료시제이다.

8행 ..., less than 1 percent of the participants in the experiment's control group, [which did not have any actors], ever selected the wrong answer. ▸ [ ]는 선행사 the experiment's control group을 부연 설명하는 계속적 용법의 주격 관계대명사절로, 문장의 주어와 동사 사이에 삽입되었다.

문제해설
실험을 통해 집단 내 대다수가 내린 판단이 틀린 것일지라도 그 선택을 따르려는 심리적 경향성이 있음을 확인하였고, 집단의 사회적 압박이 개인의 의견이나 행동을 바꾸게 하기도 한다는 내용이다.

GRAMMAR➕
ⓒ ▸ 주절에 동사가 없으므로 동사의 과거형인 agreed가 되어야 한다.

기출예제　　　　　　　　　　　　　　pp. 66~67

1 ①　**2** ①

---

1 ①

오늘 예정되어 있던 Midtown으로의 당일치기 여행은 그곳으로 향하는 도로가 폭설로 막히는 바람에 취소되었다. "나한테 운이 따라주지 않았어. Midtown 관광이 내가 이 여행을 신청한 이유였는데 …" Nancy는 긴 한숨을 내쉬며 혼잣말을 했다. 그녀는 그녀가 즐기지 못하게 된 온갖 흥미로운 명소들에 대해 생각하고 있었다. 갑자기 문을 두드리는 소리가 났다. "새로운 소식입니다! 우리는 호텔 근처에 있는 Pland 동물원에 갈 겁니다. 곧 로비에서 만나죠." 그것은 그녀의 여행 가이드의 목소리였다. 그녀는 소파에서 벌떡 일어나 서둘러 코트를 입기 시작했다. "Pland 동물원! 그곳은 내 버킷 리스트에 있는 거야! 이제 운이 트이네!"라고 Nancy가 소리쳤다.

구문해설

1행 The day trip to Midtown [scheduled for today] was canceled because the road [leading there] was blocked by heavy snow. ▸ 첫 번째 [ ]는 The day trip to Midtown을 수식하는 과거분사구이다. 두 번째 [ ]는 the road를 수식하는 현재분사구이다.

4행 She was thinking of all the interesting sights [(that) she wouldn't be able to enjoy]. ▸ [ ]는 선행사 all the interesting sights를 수식하는 목적격 관계대명사절로, 목적격 관계대명사가 생략되었다.

어휘

day trip 당일치기 여행　cancel 취소하다　block (길 등을) 막다　sightseeing 관광　sigh 한숨을 쉬다; *한숨　spring off …에서 벌떡 일어나다　fortune 운[행운]

2 ①

David은 밴쿠버에서 새로운 일을 시작하게 되었고, 그는 자신이 탈 버스를 기다리고 있었다. 그는 자신의 손목시계와 버스가 올 방향을 계속해서 번갈아 보았다. 그는 '내 버스가 아직도 오지 않다니. 나는 첫날 지각할 수는 없어.'라고 생각했다. David은 마음을 놓을 수 없었다. 그가 다시 고개를 들었을 때, 자기 직장으로 바로 가는 다른 버스가 오고 있는 것을 보았다. 버스는 그의 앞에 멈춰서 문을 열었다. 그는 '휴! 운이 좋게 이 버스가 제시간에 와서 늦지 않을 수 있겠어.'라고 생각하며 버스에 탔다. 그는 버스의 빈 좌석에 뒤로 기대어 심호흡을 했고, 마침내 긴장을 풀 수 있었다.

구문해설

2행 He kept looking back and forth between his watch and the direction [(that/which) the bus would come from]. ▸ [ ]는 선행사 the direction을 수식하는 목적격 관

계대명사절로, 목적격 관계대명사가 생략되었다.

8행 He leaned back on an unoccupied seat in the bus and took a deep breath, [finally (being) able to relax.] ▸ [ ]는 being이 생략된 형태의 분사구문으로, 결과를 나타낸다.

어휘

feel at ease 마음을 놓다, 안도하다　lean (몸을) 숙이다; *기대다　unoccupied 빈, 비어 있는　[문제] thrilled 몹시 흥분한, 신이 난

적용독해　　　　　　　　　　　　　pp. 68~71

1 ③　**2** ②　**3** ①　**4** ④　**5** ③　**6** ④

---

1 ③

내 남동생 James가 "여기 선물들이 있다!"라고 소리쳤을 때, 나는 한창 꿈을 꾸고 있었다. 기쁨으로 가득 차서, 나는 침대에서 뛰쳐나와 아래층으로 급히 내려갔다. 나는 여동생 Lisa에게 "난 이날을 아주 오랫동안 기다려왔어."라고 말했다. 우리는 함께 James가 벌써 자신의 첫 번째 선물을 뜯어보고 있는 크리스마스트리 쪽으로 서둘러 갔다. 그 상자는 맨 위에 화려한 리본이 있었고 반짝거리는 빨간색과 초록색의 종이로 멋지게 포장되어 있었다. 트리 아래에는 수십 개의 다른 선물들이 개봉되기를 기다리고 있었다. "얘들아, 메리 크리스마스!"라고 부모님께서 말씀하셨다. 나는 상자들을 하나하나씩 확인하기 시작했다. James와 Lisa를 위한 선물은 많았지만, 내 것은 아무것도 없었다. 내 형제자매가 자랑스럽게 자신들의 선물을 보여주는 동안, 나는 부모님을 올려다보았다. 내 눈에 눈물이 고이기 시작했다.

구문해설

2행 [(Being) Filled with joy], I jumped out of bed and rushed downstairs. ▸ [ ]는 Being이 생략된 형태의 분사구문으로, 이유를 나타낸다.

3행 Together we dashed toward the Christmas tree [where James was already opening his first gift]. ▸ [ ]는 선행사 the Christmas tree를 수식하는 관계부사절이다.

4행 The box was beautifully wrapped in sparkling red and green paper **with** an elaborate bow **on top**. ▸ 「with+(대)명사+전치사구」는 '…가 ~한 채로'라는 의미이다.

문제해설

필자는 크리스마스 선물이 있다는 소식에 들떴지만, 동생들의 선물은 많은데 자신의 선물은 하나도 없는 것을 보고 실망했을 것이다.

2 ②

겨울이고, 남동생과 나는 썰매를 가지고 언덕 꼭대기에 서 있다. 우리가 볼 수 있는 멀리까지 모든 것이 눈으로 덮여있다. 나는 썰매 위에 올라타고, 내 동생은 내 뒤에 앉고, 우리는 언덕을 미끄러져 내려가기 시작한다. 눈이 얼음으로 덮여있어서, 우리는 갑자기 엄청난 속도로 움직이고 있다. 나무들이 빠르게 지나가고, 나는 썰매를 거의 제어할 수 없다. 내 동생이 내 귀에 대고 비명을 지르는 것이 들리고, 곧 나도 비명을 지르고 있다.

언덕 아래에 벽돌로 된 담이 있는데, 나는 우리가 제때 멈출 수 있을지 모르겠다. 우리 둘 다 발을 끌기 시작하며 속도를 줄이려 애쓴다. 마침내, 썰매가 담에서 몇 미터 떨어진 곳에서 멈춘다. 나는 심호흡을 하고, 내 동생의 손을 나의 허리춤에서 떼어내고, 간신히 일어선다. 집에 갈 시간이다.

구문해설

4행 I **hear** my brother **screaming** in my ear, and soon I'm screaming too. ▸ 지각동사 hear의 목적어와 목적격 보어가 능동 관계이므로, 목적격 보어로 현재분사인 screaming이 쓰였다.

6행 ..., and I'm not sure **if** we'll be able to stop in time. ▸ if는 '…인지 아닌지'라는 의미의 접속사이다.

문제해설

필자는 타고 있던 눈썰매의 속도가 갑자기 빨라져 언덕 아래의 벽돌로 된 담에 가까워지고 있는 것에 겁이 났다가, 담에 부딪히기 직전에 멈추게 되어 안도했을 것이다.

3 ①

Hanna는 그녀의 글라이더가 상쾌한 봄 공기를 가르며 하늘 높이 날 때 아래에서 빛을 받아 일렁거리고 있는 호수를 흘깃 내려다보았다. 그 풍경은 숨이 멎을 듯했고, 그녀는 그 순간 정말 살아있음을 느꼈다. 고개를 저으며, 그녀는 집중해야 한다는 것을 스스로에게 상기시켰다. 착륙은 글라이더로 나는 것의 가장 어려운 부분이었지만, 그녀는 그것을 준비해 왔고 무엇을 할지 알고 있었다. 착륙장에 더 가까이 다가가면서, 그녀는 친구들과 가족이 자신을 향해 미소 지으며, 손을 흔들고 소리치는 것을 볼 수 있었다. 그녀가 부드러운 잔디 위에 사뿐히 착륙하고 글라이더를 세우고 나서, 그들은 그녀의 첫 비행을 축하하며 그녀 주위로 모여들었다. 그녀의 아버지는 그녀가 글라이더에서 내리기를 가까스로 기다려 곧바로 그녀를 포옹으로 감쌌다. "기분이 어떠니?"라고 그가 물었다. Hanna는 그저 활짝 웃으며 "이거 언제 또 할 수 있을까요?"라고 대답했다.

구문해설

3행 [Shaking her head], she **reminded herself** [that she needed to focus]. ▸ 첫 번째 [ ]는 동시동작을 나타내는 분사구문이다. 「remind A B」는 'A에게 B를 상기시키다'라는 의미로, 두 번째 [ ]가 reminded의 직접목적어로 쓰인 명사절이다.

4행 [Drawing closer to the landing field], she could **see** her friends and family **smiling** up at her, **waving** and **shouting**. ▸ [ ]는 동시동작을 나타내는 분사구문이다. 지각동사 see의 목적어와 목적격 보어가 능동 관계이므로 목적격 보어로 현재분사가 쓰였으며, smiling, waving, shouting이 접속사 and로 병렬 연결되어 있다.

문제해설

글라이더를 타고 하늘을 날며 멋진 풍경을 바라본 주인공이 글라이더를 안전하게 착륙시킨 후, 첫 비행을 무사히 마친 데 대해 친구와 가족으로부터 축하와 환호를 받는 사기를 높이고 활기 넘치는 상황이다.

☆ 서술형

(A) herself ▸ 문장의 주어(she)와 목적어가 가리키는 대상이 같으므

로, her를 재귀대명사 herself로 고쳐야 한다.

(B) wrapping ▸ 주어인 Her father과 동사가 능동 관계이므로 wrapped를 현재분사 wrapping으로 고쳐야 한다.

4 ④

어느 날 밤, Eric은 텔레비전을 보다가 문 두드리는 소리를 들었다고 생각했다. 그러나 그가 문을 열었을 때, 그는 그저 몇 개의 마른 나뭇잎만이 찬 바람에 날리고 있는 것을 보았다. 그때, 그의 위쪽에서 두드리는 소리가 울렸다. 다락방이었다! 그는 부엌으로 천천히 이동했는데, 그곳에서 그는 손전등을 집었다. 그의 손이 너무 많이 떨려서 불빛이 그의 앞에서 앞뒤로 움직였다. 그는 계단을 오르기 시작했다. 계단을 오르는 데 한 시간이 걸리는 것 같았다. 이제 그는 다락방의 문을 볼 수 있었고, 그곳에서 소리가 더 많이 나는 것을 들을 수 있었다. 마치 무언가가 빠져나오려고 하는 것처럼 긁는 소리가 났다. 그는 주저했다. 그 순간, 문이 확 열렸다. Eric은 그의 겁먹은 고양이 Calvin이 그를 지나 달려갈 때 뒤로 휙 움직이다 거의 넘어질 뻔했다. "Calvin! 너 저기에 어떻게 들어간 거야?" Eric이 소리쳤다. 그는 한숨을 쉬고 아래층으로 다시 내려갔다.

구문해설

2행 But when he opened it, he **saw** only a few dry leaves **blowing** in the cold breeze. ▸ 지각동사 saw의 목적어와 목적격 보어가 능동 관계이므로, 목적격 보어로 현재분사인 blowing이 쓰였다.

4행 His hand shook **so** much **that** the light jumped back and forth in front of him. ▸ 「so+형용사/부사+that ~」은 '너무 …해서 ~한/하게'라는 의미이다.

문제해설

Eric은 다락방에서 나는 알 수 없는 소리에 겁먹었다가, 그곳에서 자신의 고양이가 나오는 것을 보고 안도했을 것이다.

5 ③

Emma는 자신의 언니 Victoria를 볼 때마다, 순전히 그녀의 밝은 성격 때문에 자랑스러웠다. Emma는 세상의 다른 누구보다 그녀를 더 사랑했다. 그녀는 그들이 함께 노래를 부르며 보냈던 그 모든 멋진 오후들에 대해 생각하는 것을 좋아했다. 이제, 그녀의 언니의 결혼식에서 음악은 딱 제시간에 시작되었고, 모든 사람이 그 자리의 뒤쪽을 쳐다보았다. Emma는 숨이 턱 막혔다. 흰 드레스를 입은 그녀의 언니는 어느 때보다도 더 아름다웠다. Victoria는 우아하게 홀 앞쪽으로 걸어가 Emma를 보고 미소 지었다. 그때, Victoria로서는 매우 놀랍게도, 음악이 바뀌었다. Emma가 앞으로 나와 노래를 부르기 시작했다. 그들이 어린 시절에 가장 좋아했던 노래의 익숙한 가사를 알아들었을 때, Victoria의 눈에 눈물이 났다. Emma 역시 노래를 부르며 그들이 함께 행복했던 모든 시절을 떠올리면서 울기 시작했다.

구문해설

1행 **Every time** Emma looked at her sister Victoria, she *felt proud* simply because of her bright personality. ▸ 「Every time+주어+동사」는 '…가 ~할 때마다'라는 의미이다. 감각동사 felt의 보어로 형용사인 proud가 쓰였다.

2행 She enjoyed thinking of all the lovely afternoons [(that) they had **spent singing** together]. ▶ [ ]는 선행사 all the lovely afternoons를 수식하는 목적격 관계 대명사절로, 목적격 관계대명사가 생략되었다. 「spend+시간+v-ing」는 '…하는 데 (시간)을 보내다'라는 의미이다.

문제해설
Emma는 흰 드레스를 입은 아름다운 언니 앞에서 그들이 어린 시절에 좋아했던 노래를 부르고 그들의 행복했던 시절을 떠올리며 기쁨과 향수를 느꼈을 것이다.

6 ④

스케이트 선수들은 얼음 위에 서서 앞으로 돌진할 준비를 했다. "준비!" 구령이 스케이트장에 울려 퍼졌다. Andre는 몸을 앞으로 숙였고, 그의 심장은 마구 뛰었다. 커다란 '탕!' 소리가 울리자, 선수들은 출발선에서 튀어 나가 트랙을 바삐 돌았다. Andre의 앞에는 세 명의 스케이트 선수들이 있었다. 첫 번째 반환점에서, 그는 바로 앞의 선수를 돌아 쉽게 미끄러져 나가 3위를 차지했다. 두 바퀴가 더 지나갔고, 그는 앞으로 밀고 나가려고 했지만 매번 그의 경쟁자들에 의해 저지당했다. 시간이 빠르게 지나갔고, 결승선이 가까워지고 있었다. 그의 모든 노력을 기울여, Andre는 추월하기 위한 마지막 시도를 했다. 그와 동시에, 2위인 스케이트 선수가 안쪽으로 추월하려고 했다. 그(= 2위 선수)가 오판해서 선두를 달리던 선수를 스쳤고, 이는 그 둘 모두를 넘어지게 했다. 이제 그가 가는 길에 아무도 없이, Andre는 로켓처럼 결승선을 가로질러 갔다. 그의 주변에서 관중이 그의 이름을 부르며 환호했다. 그는 얼굴에 함박웃음을 띠며 두 팔을 크게 벌린 채 관중을 올려다보았다.

구문해설
8행 He miscalculated and brushed the leader, [**causing** them both **to fall**]. ▶ [ ]는 결과를 나타내는 분사구문이다. 「cause A to-v」는 'A가 …하게 하다'라는 의미이다.
10행 He looked up at the crowd **with** his arms **open wide**, [wearing a huge smile on his face]. ▶ 「with+(대)명사(구)+형용사구」는 '…가 ~한 채로'라는 의미이다. [ ]는 동시동작을 나타내는 분사구문이다.

문제해설
Andre는 스케이트 경기에 굳은 결심을 하고 임했다가 극적으로 1위를 차지하게 되면서 무척 신이 났을 것이다.

GRAMMAR⁺

ⓐ ▶ 동시동작을 나타내는 분사구문으로, 주절의 주어(Andre)와 분사구문의 의미상 주어(his heart)가 다르기 때문에 의미상 주어가 생략되지 않은 형태이다. 심장이 '두근거리는' 것이므로 현재분사 pounding이 되어야 한다.

05 지칭 추론하기

기출예제 pp. 72~73

1 ④ **2** ⑤

1 ④

언젠가 John이 관리자 Michael의 사무실에 있었을 때, 전화벨이 울렸다. Michael은 즉시 "저 넌더리 나는 전화기는 결코 울리기를 멈추지 않네."라고 고함을 쳤다. 그러고 나서 그는 그 전화를 받고 John이 기다리는 동안 15분간 통화를 했다. 마침내 그가 전화를 끊었을 때, 그는 진이 빠지고 좌절한 것처럼 보였다. 전화벨이 또다시 울리자 그가 사과했다. 그는 나중에 자기가 응대하는 전화의 양 때문에 자신의 업무를 끝내는 데 엄청난 어려움을 겪고 있다고 고백했다. 어느 순간 John은 그에게 "당신이 그냥 전화를 받지 않는 특정 시간대를 갖는 것을 고려해 본 적이 있나요?"라고 물었다. Michael은 어리둥절한 표정으로 그를 바라보면서, "사실은 없어요."라고 말했다. 이 간단한 제안은 Michael이 긴장을 풀도록 도와주었을 뿐만 아니라 더 많은 일을 끝내는 데도 도움을 주었다는 것이 밝혀졌다. 많은 사람들처럼, 그가 방해받지 않는 많은 시간이 필요했던 것은 아니지만, 약간의 시간은 필요했다!

구문해설
6행 He later confessed that he was **having** a great deal of **trouble completing** his tasks because of the volume of calls [(that/which) he was responding to]. ▶ 「have trouble v-ing」는 '…하는 데 어려움이 있다'라는 의미이다. [ ]는 선행사 the volume of calls를 수식하는 목적격 관계대명사절로, 목적격 관계대명사가 생략되었다.
11행 **It** turned out [that this simple suggestion helped Michael *not only* to relax, *but* to get more work done as well]. ▶ It은 가주어이고 [ ]가 진주어이다. 「not only A but (also) B」는 'A뿐만 아니라 B도'라는 의미이다.

어휘
disgusting 역겨운, 넌더리 나는 proceed 진행하다; *계속해서[이어서] …을 하다 engage 약속하다; *(일에) 관계하다 exhausted 진이 빠진, 기진맥진한 confess 고백하다 volume 양, 용량 as a matter of fact 사실은 puzzled 어리둥절해하는 uninterrupted 중단되지 않는, 방해받지 않는

2 ⑤

역대 가장 성공적인 연재 만화 중 하나인 *Dilbert*의 창작자 Scott Adams는 두 통의 개인적인 편지가 자신의 인생을 극적으로 바꿨다고 말한다. 어느 날 밤, 그는 만화 제작에 관한 PBS-TV의 프로그램을 시청하던 중에 만화가가 되는 것에 대한 조언을 구하기 위해 그 쇼의 사회자인 Jack Cassady에게 편지를 쓰기로 결심했다. 매우 놀랍게도, 그는 몇 주 안에 자필 편지의 형태로 Cassady로부터 답변을 들었다. 그 편지는 Adams에게 초기에 거절을 당하더라도 낙심하지 말라고 조언했다. Adams는 영감을 받아 몇 편의 만화를 제출했지만, 그는 금방 거절

당했다. Cassady의 조언을 따르지 않고, 그는 낙심했으며, 도구들을 치워버렸고, 직업으로서의 만화 제작은 잊기로 했다. 약 15개월 후에, 그는 Cassady로부터 또 한 통의 편지를 받고는 놀랐는데, 특히나 그가 원래의 조언에 대해 그에게 감사를 표하지도 않았기 때문이었다. 그는 Cassady의 격려에 따라 다시 행동을 취했고, 이번에는 그것을 고수하여 확실히 크게 성공하였다.

구문해설

9행 [**Not following** Cassady's advice], he *became* discouraged, *put* his materials away, and *decided* to forget cartooning as a career. ▸ [ ]는 동시동작을 나타내는 분사구문으로, 분사 앞에 not을 붙여 부정을 나타낸다. 동사 became, put, decided가 접속사 and로 병렬 연결되어 있다.

11행 About fifteen months later, he was surprised **to receive** yet another letter from Cassady, especially *since* he hadn't thanked him for his original advice. ▸ to receive는 감정의 원인을 나타내는 부사적 용법의 to부정사이다. since는 이유를 나타내는 접속사이다.

어휘

comic strip (신문·잡지의) 연재 만화   dramatically 극적으로   rejection 거절 (*v*. reject 거절하다)   submit 제출하다   material 재료, 물질; *·도구   encouragement 격려[고무]   stick with …의 곁에 머물다; *···을 계속하다   hit it big 크게 성공하다

적용독해

pp. 74~77

1 ④ 2 ③ 3 ⑤ 4 ④ 5 ④ 6 ④

1 ④

Royal Academy의 연례 미술 전시회가 개막을 앞두고 있었고, 예술가들은 모두 자신의 작품에 마무리를 하고 있었다. 그들 중 한 명인 John Constable은 Clarkson Stanfield가 완성하고 있던 풍경화를 보았다. "하늘이 경이로워 보이는군요."라고 그가 Stanfield에게 말했다. 그날 오후에, 그는 그의 친구 Ramsay Reinagle을 만났다. "Stanfield의 풍경화 속 하늘은 진흙처럼 보여."라고 그가 말했다. Reinagle이 그 전시회에 방문했을 때, 그는 그 그림을 자세히 들여다보았다. "하지만 나는 하늘이 마음에 드는데!" 그가 큰 소리로 혼잣말을 했다. 근처를 지나던 Stanfield가 Reinagle의 말을 우연히 듣고 그에게 무슨 뜻이냐고 물었다. "음, Constable은 내게 이 하늘이 진흙처럼 보인다고 말했거든요."라고 Reinagle이 말했다. Stanfield는 그 다음에 Constable에게 다가가서 그가 거짓말을 했다고 비난했다. "당신은 전에 내 그림 속 하늘을 칭찬했지만, Reinagle에게는 그게 진흙처럼 보인다고 말했더군요!" Constable은 "네! 나는 어쩌다 보니 진흙을 좋아하거든요!"라고 답했다.

구문해설

2행 One of them, John Constable, looked at a landscape [that Clarkson Stanfield was finishing]. ▸ [ ]는 선행사 a landscape를 수식하는 목적격 관계대명사절이다.

7행 Stanfield, [passing nearby], overheard Reinagle and asked him [what he meant]. ▸ 첫 번째 [ ]는 동시동작을 나타내는 분사구문이다. 두 번째 [ ]는 asked의 직접목적어로 쓰인 의문사절이다.

문제해설

④는 Reinagle을 가리키고, 나머지는 모두 Constable을 가리킨다.

2 ③

전 세계에서 피클은 가장 인기 있는 발효 식품 중 하나이다. 그것은 샌드위치와 샐러드에서 소스나 곁들임 요리에 이르기까지 모든 것에서 찾아볼 수 있다. 그것은 Pickle Day라 불리는 그것만의 공휴일도 있는데, 그날은 미국에서 11월 14일에 기념된다. 채소는 피클을 만드는 데 있어 주재료이다. 우선, 그것들은 식초나 염수라 불리는 매우 짠 물에 담궈진다. 이로써 발효 과정을 시작하는데, 이것(= 발효 과정)은 유해한 세균을 죽임으로써 그것의 유통 기한을 늘린다. 가장 흔한 피클 종류 중 일부는 오이, 양파 또는 무로 만들어진다. 그것의 정확한 기원은 수수께끼로 남아있긴 하지만, 과학자들은 최초의 피클에 대한 단서들을 발견했다. 어떤 증거는 그것이 인도산 오이를 사용하여 고대 메소포타미아에서 만들어졌음을 시사한다. 하지만, 다른 연구 결과들은 중국을 가리키는데, 그곳에서 그것은 만리장성을 짓는 노동자들을 위한 간식으로 만들어졌다.

구문해설

2행 They even have their own holiday, [called Pickle Day], [which is celebrated on November 14 in the United States]. ▸ 첫 번째 [ ]는 삽입된 과거분사구로, their own holiday를 부연 설명한다. 두 번째 [ ]는 선행사 Pickle Day를 부연 설명하는 계속적 용법의 주격 관계대명사절이다.

10행 However, other findings point to China, [where they were created as a snack for workers {building the Great Wall}]. ▸ [ ]는 선행사 China를 부연 설명하는 계속적 용법의 관계부사절이다. { }는 workers를 수식하는 현재분사구이다.

문제해설

③은 vegetables를 가리키고, 나머지는 모두 pickles를 가리킨다.

3 ⑤

러시아의 생리학자 이반 파블로프는 종소리로 개들의 타액 분비를 촉발함으로써 행동주의 조건화의 첫 번째 사례를 만들어낸 것으로 여겨진다. 오늘날, 일본의 과학자들은 바퀴벌레에 이 반응을 재현하였다. 그들은 페퍼민트와 바닐라 같은 특정 냄새에 그 곤충이 반응하게 하는 것을 해냈다. 이것을 해내기 위해, 그들은 이러한 냄새를 방출한 직후에 바퀴벌레에게 설탕물을 주었다. 그들은 이것을 일정 기간에 걸쳐 반복적으로 한 다음, 바퀴벌레들의 더듬이가 여러 가지 냄새에 노출되었을 때 그것들의 타액 분비 반응을 측정했다. 그들이 알아낸 것은 바퀴벌레가 바닐라와 페퍼민트에 노출되었을 때 타액을 분비하기 시작했다는 것이다. 하지만 다른 냄새가 사용되었을 때는 그것들이 같은 반응을 보이지 않았다. 따라서, 그 연구원들은 파블로프의 개들이 종소리에 반응했던 것처럼, 그 동물들을 이전에는 무관하던 자극들에 생리학적으로 반응하도록 성공적으로 길들였다.

구문해설

5행 They **did** this repeatedly over a period of time and then **measured** the cockroaches' salivation behavior [when their antennae were exposed to various smells]. ▸ 동사 did와 measured가 접속사 and로 병렬 연결되어 있다. [ ]는 시간을 나타내는 부사절이다.

7행 [What they found] was [that the cockroaches began to salivate {when exposed to vanilla and peppermint}]. ▸ 첫 번째 [ ]는 선행사를 포함하는 관계대명사 what이 이끄는 명사절로, 문장의 주어로 쓰였다. 두 번째 [ ]는 주격 보어로 쓰인 명사절이다. { }는 시간을 나타내는 분사구문으로, 의미를 명확히 하기 위해 접속사를 생략하지 않은 형태이다.

9행 Thus, the researchers successfully conditioned the animals to physiologically respond to stimuli [that were previously irrelevant], ... ▸ [ ]는 선행사 stimuli를 수식하는 주격 관계대명사절이다.

문제해설

⑤는 바퀴벌레들을 가리키고, 나머지는 모두 일본의 과학자들을 가리킨다.

☆ **서술형**

바퀴벌레가 페퍼민트와 바닐라 같은 특정 냄새에 반응하게 하는 것

4 ④

발코니에 서서 아래에 교도소 마당을 내려다보다가, Matthew는 그의 아버지의 이름이 불려지는 것을 듣고 깜짝 놀랐다. 그 순간까지 Matthew는 그의 아버지가 아직 살아있다는 것조차 확신하지 못했었다. 죄수복을 입은 한 무리의 남자들이 교도관 주위에 모여있었고, 그는 그들 중 한 명이 응답하여 손을 들어올리는 것을 지켜보았다. Matthew는 발끝으로 서서 그 남자의 얼굴을 확실히 보려 하면서 발코니 난간 너머 밖으로 몸을 굽혔다. 그의 아버지는 일 년도 더 전에 군인들에게 체포됐었고, Matthew는 그의 얼굴의 이목구비를 거의 기억해 낼 수 없었다. 하지만 그 남자가 밝은 곳으로 걸어 나왔을 때, 갑자기 그의 머릿속으로 모든 기억이 돌아왔다. 그건 분명히 그의 아버지였고, 그는 건재했다.

구문해설

1행 [Standing on a balcony and looking down into the prison courtyard below], Matthew was stunned **to hear** his father's name *called out*. ▸ [ ]는 시간을 나타내는 분사구문이다. to hear는 감정의 원인을 나타내는 부사적 용법의 to부정사이다. 지각동사 hear의 목적어와 목적격 보어가 수동 관계이므로, 목적격 보어로 과거분사인 called out이 쓰였다.

5행 Matthew leaned out over the balcony's railing, [**standing** on the tips of his toes and **trying** to get a clear look at the man's face]. ▸ [ ]는 동시동작을 나타내는 분사구문으로, 현재분사 standing과 trying이 접속사 and로 병렬 연결되어 있다.

문제해설

④는 Matthew의 아버지를 가리키고, 나머지는 모두 Matthew를 가리킨다.

5 ④

어느 날, Samuel이라는 한 초등학생이 맬 넥타이를 찾으려고 그의 아버지의 옷장을 살펴보고 있었다. 그는 유행을 따르는 것을 좋아했는데, 상점에서 산 아버지의 넥타이들 중 어떤 것도 충분히 멋져 보이지 않았다. 그때, 그는 그의 삶을 바꾸어놓을 결심을 했다. 그가 자신만의 수제 넥타이를 디자인하기로 한 것이다. 이제 몇 차례의 TV 출연을 하고 프로 스포츠 리그와 계약을 한 뒤, Samuel은 자신의 수제 넥타이를 백만 달러가 넘는 가치를 지닌 사업으로 바꿔놓았다. 그리고 그는 이 모든 것을 학교에서 좋은 성적을 유지하면서 하고 있다! 최근의 어떤 가족 인터뷰에서, Samuel의 아버지는 그가 아들의 창의성을 항상 북돋아 주었고, 매일 수제 넥타이를 자랑스럽게 매고 출근한다고 설명했다. 자신의 미래에 대해 이야기하면서, Samuel은 고등학교를 마친 뒤 영향력 있는 패션 디자이너가 될 생각이라고 말했다.

구문해설

1행 One day, an elementary school student [named Samuel] was looking through his father's closet for a necktie **to wear**. ▸ [ ]는 an elementary school student를 수식하는 과거분사구이다. to wear는 a necktie를 수식하는 형용사적 용법의 to부정사이다.

4행 Now, [after **making** several television appearances and **signing** a deal with a major sports league], Samuel has turned his homemade neckties into a business [worth over one million dollars]. ▸ 첫 번째 [ ]는 시간을 나타내는 분사구문으로, 의미를 명확히 하기 위해 접속사를 생략하지 않은 형태이며, 현재분사 making과 signing이 접속사 and로 병렬 연결되어 있다. 두 번째 [ ]는 a business를 수식하는 형용사구이다.

7행 And he is doing it all [while maintaining good grades in school]! ▸ [ ]는 시간을 나타내는 분사구문으로, 의미를 명확히 하기 위해 접속사를 생략하지 않은 형태이다.

문제해설

④는 Samuel의 아버지를 가리키고, 나머지는 모두 Samuel을 가리킨다.

6 ④

Nathan은 거울 속 자신의 새 무술복을 자랑스럽게 바라보았다. 유명한 강사인 그의 아버지는 마침내 그를 훈련시키기 시작하는 것을 승낙했다. 아버지를 설득하는 것이 쉽지 않았었기 때문에, Nathan은 자신의 역량을 입증해 보이기로 굳게 결심했다. 체육관으로 걸어 들어가면서, 그는 그의 아버지가 곧 그에게 가르쳐줄 모든 동작을 상상하지 않을 수 없었고, 그는 시작하기를 간절히 바랐다. 하지만 Nathan으로서는 놀랍게도, 그의 아버지는 그날도 그 후 며칠간도 그에게 주먹 지르기나 발차기에 관한 어떤 것도 가르쳐주지 않았다. 대신에, 그는 그에게 숨쉬기 운동과 느리고 아주 조심스러운 동작들을 가르쳤다. 불만스러워서, Nathan은 마침내 아버지에게 맞섰다. 그는 "아버지가 저에게 주먹을 날리는 법을 가르쳐주지 않으시면 제가 어떻게 훌륭한 격투가가 될 수 있겠어요?"라고 말했다. 그의 아버지는 그저 웃으며 "무술이란 훌륭한 격투가가 되

는 것에 관한 것이 아니야. 그건 통제력과 싸움을 피하는 법을 배우는 것에 관한 것이란다."라고 말했다.

구문해설

2행 [Convincing his father] hadn't been easy, so Nathan was determined to prove himself. ▸ [ ]는 문장의 주어로 쓰인 동명사구이다.

3행 [Walking into the gym], he **couldn't help but imagine** all of the moves [that his father *was about to teach* him], and he was eager to begin. ▸ 첫 번째 [ ]는 동시동작을 나타내는 분사구문이다. 「can't help but+동사원형」은 '…하지 않을 수 없다'라는 의미이다. 두 번째 [ ]는 선행사 all of the moves를 수식하는 목적격 관계대명사절이다. 「be about to-v」는 '막 …하려던 참이다, 곧 …할 것이다'라는 의미이다.

문제해설

④는 Nathan의 아버지를 가리키고, 나머지는 모두 Nathan을 가리킨다.

GRAMMAR⁺

④ ▸ (A) 선행사(all of the moves)가 있으므로 관계대명사 that이 적절하다. 관계대명사 what은 선행사를 포함한다.
(B) 분사구문의 의미상 주어 Nathan이 '좌절감을 느끼는' 것이므로, 수동의 의미를 나타내는 과거분사 Frustrated가 적절하다.
(C) 뒤에 동사원형이 있으므로 '…하는 방법'이라는 의미의 how to가 적절하다.

REVIEW TEST

p. 78

A

1 is used to **2** demonstrating **3** whatever **4** in which **5** soared **6** Although

B

1 O **2** this is → is this **3** known → was[is] known **4** strong → strongly **5** O **6** calling → (being) called

PART 04

01 내용 (불)일치 판단하기

기출예제

pp. 80~81

1 ③ **2** ④

---

1 ③

Camille Flammarion은 프랑스 Montigny-le-Roi에서 태어났다. 그는 어린 나이에 천문학에 흥미를 갖게 되었고, 불과 16세일 때 세상의 기원에 관한 책을 썼다. 그 원고는 당시에 출판되지 않았으나, 파리 천문대의 관리자인 Urbain Le Verrier의 주목을 받게 되었다. 그는 1858년에 Le Verrier의 조수가 되어 계산원으로 일했다. 19세에 그는 *The Plurality of Inhabited Worlds*라는 또 다른 책을 썼는데, 이 책에서 그는 외계에 생명체가 존재한다고 열성적으로 주장했다. 그의 가장 성공적인 저서인 *Popular Astronomy*는 1880년에 출판되었고, 마침내 13만 부가 팔렸다. 그는 자신의 자금으로 Juvisy에 천문대를 세웠고, 매년 5월에서 11월까지 그곳에서 지냈다. 1887년에 그는 French Astronomical Society를 설립하여 월간 간행물의 편집자로 근무했다.

구문해설

6행 At nineteen, he wrote another book [called *The Plurality of Inhabited Worlds*], [in which he passionately claimed {that life exists outside the planet Earth}]. ▸ 첫 번째 [ ]는 another book을 수식하는 과거분사구이다. 두 번째 [ ]는 선행사 *The Plurality of Inhabited Worlds*를 부연 설명하는 계속적 용법의 목적격 관계대명사절이다. { }는 claimed의 목적어로 쓰인 명사절이다.

어휘

astronomy 천문학 (a. astronomical 천문학의) manuscript (책·악보 등의) 원고 publish 출판하다 (n. publication 출판; *출판물, 간행물) attention 주의, 주목 assistant 조수 calculator 계산기; *계산원 passionately 열정적으로 fund 기금[자금] serve as …의 역할을 하다, …으로 근무하다

---

2 ④

프랑스 영화감독인 Jean Renoir(1894~1979)는 프랑스 파리에서 태어났다. 그는 유명한 화가인 Pierre-Auguste Renoir의 아들이었다. 그와 나머지 Renoir 가족은 아버지의 많은 그림들의 모델이었다. 제1차 세계대전이 발발했을 때, Jean Renoir는 프랑스 군에 복무 중이었지만, 다리에 부상을 입었다. 1937년에 그는 그의 더 잘 알려진 영화 중 하나인 *La Grande Illusion*을 만들었다. 그것은 엄청나게 성공적이었으나 독일에서는 상영하는 것이 허용되지 않았다. 제2차 세계대전 중, 1940년에 나치가 프랑스를 침공했을 때, 그는 미국 할리우드로 가서 그곳에서 경력을 이어갔다. 영화계에서 평생에 걸친 업적으로 그는 1975년 Academy Honorary Award를 포함하여 경력을 통틀어 수많은 훈장과 상을 받았다. 전반적으로 영화 제작자이자 예술가로서 Jean Renoir의 영향력은 지속되고 있다.

구문해설

12행 ..., Jean Renoir's influence **as** a film-maker and artist endures. ▸ as는 '…로(서)'라는 의미의 전치사이다.

어휘

outbreak 발생, 발발 wounded 부상을 입은 enormously

엄청나게　invade 침공하다　award (상을) 수여하다; 상
numerous 수많은　honor 존경; *훈장　achievement 업적
industry 산업　overall 전반적으로, 대체로　endure 견디다; *지속
되다

적용독해

pp. 82~85

1 ④　2 ③　3 ④　4 ④　5 ③　6 ⑤

1 ④

헝가리의 위대한 시인 János Arany는 1817년 Salonta에서 태어났다. University of Debrecen을 다닌 후, 그는 고향으로 돌아가 그곳에서 1840년에 Juliana Ercsey와 결혼했다. 1847년에 Kisfauldy Society라는 영향력 있는 문학 단체가 그의 서사시 *Toldi*로 그에게 상을 수여하면서 그는 문학적 명성을 얻었다. 이윽고 Arany는 그 단체의 일원이 되었고, 이어 그는 1860년에 그곳의 이사 역할을 맡게 되었다. 그는 또한 1858년에 Hungarian Academy of Sciences의 회원으로 선출되었고, 수년 동안 그곳에서 지도부 역할을 맡았다. 1882년 그의 사망 이후, Arany는 헝가리의 가장 위대한 국민 시인들 중 한 명으로 여겨져 왔으며, 그의 작품은 또한 현대 문학에 대한 기여로 세계적인 인정을 받아왔다. 그뿐만 아니라, 그는 아리스토파네스와 셰익스피어와 같은 작가들의 작품을 헝가리어로 번역했다.

구문해설

3행　He rose to literary fame in 1847, [when an influential literary group {called the Kisfauldy Society} awarded him a prize for his epic poem *Toldi*]. ▸ [ ]는 선행사 1847을 부연 설명하는 계속적 용법의 관계부사절이다. { }는 an influential literary group을 수식하는 과거분사구이다.

7행　Since his death in 1882, Arany *has been regarded* as one of Hungary's greatest national poets, and his work *has* also *been recognized* globally for its contribution to modern literature. ▸ Since는 '… 이래로'라는 의미의 전치사이다. has been regarded와 has been recognized는 계속을 나타내는 현재완료 수동태이다.

9행　..., he translated works [by writers such as Aristophanes and Shakespeare] into Hungarian. ▸ [ ]는 works를 수식하는 전치사구이다.

문제해설

④ Arany의 작품은 헝가리뿐 아니라 현대 문학에 기여한 공로로 세계적인 인정을 받았다고 했다.

2 ③

Mary Seacole은 1805년에 자메이카에서 태어났다. 그녀의 어머니는 그녀에게 자메이카의 전통 의학에 관해 가르쳐주었는데, 이것이 간호직에 대한 그녀의 관심으로 이어졌다. 크림 전쟁이 시작되었을 때, 그녀는 간호사로서 돕기 위해 런던으로 갔다. 하지만 그녀는 자신의 인종 때문에 거절당했다. 자메이카로 돌아가는 대신에, Seacole은 자비로 크

림 반도에 갔다. 1855년 그곳에서, 그녀는 British Hotel을 개업했다. 그녀는 종종 호텔에서 노새에 음식과 약을 실어 그것들을 전장으로 데려갔는데, 그곳에서 그녀는 (전쟁) 양측의 부상병들을 돌볼 수 있도록 허용하는 특별 통행증을 받았다. 그녀는 그녀의 용감한 노력으로 존경을 받았지만, 그녀의 호텔은 손해를 보았다. 그녀가 1856년에 런던으로 돌아왔을 때, 그녀는 파산했다. 하지만 지역 신문사들이 그녀를 돕기 위해 Seacole Fund에 착수하여, 마침내 그녀가 여생을 편히 살 수 있게 해주기에 충분한 기금을 마련했다.

구문해설

6행　... and led them to the battlefields, [where she was given special passes {that **allowed** her **to take care of** wounded soldiers from both sides}]. ▸ [ ]는 선행사 the battlefields를 부연 설명하는 계속적 용법의 관계부사절이다. { }는 선행사 special passes를 수식하는 주격 관계대명사절이다. 「allow A to-v」는 'A가 …하도록 허용하다'라는 의미이다.

9행　However, local newspapers started the Seacole Fund [to help her], [eventually raising **enough** money **to allow** her to live comfortably ...]. ▸ 첫 번째 [ ]는 목적을 나타내는 부사적 용법의 to부정사구이다. 두 번째 [ ]는 결과를 나타내는 분사구문이다. 「enough+명사+to-v」는 '…하기에 충분한 ~'이라는 의미이다.

문제해설

③ Mary Seacole은 사비로 크림 반도에 갔다고 했다.

3 ④

Henry Enns는 캐나다에서 장애 권리와 자립 생활 운동의 저명한 지도자였다. 특히 UN과의 협업과 국제 장애인 연맹 기구에서의 리더십을 통해, 그는 전 세계적으로 잘 알려진 장애 권리 옹호자이기도 했다. Enns가 15세였을 때, 그는 자가 면역 질환이라는 진단을 받으면서 신체장애가 있는 사람들이 직면하는 문제들에 관심을 갖게 되었다. 1980년대에, Enns는 온타리오주와 매니토바주에서 최초의 자립 생활 센터 몇 군데를 설립하고 지도하는 것을 도왔다. 1980년대와 1990년대에 걸쳐, 그는 국제적으로 점점 더 활발해졌고, 1990년부터 1996년까지 국제 장애인 연맹의 상임 이사를 역임했다. 그는 캐나다 장애 연구 센터를 설립하는 것을 도왔고, 2002년에 세상을 떠났을 때 그곳의 상임 이사를 역임하고 있었다. 그는 1992년에 인도주의 봉사 부문에서 대통령상을 받았는데, 그 상을 받은 최초의 미국 비시민권자였다.

구문해설

4행　..., he was diagnosed with an auto-immune disease and became interested in issues [that people {with physical disabilities} face]. ▸ [ ]는 선행사 issues를 수식하는 목적격 관계대명사절이다. { }는 people을 수식하는 전치사구이다.

문제해설

④ Henry Enns는 1980년대와 1990년대에 걸쳐 국제적으로 더욱더 활발히 활동했다고 했다.

receive the President's Award for Humanitarian Service

4 ④

Arthur Rubinstein은 20세기의 가장 유명한 피아니스트들 중 한 명이었다. 1887년에 폴란드에서 태어난 그는 어릴 때부터 특출한 음악적 재능을 보였다. 그는 피아노를 공부하기 위해 베를린으로 보내져서, 10세부터 13세의 나이까지 그곳에서 머물렀다. 그의 미국 데뷔는 1906년 카네기홀에서였다. 하지만, 이 공연으로 그는 찬사를 거의 얻지 못했다. 그는 후에 자신이 진지하게 연습하는 대신에 자신의 타고난 재능에 의존했었다고 해명했다. 그의 태도는 그가 1932년에 결혼한 후로 달라졌다. 그는 매일 12시간까지 연습하기 시작했다. 1937년에 마침내 그는 다시 카네기홀에 갈 준비가 되었다고 생각했다. 이번에는, 비평가들이 그가 뛰어난 연주자로 완전히 바뀌었다는 데 동의했다. Rubinstein의 명성은 89세의 나이에 런던에서 열린 그의 마지막 공연 때까지 계속해서 높아졌다.

구문해설

1행 [Born in Poland in 1887], he showed exceptional musical talent from an early age. ▸ [ ]는 주절의 주어를 부연 설명하는 과거분사구이다.

5행 He later explained [that he **had relied** on his natural abilities instead of practicing seriously]. ▸ [ ]는 explained의 목적어로 쓰인 명사절이다. had relied는 주절의 과거시제보다 더 이전 시점에 일어난 일을 나타내는 과거완료시제이다.

문제해설

④ Rubinstein은 1932년에 결혼한 이후에 그의 태도가 바뀌어 매일 12시간까지 연습하기 시작했다고 했다.

5 ③

Abandoibarra는 스페인 북부의 Bilbao 시를 둘러싸고 있는 지역인데, 이곳은 한때 주요 공업 단지의 중심에 있었다. 1800년대에는 Abandoibarra가 세계 철강 생산량의 20퍼센트를 책임졌다. 그러나, 이 공단은 1980년대에 재정난에 시달렸는데, 그때 그곳의 주요 경제 자원이 급격히 감소했다. 광업과 제조업 분야가 붕괴되었고, 도시의 오염 문제가 굉장히 심각해졌다. 1986년에 스페인이 유럽 공동체(EC)에 가입했을 때, 이 공단은 폐쇄되고 완전히 버려졌다. 이 중단은 실업률의 증가를 포함하여 몇 가지 심각한 사회 문제를 초래했다. 이러한 문제에 대한 도시 계획가들의 대응은 'Abandoibarra 프로젝트'라는 전례 없는 도시 재생 프로그램을 설계하는 것이었는데, 그 프로젝트는 고품질 건축에 중점을 두었다. 이 프로그램은 도시 재생의 더없이 좋은 예로 유명해졌다.

구문해설

1행 Abandoibarra is a region [surrounding the city of Bilbao in northern Spain], and it **used to be** at the center of a major industrial complex. ▸ [ ]는 a region을 수식하는 현재분사구이다. 「used to+동사원형」은 '과거 한때는 …이었다[했다]'라는 의미이다.

8행 Urban planners' response to these issues was to design **an unprecedented urban regeneration program**, the "**Abandoibarra project**," [which focused on high-quality architecture]. ▸ an unprecedented urban regeneration program과 the "Abandoibarra project"는 동격이다. [ ]는 선행사 the "Abandoibarra project"를 부연 설명하는 계속적 용법의 주격 관계대명사절이다.

문제해설

③ 1980년대에 Abandoibarra가 있던 공업 단지는 주요 경제 자원의 급격한 감소로 재정난에 시달렸다고 했다.

6 ⑤

미국에서 청각 장애 아동을 위한 학교들이 설립된 적은 있었지만, 청각 장애인을 위한 고등 교육은 1864년에 National Deaf-Mute College가 창설되기 전까지 존재하지 않았다. 이곳은 청각 장애인과 난청인의 고등 교육을 위한 최초의 학교였다. 1894년에는 Gallaudet College로 개칭되었고, 1986년에는 오늘날 알려진 바와 같이 Gallaudet University가 되었다. 1988년에 이 대학에서 대규모 학생 시위가 일어났는데, 당시 새로운 대학 총장이 선출되면서 청각 장애가 있는 여러 후보자들 대신 청각 장애가 없는 후보자가 선정되었다. 학생들은 이 학교를 청각 장애가 있는 관리자가 이끈 적이 한 번도 없다는 사실에 격분하였다. 그들은 그것을 부적절하고 모욕적이라고 여기고 이 결정에 반대의 목소리를 높였다. 결국 새로운 총장이 선임되었는데, 그는 청각 장애가 있고 재학 중인 청각 장애 학생들에게 더 잘 공감할 수 있는 사람이었다.

구문해설

3행 This was the first school for the advanced education of people [who were deaf and hard-of-hearing]. ▸ [ ]는 선행사 people을 수식하는 주격 관계대명사절이다.

5행 A large student protest occurred at the university in 1988, [when a new university president was selected and a non-deaf candidate was chosen over several deaf candidates]. ▸ [ ]는 선행사 1988을 부연 설명하는 관계부사절이다.

7행 Students were outraged at **the fact** [that the school *had never been led* by a deaf administrator]. ▸ the fact와 [ ]는 동격이다. had never been led는 주절의 과거시제보다 더 이전의 일을 나타내는 과거완료 수동태이다.

9행 Eventually a new president, [who was deaf and could better relate to the deaf students {enrolled at the university}], was hired. ▸ [ ]는 선행사 a new president를 부연 설명하는 계속적 용법의 주격 관계대명사절로, 주어와 동사 사이에 삽입되었다. { }는 the deaf students를 수식하는 과거분사구이다.

문제해설

⑤ 청각 장애가 없는 후보자만 선임되어 왔다는 사실에 분노한 학생들의 반발로 청각 장애가 있고 청각 장애 학생들에 더 잘 공감할 수 있는 새로운 총

장이 선임되었다고 했다.

ⓔ ▸ 문장의 주어인 a new president가 '고용된' 것이므로 수동태인 was hired가 되어야 한다.

O2 도표 분석하기

기출예제

pp. 86~87

1 ④ **2** ⑤

1 ④

나이가 듦에 따라 낮잠은 어떻게 변하는가

위 도표는 연령대별 낮잠 시간과 연간 낮잠 일수를 보여준다. 사람들이 나이가 들수록 낮잠 시간은 꾸준히 감소하지만, 연간 낮잠 일수의 경우에는 그렇지 않다. 18~24세 연령대는 낮잠 시간이 가장 긴데, 55세 이상인 연령대보다 30분 넘게 더 길게 낮잠을 자며, 55세 이상 연령대는 낮잠 시간이 가장 짧다. 연간 낮잠 일수에 관해서는, 55세 이상인 연령대가 135.7일로 가장 많은 반면, 25~34세 연령대는 가장 적은 84.8일이다. 35~44세 연령대는 낮잠 시간으로는 3위에, 연간 낮잠 일수로는 2위에 올라있다. 45~54세 연령대의 낮잠 시간과 연간 낮잠 일수는 35~44세 연령대보다 낮다.

구문해설

4행 The 18 to 24 age group, [which has the longest nap length], naps over 30 minutes longer than the 55 and older age group, [which has the shortest nap length]. ▸ 첫 번째 [ ]는 선행사 The 18 to 24 age group을 부연 설명하는 계속적 용법의 주격 관계대명사절로, 주어와 동사 사이에 삽입되었다. 두 번째 [ ]는 선행사 the 55 and older age group을 부연 설명하는 계속적 용법의 주격 관계대명사절이다.

어휘

nap 낮잠; 낮잠 자다 length 길이; *시간[기간] consistently 꾸준히 whereas …에 반하여 rank 지위, 순위; *(등급·순위를) 매기다, 차지하다

2 ⑤

NFL 경기의 요일별 부상률 (2014~2017)

위 도표는 2014년부터 2017년까지 내셔널 풋볼 리그(NFL) 경기의 요일별 부상률을 보여준다. 목요일 경기의 부상률은 2014년에 가장 낮았고 2017년에 가장 높았다. 토요일, 일요일 그리고 월요일 경기의 부상률은 2014년부터 2017년까지 꾸준히 감소하였다. 2017년을 제외한 모든 해에, 목요일 경기의 부상률이 토요일, 일요일, 그리고 월요일 경기의 부상률보다 더 낮았다. 목요일 경기의 부상률과 토요일, 일요일, 그

리고 월요일 경기의 부상률 간의 차이는 2014년에 가장 컸고 2017년에 가장 적었다. 4년 중 두 해에, 목요일 경기의 부상률이 4년 전체의 목요일 경기의 부상률보다 더 높았다.

구문해설

7행 The gap [between the injury rate of Thursday games and **that** of Saturday, Sunday, and Monday games] was the largest in 2014 and the smallest in 2017. ▸ [ ]는 The gap을 수식하는 전치사구이다. that은 앞서 나온 the injury rate를 가리킨다.
(S under "The gap", V under "was")

어휘

injury 부상 rate 비율, 율 steadily 견실[착실]하게; *꾸준히 gap 틈; *격차, 차이

적용독해

pp. 88~91

1 ⑤ **2** ⑤ **3** ③ **4** ⑤

1 ⑤

성별에 따른 스포츠와 운동 참여 (2022~2023)

위 도표는 2022년과 2023년에 때때로 다양한 스포츠를 하거나 운동 활동에 참여한 미국 여성과 남성의 비율을 보여준다. 주목할 만하게도, 남성이 28퍼센트에 불과한 것에 비해 여성은 40퍼센트 넘게 참여하며 피트니스, 에어로빅 그리고 심장 강화 운동을 하는 데 더 높은 경향을 보인다. 등산은 여성의 39퍼센트와 남성의 31퍼센트가 이 활동에 참여하여 두 성별 모두에게 의미 있는 취미인 것으로 나타난다. 춤은 여성들 사이에서 눈에 띄게 인기 있는 활동으로 35퍼센트가 참여를 보이는데, 이는 사냥과 낚시 활동에 참여한 여성의 비율보다 훨씬 높은 비율이다. 반면에, 남성은 농구가 1위, 미식축구가 2위를 차지하며, 팀 스포츠에 강한 선호를 보인다. 남성의 사이클링 참여율은 여성의 참여율에 미치지 못하지만, 남성의 골프 참여율은 여성의 사이클링 참여율과 동일하다.

구문해설

1행 The above graph shows the percentages of American women and men [who **played** various sports or **participated** in exercise activities at least occasionally in 2022 and 2023]. ▸ [ ]는 선행사 American women and men을 수식하는 주격 관계대명사절이다. played와 participated가 접속사 or로 병렬 연결되어 있다.

4행 Hiking is shown to be a significant pastime for both genders, [**with** 39% of women and 31% of men **engaging** in the activity]. ▸ 「with+(대)명사+v-ing」는 '…가 ~한 채로/하면서'라는 의미이다.

문제해설

⑤ 남성의 사이클링 참여율은 26퍼센트이고 여성의 사이클링 참여율은 23퍼센트이므로, 남성의 사이클링 참여율이 여성보다 더 높다.

2 ⑤

2021년과 2022년 유럽의 반려동물 개체 수	가장 높은 고양이 개체 수를 가진 상위 3개 유럽 국가 (2022)
	가장 높은 개 개체 수를 가진 상위 3개 유럽 국가 (2022)

위 도표들은 2021년부터 2022년까지 유럽의 반려동물 개체 수 변화와 2022년 고양이 및 개 소유에 있어서 선두인 유럽 국가들을 보여준다. 2021년과 2022년에 고양이는 두 해 모두 1억 마리를 넘어서면서 유럽의 다른 어느 반려동물보다도 개체 수가 더 많았다. 작은 포유류와 파충류가 일정한 개체 수를 유지한 반면, 고양이, 개, 관상용 새, 그리고 물고기는 눈에 띄는 증가를 보였다. 고양이와 개 모두의 소유에 있어 상위 3개 유럽 국가 각각에서 해당 나라의 반려동물 수는 1,000만 마리 이상이었다. 러시아는 고양이 2,310만 마리, 개 1,750만 마리로 고양이와 개 소유 모두에서 다른 유럽 국가들을 앞섰다. 영국은 1,300만 마리로 두 번째로 높은 개 개체 수를 가진 반면, 프랑스는 1,520만 마리로 두 번째로 많은 수의 고양이들의 서식처가 되었다.

구문해설

1행 The above graph show [changes in European pet populations from 2021 to 2022] and [the leading European countries in terms of cat or dog ownership in 2022]. ▸ 두 개의 [ ]는 show의 목적어로 쓰인 명사구이며, 접속사 and로 병렬 연결되어 있다.

2행 In 2021 and 2022, cats had a larger population than any other pet in Europe, [exceeding 100 million in both years]. ▸ [ ]는 동시동작을 나타내는 분사구문이다.

문제해설

⑤ 프랑스는 고양이 1,490만 마리로 고양이를 세 번째로 많이 키우는 유럽 국가이다.

☆ 서술형

the largest population ▸ 「비교급+than any other ....」는 '다른 어떤 누구[무엇]보다 더 …한/하게'라는 의미로 비교급을 이용한 최상급 표현이다.

3 ③

밤에 혼자 걷는 것이 안전하다고 느껴지는가?
(2019~2021년 지역과 성별에 따른 긍정적인 답변의 비율)

위 도표는 밤에 혼자 걷는 데 안전함을 느낀다고 보고한 세계 여러 지역의 남성과 여성의 비율을 보여준다. 두 성별 집단 모두에서, 안전함을 느꼈다고 보고한 개인의 비율이 가장 높은 것은 유럽과 북미 사람들이었다. 대조적으로, 감지되는 공공 안전 수준이 라틴 아메리카와 카리브해 지역에서 여성과 남성 모두에게 가장 낮았다. 더욱이, 라틴 아메리카와 카리브해는 안전함을 느꼈다고 보고한 개인의 비율이 두 성별 집단 모두에서 각각 세계 평균보다 더 낮은 유일한 지역이었다. 특정 지역의 여성 인구와 남성 인구 사이의 가장 큰 차이를 보인 지역은 호주와 뉴질랜드였는데, 안전함을 느꼈다고 응답한 남성과 여성 사이에 25퍼센트포인트가 넘는 차이가

있었다. 한편, 사하라 사막 이남의 아프리카와 중앙 및 남부 아시아에서는 각각 여성과 남성 인구 간 차이가 8퍼센트포인트에 불과하였으며, 이는 이 지역들이 성별 간 격차가 가장 적은 것으로 동률을 이루게 한다.

구문해설

2행 ..., **it was** the population of Europe and North America **that** had the highest percentage of individuals [reporting {that they felt safe}]. ▸ 「It was ... that ~」 강조구문으로, '~하는 것은 바로 …였다'라는 의미이다. [ ]는 individuals를 수식하는 현재분사구이다. { }는 reporting의 목적어로 쓰인 명사절이다.

6행 ..., Latin America and the Caribbean was the only region [where the proportion(S) of individuals {that reported feeling safe} was(V) lower than ...]. ▸ [ ]는 선행사 the only region을 수식하는 관계부사절이다. { }는 선행사 individuals를 수식하는 주격 관계대명사절이다.

8행 The largest difference [between the female population and the male population of a particular region] was in Australia and New Zealand, [where there was a gap of more than 25 percentage points between men and women {who responded that they felt safe}]. ▸ 첫 번째 [ ]는 The largest difference를 수식하는 전치사구이다. 두 번째 [ ]는 선행사 Australia and New Zealand를 부연 설명하는 계속적 용법의 관계부사절이다. { }는 선행사 men and women을 수식하는 주격 관계대명사절이다.

문제해설

③ 안전하게 느꼈다고 보고한 개인의 비율이 두 성별 집단 모두에서 각각 세계 평균보다 더 낮은 곳은 라틴 아메리카 및 카리브해 지역 외에 사하라 사막 이남 아프리카 지역도 있다.

4 ⑤

1990년과 2019년의 가장 큰 10개 도시 지역

위 표는 1990년에 세계에서 인구가 가장 많이 밀집된 10개 도시 지역을 2019년의 인구수 및 순위와 함께 나열하고 있다. 단 6개 지역만이 상위 10위권을 유지하였는데, 도쿄-요코하마는 각각의 해에 인구가 3천만 명을 넘으며 1위를 유지했다. 1990년에 두 번째로 큰 지역이었던 오사카-고베-교토는 순위가 12계단 하락하였고, 인구 감소를 경험한 유일한 지역이었다. 뉴욕은 2천만 명이 넘는 인구로 성장했음에도 불구하고, 3위에서 8위로 떨어졌다. 서울은 순위가 더 올라간 유일한 지역이었으며, 2019년에는 도쿄-요코하마를 제외하고 유일하게 상위 5위권 내에 들어간 지역이었다. 멕시코 시티와 상파울루는 1990년에 상위 5개 지역 중에 있었지만, 각 인구가 5백만 명 넘게 늘어났음에도 불구하고, 각각 10위와 9위로 떨어졌다.

구문해설

7행 Seoul was the only listed area [that climbed higher in rank], and it was the only one aside from Tokyo-Yokohama [that ended up in the top five in 2019]. ▸ 두 개의 [ ]는 각각 선행사 the only listed area와 the only one(= the only listed area)을 수식하는 주격 관계대명사절이다.

문제해설
⑤ 멕시코 시티의 인구 증가 수는 480만 명으로, 500만 명을 넘지 않았다.

GRAMMAR +

⑤ ▸ (A) 주절의 동사가 필요하고 부사절의 동사(kept)가 과거형이므로, 동사의 과거형 remained가 적절하다.
(B) despite는 '…에도 불구하고'라는 의미의 전치사이므로 동명사인 growing이 적절하다.
(C) 동사 fell을 수식하는 부사 respectively가 적절하다.

03 어휘의 쓰임 이해하기

기출예제
pp. 92~93

1 ⑤ **2** ②

1 ⑤

카운터셰이딩은 동물에게 위장을 제공하는 시각적 편평화 과정이다. 햇빛이 위에서 물체를 비추면, 그 물체는 맨 위가 가장 밝을 것이다. 물체의 색은 아래로 향할수록 점차 더 어둡게 음영이 질 것이다. 이 음영은 물체에 입체감을 주어 보는 사람이 그것의 형태를 식별할 수 있게 해준다. 그러므로 비록 동물이 밑바탕과 정확하지만 균일하게 같은 색일지라도 빛이 비춰지면 쉽게 눈에 띌 것이다. 그런데 대부분의 동물은 아랫부분보다 윗부분이 더 어둡다. 그들이 위에서 빛을 받으면, 더 어두운 등은 밝아지고 더 밝은 복부는 음영이 진다. 따라서 동물은 하나의 색처럼 보이고 밑바탕과 쉽게 섞인다. 이러한 생물의 천연색의 형태, 즉 카운터셰이딩은 생물체가 지닌 형태의 시각적 효과를 강화한다(→ 약화시킨다). 그것은 동물이 배경에 섞여 들게 해준다.

구문해설
4행 This shading **gives** the object depth and **allows** the viewer *to distinguish* its shape. ▸ 동사 gives와 allows가 접속사 and로 병렬 연결되어 있다. 「allow A to-v」는 'A가 …하게 해주다'라는 의미이다.
5행 Thus **even if** an animal is exactly, but uniformly, the same color as the substrate, it will be easily visible when (it is) illuminated. ▸ even if는 '(비록) …일지라도'라는 의미의 접속사이다. when과 illuminated 사이에 「주어+be동사」가 생략되었으며, 이때 it은 an animal을 가리킨다.

어휘
optical 시각적인 flatten 편평하게 하다 illuminate (빛을) 비추다 gradually 서서히, 점차 shade 그늘[음영]이 지다 depth 깊이; *입체감 distinguish 구별하다, 식별하다 uniformly 균일하게

lighten 밝게 하다, 비추다 (a. light 밝은) blend in (주변에) 섞여 들다 coloration 배색; *(생물의) 천연색 reinforce 강화하다 impression 인상, 감명; *효과 organism 유기체, 생물체

2 ②

불안감은 모든 종류의 정신적인 성과에 부정적인 영향을 미친다. 어떤 면에서, 그것은 앞에 놓여있는 위험에 정신을 집중시키기 때문에, 다가오는 위협에 유용한 반응이다. 하지만 이러한 정신적인 준비가 그 밖의 다른 곳에 주의가 집중되는 것을 막는 생각의 순환에 정신을 가두게 되면, 이것은 파멸적인 인지 방해가 된다. 요컨대, 불안감은 지적 능력을 방해한다. 항공 교통 관제사가 수행하는 것과 같이 높은 수준의 압박 하에서 지적 작용을 요구하는 업무에서, 만성적인 불안감에 시달리는 사람들은 심지어 현장에서 (업무를) 수행할 기회를 얻기도 전에, 훈련 도중에 실패할 가능성이 있다. 이것은 항공 교통 관제사가 되기 위해 훈련을 받는 1,790명의 사람들에 대한 연구에서 나타났듯이, 지능 검사에서 우수한 성적을 받은 사람들에게서조차 사실이다. 불안감은 학업 성과의 적이기도 하다. 100건이 넘는 연구는 사람들이 불안감을 쉽게 느낄수록 그들의 학업 성과가 더 부진하다는 것을 보여주었다.

구문해설
2행 ..., it is a useful response to a coming threat, [focusing the mind on the danger {that lies ahead}]. ▸ [ ]는 이유를 나타내는 분사구문이다. { }는 선행사 the danger를 수식하는 주격 관계대명사절이다.
6행 In tasks [that require intellectual processing under high levels of pressure], such as **those** [performed by air traffic controllers], people [who experience chronic anxiety] are likely to fail during training, ... ▸ 첫 번째 [ ]는 선행사 tasks를 수식하는 주격 관계대명사절이다. those는 앞서 나온 tasks를 가리키며, 두 번째 [ ]는 those를 수식하는 과거분사구이다. 세 번째 [ ]는 선행사 people을 수식하는 주격 관계대명사절이다.
13행 More than 100 studies have shown [that **the more prone** people are to anxiety, **the worse** their academic performance is]. ▸ [ ]는 have shown의 목적어로 쓰인 명사절이다. 「the+비교급 ..., the+비교급 ~」은 '…할수록 더 ~하다'라는 의미이다.

어휘
anxiety 불안(감) adverse 부정적인, 불리한 threat 위협, 위험 lie ahead 앞에 놓여있다 reduce to (보통 좋지 못한) …이 되게 [하게] 만들다 cognitive 인식[인지]의 interference 간섭, 방해 sabotage (고의적으로) 방해하다 air traffic controller 항공 교통 관제사 chronic 만성적인 intelligence 지능

적용독해
pp. 94~97

1 ⑤ **2** ③ **3** ④ **4** ③ **5** ③ **6** ④

1 ⑤

미국의 심리학자 James A. Marcum은 보상이 실제로는 일을 하는 데 대한 우리가 가진 본래의 흥미를 감소시킬 수 있다고 믿는다. 이는 우리 관점의 변화 때문인데, 만약 우리가 무언가를 하기 위해 보상을 요구한다면, 그 일은 아마도 그 자체를 위해서는 할 가치가 없는 것이다. 이런 일이 일어나지 않도록, Marcum은 우리가 일을 학습과 참여에 중점을 둔 자발적 몰입의 한 형태로 생각할 것을 제안한다. 만약 사람들이 스스로 선택하도록 허용된다면, 그들은 자신이 흥미롭고 즐겁다고 생각하는 일을 선택할 것이다. 그들은 또한 자신이 잘하는 과업에 이끌릴 것이다. 그들이 일단 그 일에 참여하면, 그들은 스스로 도전하며 포기하기를 거부할 가능성이 더 클 것이다. 이런 유형의 상황에서, 주요한 목표가 되는 것은 바로 지식의 습득이다. 사람들은 자신의 관심사와 역량에 맞는 일을 찾기 시작한다. Marcum에 따르면, 그 결과는 자기 결정 능력 증가와 일에 대한 순간적인(→ 지속적인) 몰입이다.

구문해설

2행 This is because of a shift in our perspective — if we require a reward [to do something], it probably **isn't worth doing** for its own sake. ▸ [ ]는 목적을 나타내는 부사적 용법의 to부정사구이다. 「be worth v-ing」는 '…할 가치가 있다'라는 의미이다.

9행 In this type of situation, **it is** the acquisition of knowledge **that** becomes the primary goal. ▸ 「it is ... that ~」 강조구문으로, '~하는 것은 바로 …이다'라는 의미이다.

문제해설

⑤ 어떤 일을 하는 데 있어 보상은 오히려 우리의 본래 흥미를 감소시키고 일 자체의 가치를 훼손하므로, 학습과 참여에 중점을 둔 자발적 참여가 중요하다는 내용의 글이다. 자신의 흥미와 역량에 맞는 일을 스스로 찾으면 도전 의식을 가지고 쉽게 포기하지 않는다고 했으므로, 이 결과로 일에 대한 '지속적인' 몰입이 가능함을 추론할 수 있다. 따라서, momentary를 continuous 등으로 고쳐야 한다.

2 ③

교통 소음을 제한할 방법을 찾는 것은 보이는 것만큼 쉽지 않다. 이 소음에 부정적으로 영향을 받는 사람들은 그것에 대한 직접적인 통제력이 없다. 그리고 소음 제한에 대한 요구 사항도 없으므로, 현재 탄소 배출물에 행해지고 있는 것처럼 교통 소음을 낮출 장려책으로서 과세를 이용하기는 어려울 것이다. 그러나 유럽 연합은 효과적인 해결책을 내놓았다. 그것은 자동차에 의해 생길 수 있는 소음의 양에 제한을 둔다. 그 결과, 차량 소음 정도가 해마다 높아져(→ 낮아져) 왔다. 유럽 연합 국가에서의 승용차 소음은 1970년 이후로 85퍼센트 줄었고, 트럭 소음은 90퍼센트 더 낮아졌다. 이것은 기술의 발달을 추진시키는 규제가 어떻게 매우 효과적일 수 있는지 보여주는 의미 있는 성취이다.

구문해설

1행 [Finding ways {to limit traffic noise}] is not **as easy as** it may seem. ▸ [ ]는 문장의 주어로 쓰인 동명사구이다. { }는 ways를 수식하는 형용사적 용법의 to부정사구이다. 「as+형용사/부사의 원급+as」는 '…만큼 ~한/하게'라는 의미이다.

1행 The people [who are negatively affected by this noise] have no direct control over it. ▸ [ ]는 선행사 The people을 수식하는 주격 관계대명사절이다.

3행 ..., so **it** would be difficult [to use taxation as an incentive {to lower traffic noise}], **as** is currently being done with carbon emissions. ▸ it은 가주어이고 [ ]가 진주어이다. { }는 an incentive를 수식하는 형용사적 용법의 to부정사구이다. as는 유사 관계대명사로, 주격 관계대명사 역할을 한다.

8행 This is a significant achievement [that shows {how regulation <that drives technological development> can be extremely effective}]. ▸ [ ]는 선행사 a significant achievement를 수식하는 주격 관계대명사절이다. { }는 shows의 목적어로 쓰인 의문사절이다. < >는 선행사 regulation을 수식하는 주격 관계대명사절이다.

문제해설

③ 유럽 연합이 자동차가 내는 소음의 양에 제한을 둔 결과 1970년 이후로 승용차와 트럭의 소음이 크게 줄어들었다는 것으로 보아, 차량 소음 정도가 해마다 '낮아져' 왔다는 것을 추론할 수 있으므로, increased를 decreased 등으로 고쳐야 한다.

3 ④

역사를 통틀어 인간은 문제를 극복하는 능력을 보여왔다. 하지만 우리가 얼마나 지략이 뛰어난지에 상관없이 우리는 항상 자연의 법칙에 지배받게 마련이다. 그리고 세계 경제가 아무리 발전했다 하더라도, 그것은 여전히 전적으로 지구 생태계 내에서 작동해야 한다. 전통적인 경제학은 스스로를 자연계와 별개인 사람들 간의 상호 작용이라는 측면에서 보았는지 몰라도 이것이 그것의 결함 중 하나이다. 인류는 의심의 여지없이 대단하지만, 여전히 만물의 자연 질서 속에서 우리의 위치를 인정할 필요가 있다. 따라서, 경제적 서사는 자연과 우리와의 상호 작용을 포함하도록 확장되어야 한다. 또한 시장 가격은 제품의 제조, 운송, 사용 및 폐기가 환경에 미치는 영향을 무시해야(→ 반영해야) 한다. 우리가 우리의 문제 해결 능력을 이용하여 환경에 미치는 영향을 제한할 수 있다면, 여전히 밝은 미래가 우리 앞에 있을지도 모른다.

구문해설

1행 Throughout history, humans have shown their ability [to overcome problems]. ▸ [ ]는 their ability를 수식하는 형용사적 용법의 to부정사구이다.

4행 Traditional economics might see itself in terms of interactions between people [that are independent of the natural world], ... ▸ [ ]는 선행사 people을 수식하는 주격 관계대명사절이다.

8행 In addition, market prices need to reflect the impacts [that manufacturing, transportation, and the use and disposal of products have on the environment]. ▸ [ ]는 선행사 the impacts를 수식하는 목적격 관계대명사절이다.

문제해설

④ 인간의 문제 해결 능력이 아무리 뛰어나다 하더라도 자연의 질서에 순응

하며 자연과의 상호 작용을 포함하도록 경제적 서사가 확장되어야 한다는 내용의 글이다. 따라서, 제품의 제조, 운송, 사용 및 폐기가 환경에 미치는 영향을 시장 가격에 '반영해야' 한다고 추론할 수 있으므로, disregard를 reflect 등으로 고쳐야 한다.

⊕ 서술형

전통적인 경제학이 스스로를 자연계와 별개인 사람들 간의 상호 작용이라는 측면에서 본 것

4 ③

지구의 기후 변화에 관한 놀라운 사실은 그것이 인간이라는 단 하나의 종(種)에 의해 발생하고 있다는 것이다. 사람들은 하나의 종이 지구에 그렇게 큰 영향을 미칠 수 없다고 주장할지도 모른다. 하지만 이것은 실제로 충분히 가능하다. 사실, 우리가 지구를 크게 변화시킨 최초의 종은 아니다. 수십억 년 전, 남조류(藍藻類)로도 알려진 시아노박테리아가 광합성을 발생시킨 최초의 생물이 되었다. 이것은 대기를 산소로 가득 채웠다. 그것은 오늘날에는 긍정적인 변화처럼 보일 수도 있지만, 많은 종이 산소의 감소(→ 증가) 때문에 죽었다. 유감스럽게도, 오늘날의 기후 변화는 동일하게 해로울 가능성이 있다. 따라서, 지구의 많은 소중한 종을 잃고 싶지 않다면, 우리는 당장 조치를 취해야 한다.

구문해설

1행 The surprising fact [about global climate change] is [that it is being caused by one single species, humans]. ▸ 첫 번째 [ ]는 The surprising fact를 수식하는 전치사구이다. 두 번째 [ ]는 주격 보어로 쓰인 명사절이다.

7행 Unfortunately, today's climate change has the potential [to be equally damaging]. ▸ [ ]는 the potential을 수식하는 형용사적 용법의 to부정사구이다.

문제해설

③ 시아노박테리아가 광합성을 발생시켜 대기가 산소로 가득 찼다는 것으로 보아, 산소의 '증가'로 많은 종이 죽었다는 내용이 이어지는 것이 자연스럽다. 따라서, decrease를 increase 등으로 고쳐야 한다.

5 ③

인간은 많은 다양한 것들에 관해 꿈을 꾼다. 때때로 우리의 꿈은 최근의 사건들에 의해 영향을 받는다. 이러한 꿈들은 지난 하루 이틀 동안 우리에게 일어난 일들의 반영이기 때문에, 그것들은 우리에게 현재 우리의 마음속에 있는 것을 보여줄 수 있다. 우리의 취침 전 상태 또한 우리의 꿈에 영향을 미치지만, 그것은 반대로 반영되는 것처럼 보인다. 최근의 한 연구는 잠들기 전 여섯 시간 동안 운동했던 사람들은 대부분 신체 활동을 거의 포함하지 않는 꿈을 꾸었다는 것을 보여주었다. 이 때문에, 그 연구의 연구원은 우리의 꿈의 내용이 실생활에서 일어나는 것은 무엇이든지 상쇄할지도 모른다고 생각한다. 다른 연구는 이것이 비신체 활동에도 적용된다는 것을 시사한다. 예를 들어, 혼자 하루를 보낸 피실험자들은 대개 많은 사회적 활동을 포함한 꿈을 꾸었다.

구문해설

2행 These dreams are reflections of things [that happened to us in the past day or two], so they can show us [what is currently on our minds]. ▸ 첫 번째 [ ]는 선행사 things를 수식하는 주격 관계대명사절이다. 두 번째 [ ]는 선행사를 포함하는 관계대명사 what이 이끄는 명사절로, show의 직접목적어로 쓰였다.

5행 A recent study showed [that people {who exercised for six hours before going to sleep} mostly had dreams {that included little physical activity}]. ▸ [ ]는 showed의 목적어로 쓰인 명사절이다. 첫 번째 { }는 선행사 people을 수식하는 주격 관계대명사절이다. 두 번째 { }는 선행사 dreams를 수식하는 주격 관계대명사절이다.

7행 ... that the content of our dreams might offset [whatever occurs in real life]. ▸ [ ]는 복합관계대명사절로, whatever는 '…하는 것은 무엇이든지'라는 의미이다.

문제해설

(A) 지난 하루 이틀 동안 일어난 일들이 우리의 꿈에 반영된다는 내용이 이어지므로, recent가 적절하다.
(B) 잠들기 전에 운동을 많이 한 사람들이 대부분 신체 활동이 거의 없는 꿈을 꾸었다는 내용이 이어지므로, oppositely가 적절하다.
(C) 잠들기 전에 운동을 많이 한 사람이 대부분 신체 활동이 거의 없는 꿈을 꾸었다는 것과, 혼자서 하루를 보낸 사람들이 대개 많은 사회적 활동을 포함한 꿈을 꾸었다는 것으로 보아, 연구원은 꿈의 내용이 실생활에서 일어나는 것은 무엇이든지 '상쇄할지도' 모른다고 생각한다는 흐름이 자연스럽다. 따라서 offset이 적절하다.

6 ④

신체적 실패는 우리가 스포츠나 다른 신체 활동에서 우리의 목표에 도달할 수 없을 때 일어난다. 그러나 이것을 실패라고 부르는 것은 단지 인식의 문제이다. 우리의 경기 성과는 우리가 그것이 실패라고 주관적으로 결정 내리면 실패일 뿐이다. 다시 말해서, 실패는 보는 사람의 눈에 달려있다. 운동선수들은 경기에서 전반적인 성공을 거뒀음에도 불구하고 흔히 자신의 경기 성과에 대해 불만을 표현한다. 예를 들어, 한 농구 선수가 상대 팀이 득점하는 것을 막은 몇 차례의 플레이를 한 뒤, 단 한 개의 실책을 범했을지도 모른다. 이것 때문에, 그녀는 그녀의 팀 동료들과 코치들이 동의하지 않더라도 본인이 경기를 잘(→ 형편없이) 했다는 결론을 내릴 가능성이 있다. 따라서, 우리의 지난 경기 성과에 대한 우리의 분석은 앞으로의 성과를 향상시키기 위해서만 이루어져야 한다.

구문해설

6행 For example, [after making several plays {that **prevented** the other team **from scoring**}], a basketball player *might have made* a single mistake. ▸ [ ]는 시간을 나타내는 분사구문으로, 의미를 명확히 하기 위해 접속사를 생략하지 않은 형태이다. { }는 선행사 several plays를 수식하는 주격 관계대명사절이다. 「prevent A from v-ing」는 'A가 …하는 것을 막다'라는 의미이다. 「may[might] have p.p.」는 '…했을지도 모른다'라는 의미로, 과거 사실에 대한 불확실한 추측을 나타낸다.

7행 Because of this, **it** is possible [that she will conclude {that she played poorly}], even though her teammates and coaches would likely disagree. ▸ it은 가주어이고 [ ]가 진주어이다. { }는 conclude의 목적어로 쓰인 명사절이다.

문제해설
④ 운동선수들이 경기에서 전반적인 성공을 거두었음에도 불구하고 주관적으로 자신의 경기 성과에 대해 불만을 표현하기도 한다는 것으로 보아, 예시의 농구 선수가 상대 팀의 득점을 여러 차례 막았음에도 실책 한 개를 범한 것에 대해 스스로 경기를 '형편없이' 했다는 결론을 내릴 가능성이 있다는 것을 추론할 수 있다. 따라서, well을 poorly 등으로 고쳐야 한다.

GRAMMAR+
② ▸ (A) 뒤에 동사(is)가 이어지고 있으므로, 문장의 주어 역할을 하는 동명사구를 이루는 동명사 Calling이 적절하다.
(B) several plays를 선행사로 하며, 관계대명사절 안에서 주어 역할을 하는 주격 관계대명사 that이 적절하다. 관계대명사 what은 선행사를 포함한다.
(C) 과거의 경기 성과에 대한 우리의 분석이 앞으로의 성과를 향상시키기 위해서만 '이루어져야' 한다는 수동의 의미가 되어야 하므로, 수동태 be done이 적절하다.

04 어법성 판단하기

기출예제
pp. 98~99

1② 2③

1②

유행은 개인이 스스로를 재조명할 새로운 기회를 끊임없이 제시하며, 변화의 기회를 나타낸다. 유행이 궁극적으로 어떻게 개인에게 힘과 자유를 줄 수 있는지를 이해하려면, 먼저 변화를 위한 기반으로서 패션의 중요성에 대해 논의해야 한다. 패션이 왜 그렇게 매력적인지에 관해 나의 정보원들이 제보한 가장 공통된 설명은 그것이 일종의 연극적인 의상을 구성한다는 것이다. 옷은 사람들이 자신을 세상에 보여주는 방식의 일부분이고, 패션은 사회에서 일어나고 있는 일과 패션 자체의 역사에 비추어 그 사람들을 현재에 위치시킨다. 표현의 한 형태로서 패션은 다수의 모호함을 담고 있어 개인이 특정한 옷가지와 연관된 의미를 재창조할 수 있게 한다. 패션은 자기 표현의 가장 단순하고 저렴한 방법 중의 하나이다. 옷은 값싸게 구매할 수 있는 반면, 부(富), 지적 능력, 휴식 혹은 환경 의식에 대한 개념을, 비록 이들 중 어떤 것도 사실이 아니라 해도, 전달하기 쉽게 해준다. 패션은 또한 다양한 방법으로 작용을 강화하여, 행동을 위한 자리를 열어줄 수 있다.

구문해설
1행 Trends constantly suggest new opportunities *for individuals* [to restage themselves], [representing occasions for change]. ▸ 첫 번째 [ ]는 new opportunities를 수식하는 형용사적 용법의 to부정사구이며, for individuals는 to

부정사구의 의미상 주어이다. 두 번째 [ ]는 동시동작을 나타내는 분사구문이다.

4행 The most common explanation [offered by my informants **as to** {why fashion is so appealing}] is [that it constitutes a kind of theatrical costumery]. ▸ 첫 번째 [ ]는 The most common explanation을 수식하는 과거분사구이다. as to는 '…에 관해'라는 의미로, { }는 as to의 목적어로 쓰인 의문사절이다. 두 번째 [ ]는 주격 보어로 쓰인 명사절이다.

7행 ..., and fashion locates them in the present, relative [to what is happening in society] and [to fashion's own history]. ▸ 두 개의 전치사구 [ ]가 접속사 and로 병렬 연결되어 있다.

어휘
restage 재상연하다 **occasion** (특정한) 때[기회/경우] **ultimately** 궁극적으로 **informant** 정보원, 정보 제공자 **appealing** 매력적인 **constitute** 구성하다 **theatrical** 연극[공연]의 **costumery** 의상, 복장 **relative to** …에 관하여; *…에 비례[비교]하여 **a host of** 다수의 **ambiguity** 모호함 **inexpensively** 값싸게 **convey** 전달하다 **relaxation** 휴식 **consciousness** 의식 **strengthen** 강화하다 **agency** 대리점; *작용, 힘

2③

질문을 하는 습관을 갖는 것은 당신을 적극적인 청자로 변하게 한다. 이러한 실행은 당신이 다른 내적 삶의 경험을 갖도록 하는데, 사실상 당신이 더 효과적으로 듣고 있을 것이기 때문이다. 때때로 당신이 어떤 이의 말을 듣고 있어야 할 때 딴생각을 하기 시작한다는 것을 당신은 안다. 모든 교사는 이런 일이 수업 시간에 학생들에게 자주 발생한다는 것을 알고 있다. 당신이 들은 것을 배운 것으로 얼마나 잘 바꾸는가에 있어서 모든 차이를 만들어내는 것은 바로 당신의 머릿속에서 일어나는 것이다. 듣는 것으로는 충분하지 않다. 만약 당신이 듣고 있는 것에 대하여 끊임없이 스스로에게 질문한다면, 당신은 심지어 따분한 강연자들조차도 약간 더 흥미로워진다고 생각하게 될 텐데, 왜냐하면 그 흥미 중 많은 부분이 강연자가 제공하고 있는 것보다는 당신이 만들어내고 있는 것으로부터 오게 되기 때문이다. 다른 누군가가 이야기를 할 때, 당신은 생각을 불러일으킬 필요가 있다!

구문해설
1행 [Getting in the habit of asking questions] **transforms** you into an active listener. ▸ 동명사구인 [ ]가 문장의 주어이므로 단수동사 transforms가 쓰였다.

6행 It's [what goes on inside your head] **that** makes all the difference in [how well you will convert {what you hear} into something {(that) you learn}]. ▸ 「It is … that ~」 강조구문으로, '~하는 것은 바로 …이다'라는 의미이다. 첫 번째 [ ]는 선행사를 포함하는 관계대명사 what이 이끄는 명사절이다. 두 번째 [ ]는 전치사 in의 목적어로 쓰인 의문사절로, 「의문사＋주어＋동사」의 어순을 따른다. 첫 번째 { }는 선행사를 포함하는 관계대명사 what이 이끄는 명사절로, convert의 목적어로 쓰였다. 두 번째 { }는 선행사

something을 수식하는 목적격 관계대명사절로, 목적격 관계대명사가 생략되었다.

8행 If you are constantly engaged in [asking yourself questions about things {(that) you are hearing}], you will find [that even boring lecturers become a bit more interesting], because much of the interest will be coming from [what you are generating] **rather than** [what the lecturer is offering]. ▸ 첫 번째 [ ]는 전치사 in의 목적어로 쓰인 동명사구이다. { }는 선행사 things를 수식하는 목적격 관계대명사절로, 목적격 관계대명사가 생략되었다. 두 번째 [ ]는 find의 목적어로 쓰인 명사절이다. 세 번째와 네 번째 [ ]는 선행사를 포함하는 관계대명사 what이 이끄는 명사절로, 전치사 from의 목적어로 쓰였다. 「A rather than B」는 'B보다는 A'라는 의미이다.

어휘
transform 변형시키다; *완전히 바꿔놓다 wander 거닐다; *다른 데로 팔리다[흐르다], 산만해지다 frequently 자주, 흔히 convert 전환하다, 변하게 하다 lecturer 강사, 강연자 generate 발생시키다, 만들어내다

적용독해

pp. 100~103

1 ④ 2 ④ 3 ④ 4 ① 5 ⑤ 6 ⑤

1 ④

감사를 표현하는 것은 사람뿐만 아니라 영장류도 그러하다. 이 현상에 대한 초기 관찰은 침팬지를 연구하는 데 여러 해를 보낸 심리학자 Wolfgang Köhler에 의해 이루어졌다. 어느 날 저녁, 그는 거센 폭풍우가 몰아치는 동안 두 마리의 침팬지가 그들의 숙소 밖에 남겨진 것을 알게 되었다. 그들에게 다가가 숙소의 문을 열어준 후에, 그는 옆으로 비켜서며 침팬지들이 가능한 한 빨리 숙소에 들어갈 것이라고 예상했다. 하지만 그렇게 하기 전에, 계속해서 퍼부어 내리는 비에도 불구하고 침팬지들은 잠시 멈춰서 한 마리는 Köhler의 다리를, 다른 한 마리는 그의 가슴을 껴안았다. 그들이 안으로 들어간 것은 바로 이렇게 감사를 표하고 나서였다. 저명한 연구자인 Jane Goodall이 죽음에 임박한 침팬지를 구조하여 회복할 때까지 보살핀 후에 비슷한 행동 양식이 그녀에 의해 목격되었다. 그 침팬지를 정글로 다시 데려가자, 떠나기 전 그것은 Goodall을 따뜻하게 안아주었다.

구문해설
1행 An early observation of this phenomenon was made by **Wolfgang Köhler**, [a psychologist {who *spent* many years *studying* chimpanzees}]. ▸ Wolfgang Köhler와 [ ]는 동격이다. { }는 선행사 a psychologist를 수식하는 주격 관계대명사절이다. 「spend+시간+v-ing」는 '…하는 데 (시간을) 보내다'라는 의미이다.

6행 ..., they paused [to hug Köhler, **one** around his legs and **the other** around his chest], ... ▸ [ ]는 결과를 나타내는 부사적 용법의 to부정사구이다. one은 두 마리의 침팬지 중 하나를, the other는 나머지 한 마리를 가리킨다.

문제해설
④ '~하는 것은 바로 …하고 나서이다'라는 강조의 의미를 나타내는 「It is only after ... that ~」 구문이 되어야 하므로, which를 that으로 고쳐야 한다.

2 ④

만약 당신이 보통 사람이라면, 당신은 일생 동안 약 1억 5천만 걸음을 걷게 되는데, 그것은 많은 걸음이다. 놀랍게도, 그 모든 발걸음이 언젠가 세계의 에너지 문제를 종식시키는 데 도움이 될지도 모른다. 한 회사가 사람이 밟으면 전기를 생성하는 바닥 타일을 발명했다. 사람의 체중과 타일의 경미한 움직임의 결합이 전류를 만드는 데 사용된다. 이 고무 타일은 밟히면 5밀리미터 정도 아래로 움직인다. 많지는 않지만, 그것은 운동 에너지를 만들기에 충분한데, 그것(= 운동 에너지)은 배터리에 저장된다. 이 타일은 현재 런던에서 사용되고 있는데, 그곳에서 그것(= 타일)은 지하철역과 쇼핑몰 앞의 보도에서 찾아볼 수 있다.

구문해설
2행 Surprisingly, all of those footsteps might someday **help end** the world's energy problems. ▸ help는 목적격 보어로 동사원형이나 to부정사를 쓰며, 여기서는 목적어가 생략되었다.

7행 These tiles are currently being used in London, [where they can be found ...]. ▸ [ ]는 선행사 London을 부연 설명하는 계속적 용법의 관계부사절이다.

문제해설
④ When이 이끄는 부사절에서 접속사 When 다음에 「주어+be동사」가 생략된 형태이며, 고무 타일은 '밟히는' 대상이므로 stepping을 수동의 의미를 나타내는 과거분사 stepped로 고쳐야 한다.

3 ④

최근의 한 연구는 특정 종류의 원숭이가 네 살짜리 아이들의 행동과 유사한 방식으로 '상류 상호성'에 참여한다는 것을 보여준다. 상류 상호성이란 친절한 행위의 수혜자가 되는 것이 사람들이 나중에 다른 누군가에게 친절한 행위를 할 가능성을 높이는 방식을 말한다. 이 연구에서 원숭이와 아이들은 둘 다 같은 방식으로 실험되었다. 한 개체가 다른 개체에게 친절한 행동을 한 후, 그 개체는 실험 구역 밖으로 내보내졌다. 그런 다음 새로운 개체가 들여보내졌다. 아이들과 원숭이 모두 자신이 친절한 행위의 수혜자였다면 새로운 개체를 위해 친절한 행위를 할 가능성이 더 높았다. 그들은 자신에게 친절한 일을 해준 누구에게도 보답할 기회는 없었지만, 대신 선행을 나누는 것을 택했다. 이 실험을 수행한 연구원들은 이러한 행동들의 동기가 감사하는 감정임을 시사했다.

구문해설
1행 A recent study has shown [that a certain type of monkey engages in "upstream reciprocity" in a way {that is similar to the actions of four-year-old children}]. ▸ [ ]는 have shown의 목적어로 쓰인 명사절이다. { }는 선행사 a way를 수식하는 주격 관계대명사절이다.

3행 Upstream reciprocity refers to the way [that {being the recipient of a kind action} makes **it** more likely *for people* {to perform a kind act for someone else in the future}]. ▸ [ ]는 선행사 the way를 수식하는 관계부사절이다. 첫 번째 { }는 주어로 쓰인 동명사구이다. it은 가목적어이고 두 번째 { }가 진목적어이며, for people은 to부정사구의 의미상 주어이다.

9행 They did not have a chance **to repay** [whoever had done something nice for them] …. ▸ to repay는 a chance를 수식하는 형용사적 용법의 to부정사이다. [ ]는 복합관계대명사절로, whoever는 '…하는 사람은 누구든지'라는 의미이다.

11행 The researchers [who performed the experiment] suggested [that the motivation behind these actions is the feeling of gratitude]. ▸ 첫 번째 [ ]는 선행사 The researchers를 수식하는 주격 관계대명사절이다. 두 번째 [ ]는 suggested의 목적어로 쓰인 명사절이다.

문제해설

④ 접속사 but 뒤에 주어 they가 생략된 형태로, 동사 did not have와 병렬 연결된 동사 자리이므로, 과거분사 chosen을 과거형 chose로 고쳐야 한다.

⊕ **서술형**

(A) kind[nice] (B) gratitude ▸ 한 연구는 원숭이와 네 살짜리 아이들이 자신이 같은 종류의 행위를 받은 뒤에 다른 사람들에게 친절한 행위를 하는 경향성인 상류 상호성을 보인다는 것을 발견했는데, 이는 감사라는 공통된 동기가 있음을 시사한다.

4 ①

왜 어떤 사람들은 자신이 유령을 본다고 생각하는지 아는가? 흥미롭게도, 그 답은 20Hz 미만의 소리인 초저주파음과 관련이 있을지도 모른다. 이런 소리는 우리 몸에 물리적인 영향을 미칠 수 있다. 한 연구원은 특정 초저주파음의 주파수가 우리의 눈에 흥미로운 영향을 미친다는 것을 보여주었다. 이것은 그가 어느 날 밤 늦게까지 일하는 동안 곁눈질로 신비한 회색 덩어리를 봤을 때 발견되었다. 그 원인을 알아내려고 하던 중에, 그는 마침내 자신의 방에 있는 선풍기가 18.98Hz의 주파수를 방출하고 있음을 깨달았다. 이것은 사람 눈의 공진 주파수와 매우 비슷하다. 따라서, 그는 그 회색 덩어리가 사실은 자신의 눈의 공진으로 인한 것이었다는 결론을 내렸다. 자신의 연구에 근거하여, 그는 '유령'이 단지 초저주파음으로 인한 착시일 뿐이라는 이론을 만들어냈다.

구문해설

2행 Interestingly, the answer might be related to **infrasound**, [sounds {that lie below 20 Hz}]. ▸ infrasound와 [ ]는 동격이다. { }는 선행사 sounds를 수식하는 주격 관계대명사절이다.

9행 Based on his research, he created **a theory** [that "ghosts" are just optical illusions {caused by infrasound}]. ▸ a theory와 [ ]는 동격이다. { }는 optical illusions를 수식하는 과거분사구이다.

문제해설

(A) why 이하는 know의 목적어 역할을 하는 의문사절로, 「의문사+주어

+동사」의 어순이 되어야 하므로 some people이 적절하다.
(B) that 이하는 선행사 sounds를 수식하는 주격 관계대명사절이며 관계사절의 동사가 필요하므로, lie가 적절하다.
(C) 분사구문의 의미상 주어인 he가 행위의 주체이므로, 능동의 의미를 나타내는 현재분사 working이 적절하다.

5 ⑤

연구들은 특정 혈액형을 가진 사람들이 혈전이 생기기 더 쉽다는 것을 시사한다. 혈전은 그것이 폐동맥에 걸려 혈류를 방해하면 심각한 건강 문제를 일으킬 수 있다. 이는 극심한 통증을 일으키고, 심지어 사망으로까지 이어질 수 있다. 연구원들에 따르면, AB형의 혈액을 지닌 것은 다른 혈액형을 가진 사람들에 비해 그 사람을 혈전의 높은 위험에 처하게 한다. 혈액형이 AB형인 사람들은 von Willebrand(폰 빌레브란트) 인자라고 불리는 혈액 단백질이 더 많은 경향이 있는 것으로 밝혀졌는데, 이것은 고농도로 (혈액) 응고를 일으킬 수 있다. AB형인 사람 모두가 혈전으로 고통받게 되는 것은 아님에도 불구하고, 이 발견은 우리가 위험이 더 높은 사람들을 식별하여 그들을 보호할 준비를 할 수 있게 해준다.

구문해설

1행 Studies suggest [that people {with certain blood types} are more prone to {developing blood clots}]. ▸ [ ]는 suggest의 목적어로 쓰인 명사절이다. 첫 번째 { }는 people을 수식하는 전치사구이다. 두 번째 { }는 전치사 to의 목적어로 쓰인 동명사구이다.

5행 **It** was discovered [that people {with type AB blood} tend to have more of a blood protein {called the von Willebrand factor}], [which can cause clotting at high concentrations]. ▸ It은 가주어이고 첫 번째 [ ]가 진주어이다. 첫 번째 { }는 people을 수식하는 전치사구이다. 두 번째 { }는 a blood protein을 수식하는 과거분사구이다. 두 번째 [ ]는 선행사 a blood protein called the von Willebrand factor를 부연 설명하는 계속적 용법의 주격 관계대명사절이다.

문제해설

⑤ 뒤에 주어와 동사가 포함된 절이 이어지므로, 전치사 Despite를 접속사 Although 등으로 고쳐야 한다.

6 ⑤

사회적 협력이 초기 인류에게 이롭긴 했지만, 이것이 왜 애초에 협력적인 행동이 진화했는지를 설명해 주지는 않는다. 결국, 그러한 행동의 대가는 특정 개인들이 감당하는 반면, 그 혜택을 누리게 되는 건 일반적으로 다른 사람들이다. 어떤 경우에는 한 개별 협력자가 자신의 행동과 등가(等價)인 혜택을 받을지도 모른다는 것은 사실이다. 하지만 우리 조상들의 생존을 위해 협력이 필요했던 대부분의 상황에서는 그렇지 않았을 것이다. 포식자로부터의 방어와 환경 위기를 포함한 생사가 걸린 상황을 생각해 보라. 이러한 경우에 순전히 자기 보호를 위해 행동하는 사람은 자신이 생각하기에 다른 사람들이 무엇을 하든 어떤 협력적인 행동도 보이지 않았을 것이다. 따라서, 협력적인 행동이 여러 세대에 걸쳐 전해지기 위해서는 다른 요인들이 관련되었음이 틀림없다. 특히, 위험한 상황에 관련

된 사람들 중 일부는 적어도 부분적으로는 잠재적인 사회적 보상에 의해 동기 부여를 받았음이 틀림없다.

구문해설

4행 It is true [that, in some cases, an individual cooperator may receive benefits {that balance the costs of their actions}]. ▸ It은 가주어이고 [ ]가 진주어이다. { }는 선행사 benefits를 수식하는 주격 관계대명사절이다.

5행 However, this was probably not the case in the majority of situations [in which cooperation was necessary to our ancestors' survival]. ▸ [ ]는 선행사 the majority of situations를 수식하는 목적격 관계대명사절이다.

8행 Anyone [who acted purely out of self-preservation in such cases] **would** not **have exhibited** cooperative behavior, *no matter what* [they thought] other individuals might do. ▸ 첫 번째 [ ]는 선행사 Anyone을 수식하는 주격 관계대명사절이다. 「would have p.p.」는 '…했을 것이다'라는 의미로, 과거 사실에 대한 추측을 나타낸다. no matter what은 '무엇을 …하더라도'라는 의미로, whatever와 바꿔 쓸 수 있다. 두 번째 [ ]는 삽입절이다.

12행 …, some of the people [involved in dangerous situations] **must have been motivated** at least in part by potential social rewards. ▸ [ ]는 the people을 수식하는 과거분사구이다. 「must have p.p.」는 '…했음이 틀림없다'라는 의미로, 과거 사실에 대한 강한 추측을 나타낸다.

문제해설

⑤ 위험한 상황에 관련된 사람들 중 일부가 '동기 부여를 받은' 것이므로, must have motivated를 수동형인 must have been motivated로 고쳐야 한다.

 서술형

Cooperative Behaviors[Social Cooperation]

REVIEW TEST

A

1 regarded **2** when **3** have **4** many **5** prepare
6 who

B

1 O **2** which → that **3** O **4** happen → (have)
happened **5** few → little **6** to study → studying

01 장문 독해하기 I — 일반 장문

pp. 106~107

1 ③ 2 ③

기후 변화 전문가들과 환경 인문주의자들은 기후 위기가 근본적으로 상상력의 위기이며 일반적인 상상력의 많은 부분이 소설에 의해 형성된다는 것에 똑같이 동의한다. 인류학자이자 소설가인 Amitav Ghosh는 자신의 2016년 책 *The Great Derangement*에서 상상력과 환경 관리 간의 관계를 다루는데, 인간이 기후 변화에 대응하는 데 실패한 것은 최소한 어느 정도는 소설이 그것을 그럴듯하게 표현하지 못하기 때문이라고 주장한다. Ghosh는 기후 변화가 그것이 상기시키는 사이클론, 홍수, 그리고 다른 큰 재해들이 일상생활에 관한 이야기에 속하기에는 그저 너무 '있음 직하지 않은' 것처럼 보이기 때문에 현대 소설에서는 대체로 다뤄지지 않는다고 설명한다. 그러나 기후 변화는 단지 일련의 특별한 사건들로서만 자신을 드러내지 않는다. 사실, Rachel Carson에서 Rob Nixon에 이르는 환경론자들과 생태 비평가들이 지적했듯이, 환경 변화는 '감지할 수 없는' 것일 수 있는데, 그것은 빠르게 (→ 점진적으로) 진행되며 아주 가끔만 '폭발적이고 극적인' 사건들을 만들어내는 것이다. 대부분의 기후 변화 영향은 나날이 관찰될 수는 없지만, 우리가 그것들의 축적된 영향에 직면할 때 뚜렷해진다.

기후 변화는 그것이 상당한 표현상의 어려움을 안고 있기 때문에 우리의 상상을 피해 간다. 그것은 '인간의 시간'에서는 관찰될 수 없는데, 그것이 빙하와 산호초에 미치는 기후 변화의 영향을 추적하는 다큐멘터리 영화 제작자 Jeff Orlowski가 서서히 일어나는 변화를 강조하기 위해 몇 달간 같은 장소에서 찍은 '전과 후' 사진을 이용하는 이유이다.

구문해설

4행 …, anthropologist and novelist Amitav Ghosh takes on this relationship between imagination and environmental management, [arguing {that humans have failed to respond to climate change at least in part because fiction fails to believably represent **it**}]. ▸ [ ]는 동시동작을 나타내는 분사구문이다. { }는 arguing의 목적어로 쓰인 명사절이다. it은 앞서 나온 climate change를 가리킨다.

7행 Ghosh explains [that climate change is largely absent from contemporary fiction because the cyclones, floods, and other catastrophes {(which/that) it brings to mind} simply seem **too** "improbable" **to belong** in stories about everyday life]. ▸ [ ]는 explains의 목적어로 쓰인 명사절이다. { }는 선행사 the cyclones, floods, and other catastrophes를 수식하는 목적격 관계대명사절로, 목적격 관계대명사가 생략되었다. 「too+형용사+to-v」는 '너무 …해서 ~할 수 없는'이라는 의미이다.

13행 …, environmental change can be "imperceptible"; it proceeds gradually, [only occasionally producing "explosive and spectacular" events]. ▸ [ ]는 연속동작을 나

타내는 분사구문이다.

19행 It cannot be observed in "human time," [which is why documentary filmmaker Jeff Orlowski, {who tracks climate change effects on glaciers and coral reefs}, uses "before and after" photographs {taken several months apart in the same place} **to highlight** changes {that occurred gradually}]. ▶ [ ]는 앞 절 전체를 선행사로 하는 계속적 용법의 주격 관계대명사절이다. 첫 번째 { }는 선행사 documentary filmmaker Jeff Orlowski를 부연 설명하는 계속적 용법의 주격 관계대명사절이다. 두 번째 { }는 "before and after" photographs를 수식하는 과거분사구이다. to highlight은 목적을 나타내는 부사적 용법의 to부정사이다. 세 번째 { }는 선행사 changes를 수식하는 주격 관계대명사절이다.

어휘

expert 전문가 humanist 인문주의자 crisis 위기 core 근원, 핵심 fiction 소설, 허구 take on 떠맡다 absent 존재하지 않는, 부재한 contemporary 동시대의; *현대의 improbable 있을 것 같지 않은 reveal 드러내다, 보여주다 extraordinary 예사롭지 않은 ecocritic 생태 비평가 imperceptible 감지할 수 없는 proceed 진행되다 explosive 폭발적인 spectacular 극적인 impact 영향 visible 가시적인, 뚜렷한 be confronted with …에 직면하다 accumulated 축적된 pose (위협·문제 등을) 제기하다; *(위험성을) 내포하다, 지니다 track 추적하다 glacier 빙하 coral reef 산호초 highlight 강조하다

적용독해
pp. 108~111

1 ⑤   2 ④   3 ②   4 ③   5 ⑤   6 ④

1 ⑤ 2 ④

과학계는 교육과 훈련을 통해 특정한 방식으로 세계를 보도록 가르침을 받은 사람들의 집단이다. 이러한 세계관은 이 전문가들 모두가 동의하는 특정 믿음에 근거하고 있다. 이러한 근본적인 믿음은 매우 중요해서 과학자들은 그것들에 대해 대단히 방어적이다. 그들은 새로운 발견을 하면, 그것을 기존의 믿음에 부합하게 하고자 하는데, 그렇게 하는 것이 쉽지 않을 때조차 그러하다. 이는 근본적인 믿음을 바꾸는 것이 자신이 알고 있는 모든 것을 바꾸는 것을 의미할 것이기 때문이다. 새로운 발견을 기존의 믿음에 맞추는 이 과정은 '정상 과학'으로 알려져 있다.

하지만 때때로 새로운 발견을 그러한 기존의 믿음에 맞추는 것이 그야말로 불가능할 때도 있다. 이러한 경우, 새로운 발견은 기존 믿음의 기반 자체에 이의를 제기한다. 만약 그 발견이 충분히 유의미하다면, 그것은 소위 '과학 혁명'으로 이어질 수 있다. 이런 일이 일어나면, 기존의 믿음이 새로운 발견과 일치하도록 수정되어야 한다. 이 과정의 결과로 생긴 세계를 바라보고 이해하는 새로운 방식은 새로운 '패러다임'이라고 불린다. 종종 새로운 패러다임은 과학계에 의해 받아들여지는데(→ 저항을 받는데), 그것이 그들이 오랫동안 믿어왔던 모든 것을 뒤집기 때문이다. 그러나 이러한 커다란 변화는 과학이 진보하고 세계에 대한 우리의 이해가 계속 발전하는 데 필요하다.

구문해설

1행 The scientific community is a group of people [whose education and training have taught them to view the world in a particular way]. ▶ [ ]는 선행사 people을 수식하는 소유격 관계대명사절이다.

3행 These fundamental beliefs are **so** important **that** scientists are very protective of them. ▶ 「so+형용사/부사+that ~」은 '너무 …해서 ~하다'라는 의미이다.

9행 Sometimes, though, **it** is simply impossible [to fit a new discovery into those existing beliefs]. ▶ it은 가주어이고 [ ]가 진주어이다.

16행 However, these great changes are necessary *for science* **to advance** and *for our understanding of the world* **to continue** to develop. ▶ to advance와 to continue는 '…하기에'라는 정도의 의미를 나타내는 부사적 용법의 to부정사이다. for science와 for our understanding of the world는 각각 to부정사의 의미상 주어이다.

문제해설

1 새로운 과학적 발견을 기존의 믿음에 맞추는 과정인 정상 과학과, 기존의 믿음을 뒤집는 새로운 패러다임에 관한 내용이므로, 제목으로는 ⑤ '과학적 진보의 역학: 정상 과학과 패러다임의 전환'이 가장 적절하다.
① 과학 교육이 왜 획일적인 사고로 이어지는가
② 과학적 연구의 고정적인 방법의 이점
③ 공동체의 합의가 어떻게 기존의 과학적 믿음을 강화하는가
④ 과학의 변하지 않는 본질: 기존의 이론 대 새로운 생각

2 새로운 패러다임이 과학계에서 오랫동안 믿어왔던 모든 것을 뒤집는다는 내용이 뒤에 이어지는 것으로 보아, 새로운 패러다임이 과학계에 의해 '저항을 받는다'는 내용이 되어야 자연스럽다. 따라서, (d)의 accepted를 resisted 등으로 고쳐야 한다.

3 ② 4 ③

인체 내부에 사는 벌레에 대한 생각은 누구든 소름 끼치게 할 수 있지만, 기생하는 벌레로도 알려진 (장내) 기생충은 더 나은 건강을 위한 비결일지도 모른다. 이러한 기생충에 대한 우리 면역 체계의 자연스러운 반응은 그것들을 제거하기 위해 항체를 보내는 것이다. 항체의 역할은 우리 몸을 건강하게 유지하는 것이기 때문에, 그것들은 항상 제거할 해로운 것들을 찾고 있다. 만약 항체들이 싸울 기생충이 없고 세균이 거의 없으면, 면역 체계는 결국 우리 몸 자체를 공격하게 될 수 있다. 과학자들은 이것이 과도한 면역 체계와 관련된 질병인 알레르기와 천식을 예방할(→ 유발할) 수도 있다고 생각한다. 그러므로, 우리가 기생충을 들여옴으로써 우리 몸을 더 건강하게 할 수 있다고 여겨진다.

이 가설을 시험할 지원자들을 기다리는 대신에, 한 연구원은 자기 자신에게 기생충을 투여하기로 결정했다. 그렇게 한 후, 그는 거의 2년 동안 알레르기가 없었다. 현재, 전 세계적으로 수천 명의 사람들이 다수의 질병을 치료하기 위해 기생충을 이용하고 있다. 그것은 점점 더 유행하면서도 다소 논란의 여지가 있는 치료법이 되었다. 하지만 이 기생충들이 어떤 환자들에게는 딱 적절한 처방일지도 모른다.

구문해설

1행 The thought of worms [living inside the human body] can make anyone's skin crawl, but helminths, [also known as parasitic worms], may be the key to better health. ▸ 첫 번째 [ ]는 worms를 수식하는 현재분사구이다. 두 번째 [ ]는 주어와 동사 사이에 삽입된 과거분사구로, 주어인 helminths를 부연 설명한다.

3행 Our immune system's natural response to these worms is [to send antibodies {to get rid of them}]. ▸ [ ]는 주격 보어로 쓰인 명사적 용법의 to부정사구이다. { }는 목적을 나타내는 부사적 용법의 to부정사구이다.

6행 ..., the immune system can **end up attacking** the body itself. ▸ 「end up v-ing」는 '결국 …하게 되다'라는 의미이다.

8행 Therefore, **it** is believed [that we can make our bodies healthier *by introducing* worms]. ▸ it은 가주어이고 [ ]가 진주어이다. 「by v-ing」는 '…함으로써'라는 의미이다.

문제해설

3 기생충이 인체의 면역 체계를 적절히 작용하게 하여 우리 몸을 건강하게 유지하는 데 도움이 된다고 여겨지며, 전 세계적으로 다수의 질병을 치료하는 데 이용되고 있다는 내용이므로, 제목으로는 ② '질병을 물리치기 위해 기생충을 이용하는 것'이 가장 적절하다.
① 기생충이 어떻게 당신의 몸속으로 들어가는가
③ 기생충을 제거하는 것의 긍정적인 효과
④ 기생충으로 인한 건강 문제들
⑤ 속이 메스꺼운가? 당신의 몸속에 기생충이 있을지도 모른다!

4 항체들이 싸울 기생충이 없고 세균이 거의 없으면 면역 체계는 결국 우리 몸 자체를 공격하게 될 수도 있다고 했으므로, 과학자들은 이것이 과도한 면역 체계와 관련된 질병인 알레르기와 천식을 '유발할' 수 있다고 생각한다는 내용이 되어야 자연스럽다. 따라서, (c)의 prevent를 cause 등으로 고쳐야 한다.

5 ⑤ 6 ④

정부에 의해 운영되는 대부분의 복권을 하기 위해서 당신이 해야 하는 첫 번째 일은 복권을 사는 것이다. 만약 운이 좋다면, 당신은 수백만 달러에 당첨될 수도 있다. 이것은 매우 가망이 없지만, 당신이 (여기에) 쓰는 돈은 중요한 정부 프로그램들을 운영하는 데에 도움이 된다.
그런데 대만에는 다른 종류의 복권이 있다. Uniform Invoice Lottery라고 불리는 이것 역시 정부를 위해 돈을 조달한다. 차이점은 이 복권을 하는 데에는 비용이 들지 않는다는 것이다. 이것은 1950년대 초반에 생겨났다. 그 당시에, 대만 정부는 판매세를 징수하는 데 어려움을 겪고 있었다. 많은 상점들이 그들이 실제로 벌어들인 것보다 더 적은 매출을 신고하곤 했다. 그리고 대부분의 소비자들이 현금으로 지불했고 상점들은 좀처럼 영수증을 발급하지 않았기 때문에, 부정행위를 저지르는 사람들을 적발하는 것이 불가능했다.
그래서 정부는 한 가지 획기적인 방안을 생각해 냈다. 그들은 각 영수증의 맨 위에 복권 번호를 인쇄하기 시작했다. 그러고 나서 두 달에 한 번 복권 번호가 추첨이 되곤 했다. 일치하는 번호가 있는 영수증을 소유한 사람은 상금을 받곤 했다. 곧 소비자들은 자신들이 구입하는 모든 것에

대해 영수증을 거절하기(→ 요구하기) 시작했다. 이것은 정직하지 못한 상점들이 그들의 판매세를 빠짐없이 내도록 만들었다. 1년 이내에 정부에 의해 징수된 판매세의 총액이 거의 두 배가 되었다!

구문해설

1행 **In order to play** most lotteries [run by the government], the first thing [(that) you must *do*] is *buy* a ticket. ▸ 「in order to-v」는 '…하기 위해서'라는 의미이다. 첫 번째 [ ]는 most lotteries를 수식하는 과거분사구이다. 두 번째 [ ]는 선행사 the first thing을 수식하는 목적격 관계대명사절로, 목적격 관계대명사가 생략되었다. do동사를 포함한 절이 주어로 쓰였을 때, be동사의 보어로는 흔히 to가 생략된 원형부정사가 온다.

2행 This is highly unlikely, but the money [(which/that) you spend] helps run important government programs. ▸ [ ]는 선행사 the money를 수식하는 목적격 관계대명사절로, 목적격 관계대명사가 생략되었다.

문제해설

5 물품 구매 영수증에 복권 번호를 인쇄하여 소비자들이 영수증을 요구하도록 함으로써, 부정직한 상점들로부터의 판매세 징수액을 늘린 대만 정부의 방안에 관한 내용이므로, 제목으로는 ⑤ '복권이 똑똑한 세금 추적자가 되다'가 가장 적절하다.
① 전 세계의 독특한 복권들
② 정직하지 못한 상점들이 복권을 망친다
③ 복권 상금은 어디에서 나오는가?
④ 대만이 최초의 판매세를 만들어낸 방법

6 대만 정부가 판매세를 제대로 징수하기 위해 물품 영수증에 복권 번호를 인쇄하는 방안을 생각해 냈다고 했으므로, 소비자들이 자신이 구입한 모든 것에 대해 영수증을 '요구하기' 시작했다는 내용이 되어야 자연스럽다. 따라서, (d)의 reject를 demand 등으로 고쳐야 한다.

GRAMMAR ➕

③ ▸ (A) help는 목적격 보어로 동사원형이나 to부정사를 쓰므로, 동사원형인 run이 적절하다. 여기서는 목적어가 생략되었다.
(B) Uniform Invoice Lottery라고 '불리는' 것이므로, 수동의 의미를 나타내는 과거분사 Called가 적절하다.
(C) 부정형용사인 each의 뒤에는 단수명사가 와야 하므로, 단수명사인 receipt가 적절하다.

O2 장문 독해하기 II — 순서 배열 장문

기출예제 pp. 112~113

1 ③ 2 ④ 3 ③

(A) 여덟 살배기 Yolanda는 할머니 댁에 가서 자신이 크면 크게 성공할 것이라고 자랑스럽게 선언하고 할머니께 이것을 이룰 방법에 대해 조언을 해줄 수 있는지 물었다. 할머니는 고개를 끄덕이더니, 소녀의 손을

잡고 그녀를 가까운 식물 묘목장으로 데리고 갔다. 그곳에서 그 두 사람은 두 그루의 작은 나무를 골라서 구입했다.

(C) 그들은 집으로 돌아와 그중 하나를 뒷마당에 심고 다른 한 그루의 나무는 화분에 심어 실내에 두었다. 그런 다음 그녀의 할머니는 그녀에게 그녀가 생각하기에 그 나무 중 어느 것이 미래에 더 성공적일 것인지 물었다. Yolanda는 잠시 생각하더니, 실내의 나무는 보호를 받아 안전하지만 집 밖의 나무는 악천후를 극복해야 하기 때문에, 실내의 나무가 더 성공적일 것이라고 말했다. 그녀의 할머니는 어깨를 으쓱하더니, "두고 보자꾸나."라고 말했다. 그녀의 할머니는 두 나무를 모두 잘 돌보았다.

(D) 몇 년 후, 이제 십 대가 된 Yolanda는 자신의 할머니를 다시 찾아왔다. Yolanda는 어떻게 하면 커서 성공할 수 있을지에 대한 어렸을 적의 질문에 그녀가 결코 확실히 대답해 주지 않았다는 것을 할머니께 상기시켰다. 할머니는 Yolanda에게 실내의 나무를 보여주고는 그녀를 밖으로 데리고 나가 밖의 우뚝 솟은 나무를 보게 했다. "어느 것이 더 크니?"라고 할머니가 물었다. Yolanda는 "밖에 있는 것이요. 하지만 말이 되질 않아요. 그것은 실내의 것보다 더 많은 역경을 극복해야 했잖아요."라고 대답했다.

(B) 할머니는 미소를 지으며, "이것을 기억하렴, 그러면 네가 하는 것이 무엇이든지 그 일에서 성공할 거란다. 평생 안전한 선택지를 고른다면 너는 결코 성장하지 못할 거야. 그러나 네가 모든 역경에도 불구하고 세상에 기꺼이 맞선다면, 너는 그 역경으로부터 배우게 되고 성장하여 대단히 높은 단계까지 성취하게 될 거란다."라고 말했다. Yolanda는 높은 나무를 올려다보고, 심호흡을 하고, 자신의 지혜로운 할머니가 옳다는 것을 깨달으며 고개를 끄덕였다.

구문해설

1행 Eight-year-old Yolanda went to her grandmother's and proudly announced [that she was going to be very successful {when she grew up}] and asked her grandmother [if she could give her any tips on how to achieve this]. ▸ 첫 번째 [ ]는 announced의 목적어로 쓰인 명사절이다. { }는 시간을 나타내는 부사절이다. 두 번째 [ ]는 asked의 직접목적어로 쓰인 명사절이며, if는 '…인지'라는 의미를 나타내는 접속사이다.

9행 But if you are willing to face the world with all of its challenges, you will learn from those challenges and grow [to achieve great heights]. ▸ [ ]는 결과를 나타내는 부사적 용법의 to부정사구이다.

11행 Yolanda **looked** up at the tall tree, **took** a deep breath, and **nodded** her head, [realizing {that her wise grandmother was right}]. ▸ 동사 looked, took, nodded가 접속사 and로 병렬 연결되어 있다. [ ]는 동시동작을 나타내는 분사구문이다. { }는 realizing의 목적어로 쓰인 명사절이다.

15행 Then her grandmother asked her [which of the trees {she thought} would be more successful in the future]. ▸ [ ]는 asked의 직접목적어로 쓰인 명사절이다. { }는 삽입절이다.

23행 Yolanda reminded her [that she **had** never really **answered** her question from when she was a little girl about {how she could become successful when she grew up}]. ▸ [ ]는 reminded의 직접목적어로 쓰인 명사절이다.

had answered는 주절의 과거시제보다 더 이전 시점에 일어난 일을 나타내는 과거완료시제이다. { }는 전치사 about의 목적어로 쓰인 의문사절로, 「의문사+주어+동사」의 어순을 따른다.

어휘

announce 알리다, 발표하다 nod (고개를) 끄덕이다 nursery 육아실; *묘목장 height 높이; *단계 cope with …에 대처[대응]하다, …을 극복하다 shrug (어깨를) 으쓱하다 towering 우뚝 솟은, 매우 높은

적용독해

1 ⑤ **2** ② **3** ② **4** ⑤ **5** ④ **6** ④

1 ⑤ 2 ② 3 ②

(A) Clark 선생님의 유치원 학생들은 그들의 춤 공연에 들떠있었다. 그들은 부모님을 위해 빨리 공연하고 싶어 했다. 그 반이 무대 뒤에서 준비하는 동안, 그들의 가족들은 자리를 찾았다. 곧 불빛이 어두워지고 음악이 시작되자, 학생들은 커튼 사이로 나와 춤을 추기 시작했다. 그런데 그때 (유치원생들보다) 나이가 많은 한 소년이 무대 위로 올라갔다. "저 소년은 누구지?"라고 부모들은 서로 물었다.

(D) 그 소년이 더 어린 아이들 근처에서 춤을 추기 시작했을 때 Clark 선생님은 놀라서 숨이 턱 막혔다. 그는 소년에게 (무대에서) 떠나달라고 요청할 수 있도록 공연을 막 중단하려던 참이었다. 그런데 그때 그는 뭔가를 알아차렸다. 그의 학생들 중 한 명인 Mina라는 어린 소녀가 그 소년에게 손을 흔들고 있었다. 그녀는 그가 그녀와 함께 춤출 수 있도록 그의 손을 잡고 그를 끌어당겼다!

(C) 이것을 보며, Clark 선생님은 갑자기 Mina에게 정신 장애를 가진 오빠가 있다는 것이 기억났다. '이 아이는 그 소년임이 틀림없어!'라고 그는 생각했다. 소년은 학생들을 지켜보며 서투르게 그들의 춤 스텝을 따라 하고 있었다. 관객들은 큰 소리로 불평하기 시작했지만, 유치원생들은 그것을 좋아했다. 그들은 그 어느 때보다도 더 신나 보였고, 그들은 멋지게 춤을 추었다. 공연 마지막에, 그들은 심지어 그 소년이 그들과 함께 허리를 굽혀 인사하게 했다.

(B) 하지만 관객들 중 몇몇 사람들이 여전히 당황해서 소리를 지르고 있어서, Clark 선생님은 무대 위로 뛰어 올라갔다. "우리의 특별 초대 손님인 Mina의 오빠에게 큰 박수를 보냅시다!" 관객들은 처음에는 머뭇거리며 박수를 치기 시작했지만 이내 크고 열광적으로 박수를 쳤다. "방금 여러분께서 보신 것에 대해 생각해 보세요"라고 그는 말을 이었다. "우리 학생들은 그들이 배운 춤의 스텝은 잊을지도 모르지만, 저는 그들이 다른 사람들을 받아들이는 법은 항상 기억하기를 바랍니다."

구문해설

10행 "Our students might forget the dance steps [(which/that) they learned], but I hope [(that) they will always remember how to accept others]." ▸ 첫 번째 [ ]는 선행사 the dance steps를 수식하는 목적격 관계대명사절로, 목적격 관계대명사가 생략되었다. 두 번째 [ ]는 hope의 목적어로 쓰인 명사절이다.

12행 [Seeing this], Mr. Clark suddenly remembered

[that Mina had an older brother {who was mentally disabled}]. ▸ 첫 번째 [ ]는 동시동작을 나타내는 분사구문이다. 두 번째 [ ]는 remembered의 목적어로 쓰인 명사절이다. { }는 선행사 an older brother를 수식하는 주격 관계대명사절이다.

18행 He **was about to stop** the performance *so that* he could ask him to leave. ▸「be about to-v」는 '막 …하려는 참이다'라는 의미이다. 「so that+주어+동사」는 '…가 ~하기 위하여 [하도록]'라는 의미이다.

문제해설

1 Clark 선생님의 유치원생들이 춤 공연을 하는 도중에, 한 소년이 갑자기 무대 위로 올라갔다는 내용인 (A)에 뒤이어, 유치원생들 중 한 명인 Mina가 함께 춤을 출 수 있도록 그 소년의 손을 끌어당기는 상황을 서술하는 (D)가 가장 먼저 나오고, 공연의 마지막에 유치원생들과 소년이 함께 춤을 추고 나서 관객들에게 인사하는 내용의 (C)가 이어진 후, Clark 선생님이 무대에 올라가서 관객들에게 소년을 향한 박수를 유도하는 내용인 (B)의 순서로 이어지는 것이 가장 자연스럽다.

2 (b)는 Clark 선생님을 가리키고, 나머지는 모두 Mina의 오빠를 가리킨다.

3 ② Clark 선생님은 관객들을 향해 Mina의 오빠에게 박수를 보내달라고 한 뒤, 자신의 학생들이 다른 사람들을 받아들이는 법을 항상 기억하기를 바란다고 말했다.

4 ⑤ 5 ④ 6 ④

(A) 어느 날 아침, Ethan은 아침에 마실 커피를 사고 있는 동안 그가 온라인에서 읽었던 것을 시도해 보기로 결심했다. 자신의 커피값을 지불한 후, 그는 자신의 뒤에 줄을 서 있던 사람의 커피값도 지불했다. 이 경험은 그를 기분 좋게 해서, 그는 다음 날 자신의 블로그에 그것에 관한 이야기를 올렸다.

(D) 조금 뒤에, 한 친구가 그 밑에 댓글을 남겼다. 그는 Ethan이 대신에 가난한 학생들이 급식비를 내는 것을 돕는 데 그의 돈을 사용할 것을 제안했다. 그는 부모님이 이전 달의 급식비를 납부하지 않아 학교에서 점심 식사를 거부당한 한 아이에 대해 읽은 후 그 아이디어를 얻었다. 그래서 Ethan은 지역의 한 초등학교에 전화해서 교장과의 만남 자리를 마련했다. 상황을 설명한 후, 그는 그분에게 100달러를 건넸는데, 그는 그것을 감사해하며 받았다.

(C) Ethan이 교장에게 학생들이 총 얼마를 지불해야 하는지 물었을 때, 그는 그것이 1,000달러가 넘는다는 것을 듣고 놀랐다. 그는 교장에게 다음 주에 다시 오겠다고 말했다. 집에 돌아오자마자, Ethan은 온라인 계좌를 개설했다. 그런 다음, 그는 학생들의 모든 미납 고지서를 청산하기 위해 사람들에게 그 계좌에 기부해달라고 요청하며 또 다른 블로그 게시글을 작성했다. 그는 며칠 만에 충분한 돈을 모았다.

(B) 그러나 사람들이 그 계좌에 계속 기부하자, 그는 다른 학교에 연락했고, 그러고 나서 또 다른 학교에 연락했다. 마침내 Ethan은 자신만의 비영리 단체를 시작하기로 했다. 그것은 현재 사람들에게 그들이 지역 학교에 급식비를 납부하기 위한 그들만의 캠페인을 어떻게 시작할 수 있는지를 보여주는 웹사이트를 특징으로 삼는다. 그것은 또한 사람들에게 개별 학생을 후원할 기회도 준다. Ethan의 훌륭한 아이디어 덕분에 현재 학교에서 굶주리는 학생이 더 적다.

구문해설

6행 It now features a website [that shows people {how they can start their own campaigns <to pay lunch bills at a local school>}]. ▸ [ ]는 선행사 a website를 수식하는 주격 관계대명사절이다. { }는 shows의 직접목적어로 쓰인 의문사절로, 「의문사+주어+동사」의 어순을 따른다. < >는 their own campaigns를 수식하는 형용사적 용법의 to부정사구이다.

11행 When Ethan asked the principal [how much money the students owed in total], he was surprised [to hear {that it was more than $1,000}]. ▸ 첫 번째 [ ]는 asked의 직접목적어로 쓰인 의문사절이다. 두 번째 [ ]는 감정의 원인을 나타내는 부사적 용법의 to부정사구이다. { }는 hear의 목적어로 쓰인 명사절이다.

14행 Then he made another blog post, [asking people to donate to the account in order to pay off all of the students' unpaid bills]. ▸ [ ]는 동시동작을 나타내는 분사구문이다.

17행 He suggested [that Ethan should use his money {to **help** poor students **pay** their lunch bills instead}]. ▸ [ ]는 suggested의 목적어로 쓰인 명사절이다. { }는 목적을 나타내는 부사적 용법의 to부정사구이다. help는 목적격 보어로 동사원형이나 to부정사를 쓴다.

18행 He had gotten the idea after reading about a kid [who was denied lunch at school because his parents **hadn't paid** the previous month's bill]. ▸ [ ]는 선행사 a kid를 수식하는 주격 관계대명사절이다. 아이의 부모가 급식비를 납부하지 않은 것은 아이가 점심 식사를 거부당한 것보다 더 이전 시점에 일어난 일이므로 과거완료시제인 hadn't paid가 쓰였다.

문제해설

4 Ethan이 다른 사람의 커피값까지 기분 좋게 지불한 경험을 블로그에 올렸다는 (A)에 뒤이어, 그 게시글을 본 친구가 그의 돈을 급식비를 납부하지 못하는 학생들을 돕는 데 사용할 것을 제안하여 Ethan이 한 초등학교 교장을 만나게 된 내용의 (D)가 가장 먼저 나오고, 총 급식비 미납액이 크다는 것을 알고 온라인 계좌를 개설한 뒤 기부를 요청하여 목표 금액을 모으는 데 성공했다는 (C)가 이어진 후, 사람들의 기부가 계속되자 Ethan이 자신만의 비영리 단체를 설립했다는 내용의 (B)로 이어지는 것이 가장 자연스럽다.

5 (d)는 Ethan의 블로그 게시글에 댓글을 단 친구를 가리키고, 나머지는 모두 Ethan을 가리킨다.

6 ④ Ethan은 온라인 계좌를 개설한 뒤 기부를 요청하는 글을 올려 며칠 만에 충분한 돈을 모았다고 했다.

REVIEW TEST
 p. 118

A

1 whose **2** that **3** attacking **4** mentally
5 asking **6** pay

MINI TEST

1 ②

프로 운동선수들은 훈련할 때 단지 기술만 발전시키고 몸만 강화하는 것이 아니다. 그들은 또한 압박감에 대처하는 능력을 향상시킨다. 영국의 2012년과 2016년 올림픽팀들은 선수들이 고도의 긴장을 요하는 상황에서도 집중력을 유지할 수 있도록 돕는 특별한 프로그램까지 개발했다. 여러 다양한 종목의 최고 코치들은 어떤 상황에서도 선수들이 잘 수행하는 법을 배우도록 돕기 위해 예기치 않게 훈련 환경을 바꾼다. 예를 들어, 어떤 축구 코치는 연습 중에 오른발잡이 선수들이 왼발만 사용해서 공을 차게 할 수도 있다. 올림픽 수영 선수 마이클 펠프스의 코치는 경기 전에 그의 수경을 부러뜨려서 그가 앞을 또렷하게 볼 수 없는 상태에서 경기에 참가하게 만든 적이 있다. 비록 이상하게 들릴지 모르지만, 이 경험은 도움이 되는 것으로 입증되었다. 2008년 한 올림픽 경기 도중에 펠프스의 수경이 물로 가득 찼다. 그는 당황하지 않고 그저 계속 수영했다. 그는 결국 금메달을 획득했고, 심지어 세계 신기록까지 세웠다!

구문해설

2행 Great Britain's 2012 and 2016 Olympic teams even developed a special program [to **help** athletes **maintain** focus during high-pressure situations]. ▸ [ ]는 a special program을 수식하는 형용사적 용법의 to부정사구이다. help는 목적격 보어로 동사원형이나 to부정사를 쓴다.

7행 The coach of the Olympic swimmer Michael Phelps once broke his goggles before a race, [**making** him **compete** without being able to see clearly]. ▸ [ ]는 결과를 나타내는 분사구문이다. 사역동사 make의 목적격 보어로 동사원형이 쓰였다.

11행 He **ended up** *winning* the gold medal and even *setting* a new world record! ▸ 「end up v-ing」는 '결국 …하게 되다'라는 의미이다. 동명사 winning과 setting이 접속사 and로 병렬 연결되어 있다.

문제해설

프로 운동선수들이 다양한 훈련을 통해 압박감에 대처하는 능력을 향상시킨다는 내용의 글이므로, 주제로는 ② '선수들이 압박감 속에서 훈련하는 것이 도움이 되는 이유'가 가장 적절하다.
① 프로 선수들이 슬럼프를 극복하는 방법

③ 압박감 없이 경기 성과를 향상시키는 방법
④ 올림픽에서 적절한 장비를 착용하는 것의 중요성
⑤ 시합 전에 선수의 정신 건강을 관리하는 요령

2 ⑤

남반구 주요 6개국의 사과 생산량

위의 표는 2019년부터 2022년까지의 남반구에 있는 6개국의 사과 생산량을 보여준다. 칠레는 매년 생산량이 감소하였으나, 표에 나타난 해마다 계속 최대 사과 생산국이었다. 표시된 모든 해마다 사과 생산량의 증가를 보인 유일한 국가는 남아프리카공화국이었다. 브라질과 남아프리카공화국은 2020년의 브라질을 제외하고, 두 나라 모두 매년 백만 톤 넘게 생산하며 매해 번갈아 두 번째로 큰 생산국 자리를 차지했다. 뉴질랜드는 2020년을 제외하고 표에 나타난 모든 해에 아르헨티나보다 더 많은 양의 사과를 생산했다. 호주는 매년 다른 어떤 나라보다도 사과를 적게 생산했지만, 생산량은 매년 증가하고 있는 것으로 보인다.

구문해설

3행 The only country [to show an increase in apple production in every year **displayed**] was South Africa.
▸ [ ]는 The only country를 수식하는 형용사적 용법의 to부정사구이다. displayed는 every year를 수식하는 과거분사이다.
6행 ..., **with** both countries **producing** over one million tons annually except for Brazil in 2020. ▸ 「with +(대)명사+v-ing」는 '…가 ~하면서/한 채로'라는 의미로, 명사 both countries가 동사와 능동 관계이므로 현재분사가 쓰였다.

문제해설

⑤ 2020년에 호주의 사과 생산량은 전년에 비해 감소하였다.

3 ④

유럽 토끼들은 오락을 위한 사냥을 위해 1859년에 처음 호주로 오게 되었다. 하지만, 그들의 도입 이후 곧 그들의 수가 (호주) 대륙 전역에서 엄청나게 늘어났다. 유럽 토끼들은 호주의 현지 환경에 극도로 파괴적이기 때문에, 과학자들은 그들의 개체 수를 통제하기 위해 오랫동안 노력해 왔다. 가장 기대되는 방법 중 하나는 점액종 바이러스와 토끼 출혈성 질환 바이러스(RHDV) 둘 다를 토끼 개체군 전체에 퍼뜨림으로써 시도된 생물학적 통제였다. 비록 그들의 수가 두 경우 모두에서 처음에는 감소했지만, 유럽 토끼들은 결국 면역력을 발달시켜 그 바이러스들을 효과적으로 (→ 효과적이지 못하게) 만들었다. 호주 현지 환경을 보호하기 위해, 다른 방법이 필요할 것이다. 어떤 전문가들은 어떤 한 가지 방법도 그 자체만으로는 동시에 실행되는 두 가지 또는 그 이상보다 덜 효과적일 것이라고 주장하면서, 여러 방법의 조합이 사용되어야 한다고 제안했다.

구문해설

5행 One of the most promising methods has been biological control, [which has been attempted by spreading **both** the myxoma virus **and** rabbit hemorrhagic disease virus (RHDV)] .... ▸ [ ]는 선행사 biological control을 부연 설명하는 계속적 용법의 주격 관계대명사

절이다. 「both A and B」는 'A와 B 둘 다'라는 의미이다.

8행 ..., the rabbits eventually developed immunity, [**making** the viruses **ineffective**]. ▶ [ ]는 결과를 나타내는 분사구문이다. making의 목적격 보어로 형용사가 쓰였다.

10행 Some experts have suggested that a combination of methods should be used, [claiming {that any one method by itself will be less effective than two or more <put into practice at the same time>}]. ▶ [ ]는 동시동작을 나타내는 분사구문이다. { }는 claiming의 목적어로 쓰인 명사절이다. < >는 two or more (methods)를 수식하는 과거분사구이다.

문제해설
④ 호주에 도입된 유럽 토끼의 개체 수를 조절하기 위해 두 가지 바이러스를 토끼 개체군 전체에 퍼뜨렸는데, 처음에는 개체 수가 감소했지만 토끼들이 해당 바이러스에 면역력이 생겼다고 했으므로, 바이러스를 이용한 개체 수 조절 방법은 '효과적이지 못한' 것이었다고 추론할 수 있다. 따라서, effective를 ineffective 등으로 고쳐야 한다.

4 ②

대부분의 경우, 인간은 두려움과 슬픔을 피하기 위해 무엇이든 할 것이다. 위험과 외로움으로부터 벗어나고자 하는 것은 자연스러운 욕구이다. 그러면 왜 우리는 이런 감정들을 우리의 오락에서 경험하는 것을 즐기는가? 고대 그리스 철학자 아리스토텔레스 또한 이것에 대해서 궁금해했다. 그의 대답은 그가 '카타르시스'라고 불렀던 것이다. 그것은 우리 몸에서 연민과 두려움 같은 불편한 감정들을 내보내는 방법이다. 그는 고대 그리스의 가장 위대한 의사인 히포크라테스의 책에서 이 생각의 논거를 찾았다. 히포크라테스는 질병이 우리 몸의 불균형에 의해 야기될 수 있다고 믿었다. 아리스토텔레스는 이런 종류의 불균형이 마음에서도 일어날 수 있다고 추정했다. 아리스토텔레스에 따르면, 마음의 균형을 다시 잡기 위해 우리는 나쁜 감정들을 안전하게 경험하고 그것들을 내보내는 방법을 필요로 한다. 이것이 그가 비극을 가장 훌륭한 형식의 드라마라고 생각한 이유이다. 그것이 야기하는 연민과 두려움은 <u>우리를 억압된 감정들로부터 벗어나게 한다</u>.

구문해설
1행 **It is** a natural desire **that** keeps us free from danger and loneliness. ▶ 「It is ... that ~」 강조구문으로, '~하는 것은 바로 …이다'라는 의미이다.

4행 His answer was something [(that) he called "catharsis."] ▶ [ ]는 선행사 something을 수식하는 목적격 관계대명사절로, 목적격 관계대명사가 생략되었다.

8행 According to Aristotle, in order to rebalance the soul, we need a way of [safely experiencing bad feelings] and [getting them out]. ▶ 두 개의 [ ]는 전치사 of의 목적어로 쓰인 동명사구이며, 접속사 and로 병렬 연결되어 있다.

문제해설
마음의 균형을 위해 나쁜 감정을 안전하게 경험하고 그것을 내보낼 방법이 필요한데 비극이 바로 그 방법에 해당한다는 내용이므로, 빈칸에는 ② '우리를 억압된 감정들로부터 벗어나게 한다'가 들어가는 것이 가장 적절하다.
① 우리가 등장인물보다 더 우월하다고 느끼게 만든다

③ 심각한 감정적 불균형을 초래한다
④ 우리의 진짜 감정을 숨기는 법을 가르쳐준다
⑤ 오래 지속되는 심리적 손상으로부터 우리를 보호해준다

5 ④

요즘은 모두가 재정적인 안정에 대해 염려한다. 부채에 대한 걱정이 끝없이 우리의 생각을 차지한다. 우리는 항상 우리가 원하는 것을 생각하고 우리 주변 사람들을 모르는 체하며, 너무 오랫동안 우리 자신에게 집중해 왔다. 현대 사회에서의 성공은 일생 동안의 노고를 필요로 하지만, 진정한 성공은 결코 오지 않는 것 같다. 만약 우리의 삶의 목적이 다른 사람들과 끊임없이 경쟁하는 것이기보다는 그들과 협력하는 것이라면, 우리는 우리 앞에 놓인 새로운 가능성들을 보게 될 것이다. 우리가 진정한 안정이란 그저 그럭저럭 살아갈 만큼 가지는 것임을 인식하면, 우리는 걱정을 멈추고 삶의 경이로운 것들을 즐기기 시작할 수 있다. 이런 종류의 삶은 모두가 누릴 수 있는데, <u>문도 없고, 구입해야 할 티켓도 없다</u>. 당신은 단지 당신이 가진 것에 감사하고, 인생이 당신에게 주는 것은 무엇이든 받아들이기만 하면 된다. 궁극적으로, 삶의 즐거움을 기반으로 하는 사회가 물질적인 성장을 기반으로 하는 사회보다 번창할 가능성이 더 크다.

구문해설
2행 We have been focused on ourselves for too long, always [thinking about {what we want}] and [ignoring the people around us]. ▶ 두 개의 [ ]는 동시동작을 나타내는 분사구문이며, 접속사 and로 병렬 연결되어 있다. { }는 선행사를 포함하는 관계대명사 what이 이끄는 명사절로, 전치사 about의 목적어로 쓰였다.

6행 When we recognize [that true security is simply {having enough to get by}], ... ▶ [ ]는 recognize의 목적어로 쓰인 명사절이다. { }는 주격 보어로 쓰인 동명사구이다.

10행 Ultimately, a society [based on the enjoyment of life] has a greater chance of thriving than **one** [based on material growth]. ▶ 첫 번째와 두 번째 [ ]는 각각 a society와 one을 수식하는 과거분사구이다. one은 앞서 나온 a society를 가리킨다.

문제해설
재정적인 안정이나 타인과의 경쟁에 대한 걱정을 덜고 협력과 삶의 즐거움을 추구하는 것이 중요하며, 이러한 삶의 방식은 누구나 누릴 수 있다는 내용의 글이다. 따라서, 밑줄 친 부분이 의미하는 바로 가장 적절한 것은 ④ '삶이 제공하는 기회들을 이용하기 위한 요건은 없다'이다.
① 물질적 성장은 특권을 가진 사람들에게만 가능하다
② 엄격한 자원 관리를 통해서만 진보를 이룰 수 있다
③ 사회의 안정은 너무 개방적인 접근법에 의해 약화된다
⑤ 현대 사회에서는 수많은 경제적인 장벽들이 행복을 계속 방해한다

1 ①

오늘날 사회에서, 놀이는 아이들에게 즉흥적이고 창의적이며 책임이 없다고 여겨지는 발달상의 오락으로서 가치 있게 여겨진다. 그러나 고대 그리스인들은 놀이라는 행위에 훨씬 더 많은 비중을 두었다. 그들은 그것을 아이들을 그리스 사회에 대한 사회적 책무를 다하도록 준비시키는 방법으로 여겼다. 그것은 음악, 시, 연극과 같은 예술에 대한 감상력을 발달시키기 위한 것이기도 했다. 고대 그리스의 사람들은 진정으로 고귀한 사람이 지녀야 하는 품성과 이상적인 것들에 대한 분명한 생각을 갖고 있었고, 삶의 일상 활동들은 시민들이 그런 사람이 되도록 돕기 위해 의도되었다. 놀이를 통해 아이들의 신체적, 정신적, 그리고 사회적 행복을 증진하는 것은 이 과정에서 중요한 단계로 여겨졌다. 요즘에는 대부분의 사회가 이렇게 많은 것을 요구하지 않지만, 그리스인들의 영향은 오락과 여가에 관한 현대적인 견해에서 여전히 찾아볼 수 있다.

구문해설

1행 ..., play is valued as a developmental pastime for children [that is meant to be spontaneous, imaginative, and free of responsibility]. ▸ [ ]는 선행사 a developmental pastime for children을 수식하는 주격 관계대명사절이다.

3행 They **viewed** it **as** a way [to prepare children for fulfilling their social commitment to Greek society]. ▸ 「view A as B」는 'A를 B로 여기다[보다]'라는 의미이다. [ ]는 a way를 수식하는 형용사적 용법의 to부정사구이다.

5행 The people of ancient Greece held clear ideas [about the character and ideals {that a truly noble person should have}], and the daily activities of life were intended to **help** citizens **become** such a person. ▸ [ ]는 clear ideas를 수식하는 전치사구이다. { }는 the character and ideals를 수식하는 목적격 관계대명사절이다. help는 목적격 보어로 동사원형 또는 to부정사를 쓴다.

문제해설

고대 그리스인들에게 놀이는 아이들을 사회적 책무를 다하도록 준비시키고 아이들의 신체적, 정신적, 사회적 행복을 증진하는 방법이었다는 내용이므로, 제목으로는 ① '고대 그리스 사회에서의 놀이의 역할'이 가장 적절하다.
② 놀이: 예술 감상력을 발달시키는 비결
③ 그리스 귀족이 되기 위한 요건
④ 그리스 아이들이 따라야 하는 놀이 지침
⑤ 현대에서의 사회적 책무의 중요성

2 ⑤

Dobson 씨께,

Simpson's Marketplace의 고객이 되어주셔서 감사합니다. 저희는 고객의 우려를 매우 진지하게 생각하며 귀하의 조언을 고맙게 생각합니다. 하지만 저희는 귀하가 이번 주 초에 우편으로 반품하시려던 용기에 담긴 Ben's Baking Butter를 받아들일 수 없었습니다. 저희는 귀하께서 버터가 너무 짜다고 생각하셨다는 것을 듣게 되어 유감스러웠지만, 저희의 엄격한 방침 때문에 상하기 쉬운 식품의 어떠한 반품도 수락해 드릴 수 없습니다. 귀하의 영수증에 명시된 바와 같이, 모든 식품의 판매액은 환불되지 않습니다. 그러나 저희는 귀하를 귀중한 고객으로 생각하기에, 귀하의 차후 버터 구매품에 20퍼센트 할인을 해줄 쿠폰 코드를 이 편지와 함께 넣었습니다. 저희의 저염 버터 종류 중 하나가 귀하의 기호에 더 맞기를 바랍니다. 그 코드는 저희 웹사이트나 저희의 어느 매장에서든지 사용 가능합니다. 저희와 거래해 주셔서 감사합니다.

고객 서비스 담당자 Michelle Fisher 드림

구문해설

3행 However, we could not accept the container of Ben's Baking Butter [that you tried to return by mail earlier this week]. ▸ [ ]는 선행사 the container of Ben's Baking Butter를 수식하는 목적격 관계대명사절이다.

4행 We were sorry **to hear** [that you thought {(that) the butter was too salty}], but our strict policies *prevent* us *from accepting* any returns of perishable foods. ▸ to hear는 감정의 원인을 나타내는 부사적 용법의 to부정사이다. [ ]는 hear의 목적어로 쓰인 명사절이다. { }는 thought의 목적어로 쓰인 명사절이다. 「prevent A from v-ing」는 'A가 …하지 못하게 하다'라는 의미이다.

문제해설

버터를 반품하려는 고객에게 규정상 상하기 쉬운 식품은 반품이 불가하다는 것을 알리는 글이다.

3 ①

다르게는 막이라고도 알려져 있는 대망막은 보통 아기의 얼굴 주변 피부에 달라붙어 있는 얇은 층의 세포막이다. 8만 명의 아이 중 1명만이 대망막이 얼굴이나 머리를 덮은 채로 태어난다. 이것은 매우 드물게 발생하는 일이기 때문에, 전 세계의 많은 문화에서 그것에 관한 미신과 신화를 만들어냈다. 예를 들어, 광부들은 지하에서 일하는 동안 대망막을 지니고 다녔는데, 대망막이 그들이 위험을 피하는 데 도움이 될 것이라고 믿었기 때문이다. 그리고 로마에서는, 변호사들이 대망막이 법정에서 그들을 도와줄 것이라고 믿으며 그것을 지니고 다녔다. 다른 문화권은 대망막을 가지고 태어난 아이들이 운이 좋고 익사할 리 없다고 믿었다. 그래서 대망막을 지니고 다니는 선원들은 바다에서 익사하는 것으로부터 보호된다고 여겨졌다.

구문해설

1행 A caul, [otherwise known as a veil], is a thin layer of cell membrane [that attaches itself to a baby's skin, usually around the face]. ▸ 첫 번째 [ ]는 주어와 동사 사이에 삽입된 과거분사구로, 주어인 A caul을 부연 설명한다. 두 번째 [ ]는 선행사 a thin layer of cell membrane을 수식하는 주격 관계대명사절이다.

4행 For instance, coal miners carried cauls with them [while working underground], **for** they believed [that the cauls would *help* them *avoid* danger]. ▸ 첫 번째 [ ]는 시간을 나타내는 분사구문으로, 의미를 명확히 하기 위해 접속사를 생략하지 않은 형태이다. for는 이유를 나타내는 접속사로 쓰였다. 두 번째 [ ]는 believed의 목적어로 쓰인 명사절이다. help는 목적격 보어로 동사원형이나 to부정사를 쓴다.

문제해설

① 「with+(대)명사+v-ing」는 '…가 ~한 채로'라는 의미이며, a caul과 동사가 능동 관계이므로, covered를 현재분사 covering으로 고쳐야 한다.

4 ⑤

만약 기술 회사들이 그들 뜻대로 한다면, 대부분의 아날로그 제품들은 쓸모없게 될 것이고 사람들은 거의 모든 것을 스마트 장치로 하게 될 것이다. 여러 방면에서 이것은 이미 일어나고 있지만, 몇몇 아날로그 제품들은 최근 다시 인기를 얻고 있다. 예를 들어, 종이 공책과 레코드판 같은 물품의 매출은 지난 10년간 증가했다. 놀랍게도, 이런 많은 매출은 향수로 인해 이런 물품에 애착을 가지고 있는 게 아닌 밀레니얼 세대에 의해 주도된다. 그들이 더 현대적이고 효율적인 기술보다 아날로그 제품을 선택하는 것은 이상해 보일 수도 있다. 그러나 효율성이 항상 인간에게 주된 목표인 것은 아니다. 우리는 아날로그 제품이 제공하는, 더 느리고 직접 해보는 경험 또한 소중하게 여기는 정서적인 존재이다. 우리는 우리 자신이 디지털 시대에 살고 있다고 생각하겠지만, 인간의 경험은 여전히 대체로 아날로그적인 것이다.

구문해설

3행 If technology companies **had** their way, most analog products **would be** obsolete and people **would do** almost everything on smart devices. ▸ 「If+주어+동사의 과거형, 주어+조동사의 과거형+동사원형」은 현재 사실과 반대되는 일을 가정하는 가정법 과거이다.

7행 Surprisingly, a lot of these sales are driven by millennials [who aren't attached to these items by nostalgia]. ▸ [ ]는 선행사 millennials를 수식하는 주격 관계대명사절이다.

8행 **It** may seem odd *for them* [to choose analog products over more modern and efficient technology]. ▸ It은 가주어이고 [ ]가 진주어이다. for them은 to choose의 의미상 주어이다.

문제해설

주어진 문장은 우리가 아날로그 제품이 제공하는 직접 해보는 경험을 소중하게 여긴다는 내용으로, 디지털 시대에 일부 아날로그 제품의 매출이 증가하는 이유에 해당한다. 따라서, 기술이 주는 효율성이 항상 인간의 주된 목표는 아니라고 서술하는 문장 뒤인 ⑤에 들어가는 것이 가장 적절하다.

5 ④

런던 정신 의학 연구소의 Glenn Wilson 박사에 의해 실시된 2005년의 한 연구는 몇 가지 흥미로운 결과를 냈다. 그 연구는 이메일과 문자 메시지에 답하기 위해 자신이 하고 있던 일을 습관적으로 중단했던 사무

직 근로자들이 전날 밤 잠을 자지 않았던 사람과 비슷한 정신 상태에 있었음을 보여주었다. 1,100명의 연구 대상자 중에서 절반 이상이 그들이 모든 이메일에 즉시 응답한다고 말했으며, 그 연구는 업무 현장에서 이런 종류의 빈번한 중단이 직원들에게 크게 영향을 미칠 수 있음을 확인해 주었다. 그 연구원들은 심지어 근로자들이 전화와 이메일에 의해 반복적으로 방해받을 때 대략 10포인트의 일시적인 IQ 하락을 겪는 것으로 보였다고 보고했다. 적절하게 사용되면, 통신 장치와 서비스가 생산성을 높일 수 있다는 것에는 의심의 여지가 없다. 하지만 그것들의 사용이 통제되지 않으면, 그것들은 근로자의 정신 상태를 위태롭게 할지도 모르며 그에 따라 그들의 성과 또한 그렇게 할지도 모른다.

→ 업무 현장에서 통신 장치에 의해 초래되는 방해는 근로자들의 정신 상태에 부정적인 영향을 미치므로 생산성을 감소시킬 수 있다.

구문해설

1행 A 2005 study [conducted by Dr. Glenn Wilson of the Institute of Psychiatry in London] produced some interesting results. ▸ [ ]는 A 2005 study를 수식하는 과거분사구이다.

2행 ... office workers [who habitually stopped {what they were doing} **to respond** to emails and texts] were in a similar mental state to someone [who had not slept the night before]. ▸ 첫 번째 [ ]는 선행사 office workers를 수식하는 주격 관계대명사절이다. { }는 선행사를 포함하는 관계대명사 what이 이끄는 명사절로, stopped의 목적어로 쓰였다. to respond는 목적을 나타내는 부사적 용법의 to부정사이다. 두 번째 [ ]는 선행사 someone을 수식하는 주격 관계대명사절이다.

9행 There is no question that, [when (they are) used appropriately], communication devices and services can boost productivity. ▸ when이 이끄는 부사절 [ ]에서 접속사 when 다음에 「주어+be동사」가 생략되었다.

문제해설

근무 시간에 전화나 이메일과 같은 통신 장치 및 서비스의 사용이 적절하게 통제되지 않으면, 그것들이 근로자의 정신 집중을 방해하여 성과를 저해할 수 있다는 내용의 글이다.

MINI TEST 3회   pp. 128~131

1 ③   **2** ③   **3** ④   **4** ⑤   **5** ③

1 ③

우리 중 대부분은 적어도 한두 명의 평생의 친구가 있다. 이 친구들은 보통 우리가 성공한 어른으로 완전히 자리 잡기 전에 만난 사람들이다. 이 때문에, 그들은 우리가 돈, 사회적 지위, 또는 인상적인 직업을 갖기 전에 어떤 사람이었는지 안다. 이런 것들이 우리의 사회적 자존감을 강화하기는 하지만, 그것은 우리의 진정한 친구들이 관심을 가지는 것이 아니다. 평생의 친구들은 우리의 성공을 칭찬해 주고, 우리가 애쓸 때 우리를 격려해 주지만, 그들은 모든 사회적 업적 이면의 진짜 사람에 관심을 갖

기 때문에 특히 소중하다. 반면, 우리가 새로운 친구를 사귈 때는 그들이 우리가 진정 누구인지 안다고 확신하기 어렵다. 우리는 끊임없이 우리가 성취한 것의 측면에서 우리 자신을 보여주고 있기 때문에, 우리의 사회적 지위가 그들이 보는 전부일지도 모른다.

구문해설

〔4행〕 ..., they are not [what our true friends care about]. ▶ [ ]는 선행사를 포함하는 관계대명사 what이 이끄는 명사절로, 문장의 보어로 쓰였다.

〔7행〕 When we make new friends, on the other hand, **it** is difficult [to be sure that they see {who we really are}]. ▶ it은 가주어이고 [ ]가 진주어이다. { }는 see의 목적어로 쓰인 의문사절이다.

문제해설

평생의 친구는 우리의 사회적 업적에 관계없이 한 인간으로서의 우리의 진짜 모습을 봐주기 때문에 소중한 반면, 새로 사귀는 친구는 우리의 사회적 지위만 볼 수도 있다고 했으므로, 주제로는 ③ '우리는 왜 새로운 친구보다 오래된 친구를 더 소중히 여기는가'가 가장 적절하다.
① 사회적 지위는 어떻게 우리가 누구인지를 규정하는가
② 성인으로서 새로운 친구를 사귀는 것의 이점
④ 대부분의 우정이 시간이 지나면서 시들해지는 이유
⑤ 어린 시절의 우정의 진정한 목표는 무엇이어야 하는가

2 ③

사람들은 처음에는 단지 자신의 평판을 보호하기 위해서 따랐던 사회적 규칙들을 차츰 받아들이는 것처럼 보인다. 이것의 좋은 사례는 사람들이 고개를 숙여 인사하는 문화권에서 악수를 하여 인사하는 문화권으로 이주하는 사람의 사례일 것이다. 처음에 그는 아마 단순히 다른 사람들의 기분을 상하게 하거나 그들에게 나쁜 인상을 주는 것을 피하고자 악수를 할 것이다. 하지만 시간이 지나면서, 악수하는 것이 그에게 당연하게 될 것이다. 그는 그것이 적절한 행동인지 아닌지에 대해 더는 생각할 필요가 없을 것이다. 이 시점에서, 그를 이끌고 있었던 것은 더는 문화적인 실수를 하는 것에 대한 두려움이 아닐 것이다. 그는 심지어 새롭게 내재화된 문화적 능숙함을 자각하지 않고서도 그저 그것에 의지하고 있을 것이다.

구문해설

〔1행〕 People seem to gradually accept social rules [to which they initially conformed only **to protect** their reputations]. ▶ [ ]는 선행사 social rules를 수식하는 목적격 관계대명사절이다. to protect는 목적을 나타내는 부사적 용법의 to부정사이다.

〔2행〕 A good example of this would be **that** of a man [who moves from a culture {where people greet by bowing} to *one* {where they greet by shaking hands}]. ▶ that은 an example을 가리킨다. [ ]는 선행사 a man을 수식하는 주격 관계대명사절이다. 첫 번째와 두 번째 { }는 각각 선행사 a culture와 one을 수식하는 관계부사절이다. one은 앞서 나온 a culture를 가리킨다.

〔6행〕 He would no longer have to think about [**whether** it was the appropriate behavior **or not**]. ▶ [ ]는 전치사

about의 목적어로 쓰인 명사절이다. 「whether ... or not」은 '…인지 아닌지'라는 의미이다.

〔7행〕 At this point, **it would** no longer **be** a fear of making a cultural mistake **that** was guiding him. ▶ 「It is ... that ~」 강조구문으로, '~하는 것은 바로 …이다'라는 의미이다.

문제해설

③ avoid의 목적어로 쓰인 offending과 접속사 or로 병렬 연결되어 있는 구조이므로, make를 동명사인 making으로 고쳐야 한다.

3 ④

최근에 한 연구팀이 많은 관심을 받고 있는 특이한 책을 썼다. 그들의 메시지는 흙에서 노는 것이나 심지어는 그것을 먹는 것이 아이들의 건강에 좋다는 것이다. 그들은 아기들이 몸속에 얼마나 많은 박테리아를 가지고 있는지 분석했고, 이러한 종류의 박테리아와 병에 걸리는 것 사이의 연관성을 찾으려고 애썼다. 대신에, 그들은 놀라운 무언가를 발견했다. 그들의 연구는 특정한 3개월 된 아기들이 나이를 먹으면서 알레르기가 생길 가능성이 더 적음을 보여주었다. 이 아기들은 그들의 몸속에 가장 다양한 종류의 박테리아를 가지고 있던 아기들이었다. 이 연구에 근거해서, 그들은 다양한 종류의 박테리아와의 접촉이 아이들의 면역 체계를 강화한다고 주장한다. 하지만, 일부 유형의 박테리아는 해로우며 피해야 한다는 것을 기억하는 것이 중요하다.

구문해설

〔2행〕 Their message is [that {playing in the dirt}, or {even eating it}, is healthy for kids]. ▶ [ ]는 주격 보어로 쓰인 명사절이다. 두 개의 { }는 명사절 내의 주어로 쓰인 동명사구이며, 접속사 or로 병렬 연결되어 있다.

〔2행〕 They analyzed [how much bacteria babies had in their bodies] and tried to find a link .... ▶ [ ]는 analyzed의 목적어로 쓰인 의문사절로, 「의문사+주어+동사」의 어순을 따른다.

문제해설

④는 3개월 된 아기들을 가리키고, 나머지는 모두 연구팀을 가리킨다.

4 ⑤

과학자들은 최근에 실제 북극 순록이 소설 속의 루돌프처럼 강렬한 빨간색 코를 가지고 있지는 않지만, 그들이 자신의 눈 색깔을 바꿀 수 있다는 것을 알아냈다. 순록은 그들이 사는 북극 툰드라에서, 겨울에 몇 주간의 완전한 어둠을 경험한다. 살아남기 위해서, 그들은 눈 색깔을 노란색에서 짙은 푸른색으로 조정해야 한다. 푸른 눈은 노란 눈보다 더 많은 빛을 포착할 수 있어서 겨울에 순록에게 이롭다. 일단 눈이 노란색에서 푸른색으로 바뀌면 그들 주위의 사물에서 반사된 빛이 눈 전체에 더 널리 확산되고, 이는 이 반사된 빛이 더 많이 광수용체에 도달할 수 있게 해준다. 이것은 순록이 주변 환경의 더 많은 부분을 보는 데 도움이 되지만, 그들이 보는 것이 아주 선명하지는 않다. 하지만, 그들은 포식자를 발견하고 피할 수 있을 만큼은 충분히 잘 본다.

구문해설

〔2행〕 Reindeer experience weeks of total darkness in winter in the Arctic tundra [where they live]. ▶ [ ]는 선행

사 the Arctic tundra를 수식하는 관계부사절이다.

6행 The light [that bounces off objects around them] disperses more throughout the eye **once** it changes from yellow to blue, [*allowing* more of this reflected light *to reach* the photoreceptors]. ▸ 첫 번째 [ ]는 선행사 The light를 수식하는 주격 관계대명사절이다. once는 '일단 …하면'이라는 의미의 접속사이다. 두 번째 [ ]는 결과를 나타내는 분사구문이다. 「allow A to-v」는 'A가 …하게 해주다'라는 의미이다.

9행 However, they see **well enough to be** able to spot and avoid predators. ▸「부사+enough to-v」는 '…할 만큼 충분히 ~하게'라는 의미이다.

문제해설
⑤ 순록의 푸른 눈은 주변 환경을 더 많이 볼 수 있게 해주기는 하지만, 그들이 보는 것이 아주 선명하지는 않다고 했다.

5 ③

사람들은 흔히 야생 동물 피해 관리가 과다한 종의 개체 수를 줄이는 것을 의미한다고 생각한다. 그러나, 항상 그런 것은 아니다. 야생 동물 피해 관리는 때때로 분명히 그 수가 과하지 않은 종에게도 이루어진다. 예를 들어, 캘리포니아에는 송골매라고 불리는 새가 있다. 송골매의 문제는 그 수가 과하다는 것이 아니라, 그것이 제비갈매기와 같은 멸종 위기의 종을 잡아먹는다는 것이다. (송골매는 빠른 속도로 급강하하면서 다른 새들의 날개와 충돌함으로써 그것들을 죽인다.) 이러한 경우에 가장 좋은 해결책은 송골매의 수를 줄이는 것이 아니라, 그것이 제비갈매기를 잡아먹지 못하게 하는 것이다. 여기에서 문제는 송골매에 해를 가하지 않고 그것 자체를 멸종 위기의 종이 되게 하지 않으면서 이렇게 하는 방법을 알아내는 것이다.

구문해설
4행 The problem [with the peregrine falcon] is **not** [that it is overabundant], **but** [that it preys on endangered species, such as terns]. ▸ 첫 번째 [ ]는 The problem을 수식하는 전치사구이다. 「not A but B」는 'A가 아니라 B'라는 의미이다. 두 번째와 세 번째 [ ]는 주격 보어로 쓰인 명사절이다.

8행 The issue here is [to determine how to do this without {causing damage to the peregrine falcons} and {turning the falcon itself into an endangered species}]. ▸ [ ]는 주격 보어로 쓰인 to부정사구이다. 두 개의 { }는 전치사 without의 목적어로 쓰인 동명사구이며, 접속사 and로 병렬 연결되어 있다.

문제해설
송골매와 같이 개체 수가 과하지 않은 종에도 야생 동물 피해 관리가 이루어지는 경우를 설명하는 글이므로, 송골매의 사냥 방법을 언급한 ③은 글의 흐름과 무관하다.

1 ②   **2** ①   **3** ②   **4** ③   **5** ④

1 ②

연구에 따르면, 관리자의 압도적 다수가 지원자를 고용할지 여부를 결정하는 데 30초도 채 걸리지 않으며, 2분까지 시간을 들이는 경우는 1퍼센트에 불과하다고 한다. 이는 채용이 지원자의 자질을 신중하게 고려하기보다 직관 편향, 즉 지원자에 대한 즉각적이고 본능적인 감정에 의존하는 경향에 크게 영향을 받는다는 것을 시사한다. 고용에 대한 주관적인 접근 방식이 강력하고 화합하는 조직 문화를 만드는 데 도움이 될 수 있다는 점은 사실이지만, 직관 편향은 개인과 조직 모두에 상당한 부정적인 영향을 미친다. 지원자에 대한 본능적인 감정은 보통 관련 없는 개인적인 경험과 심지어 문화적인 고정 관념과 같은 요소에 영향을 받는다. 그 결과, 과소 대표된 집단 출신의 지원자들은 자주 공정한 고려를 받지 못한다. 이는 사회적 불평등을 강화할 뿐만 아니라, 다양성이 부족하고 좀처럼 혁신하지 않는 조직으로 이어진다. 이를 방지하기 위해, 관리자는 반드시 지원자 개인의 능력과 장점에 근거하여 채용 결정을 내려야 한다.

구문해설
1행 Research has shown [that an overwhelming majority of managers **spend** less than 30 seconds **determining** {*whether or not* they will hire an applicant for a position}, while those {who spend up to two minutes} make up a mere one percent]. ▸ [ ]는 has shown의 목적어로 쓰인 명사절이다. 「spend+시간+v-ing」는 '…하는 데 시간을 보내다'라는 의미이다. 첫 번째 { }는 determining의 목적어로 쓰인 명사절로, whether (or not)는 '…인지 (아닌지)'라는 의미이다. 두 번째 { }는 선행사 those를 수식하는 주격 관계대명사절이다.

3행 This suggests that recruitment is heavily influenced by **intuition bias**, [a tendency to rely on one's immediate, instinctive feelings about candidates] *rather than* carefully considering their qualifications. ▸ intuition bias와 [ ]는 동격이다. 「A rather than B」는 'B보다는 A'라는 의미이다.

6행 While **it** is true [that a subjective approach to hiring can help create a strong and cohesive organizational culture], ... ▸ it은 가주어이고 [ ]가 진주어이다.

11행 ..., this leads to a workforce [that lacks diversity and is **slow to innovate**]. ▸ [ ]는 선행사 a workforce를 수식하는 주격 관계대명사절이다. 「slow to-v」는 '좀처럼 …하지 않는'이라는 의미이다.

문제해설
지원자의 채용을 결정할 때 관리자들은 즉각적이고 본능적인 감정, 즉 주관적인 직관을 따르는 경향이 있으며, 이는 사회적 불평등을 강화하고 조직의 다양성과 혁신을 저해하는 등 부정적인 영향을 미치므로, 후보자 개인의 능력과 장점에 기반하여 채용 결정을 내려야 한다는 내용의 글이다. 따라서, 필자가 주장하는 바로 가장 적절한 것은 ②이다.

2 ①

세계의 모든 문화는 일종의 선물을 주는 전통을 가지고 있는 것 같다. 전통 그 자체는 문화마다 각기 다르지만, 적절한 선물을 주는 것은 거의 모든 곳에서 사회적 유대를 강화한다. 선물을 주는 것은 과거에도 중요한 역할을 했다. 선물을 주는 전통과 의식적인 행사의 사례들이 고대 문헌 곳곳에서 발견된다. 귀중한 선물을 주고받기 위해 이웃 왕국을 방문하는 전사들에 관한 내용을 흔히 읽을 수 있는데, 그것은 두 국가 간에 강한 친밀감을 불러일으켰다. 중요한 결혼식, 장례식, 축제에서는 비싼 선물을 주고받는 것도 이루어졌다. 많은 경우에, 이러한 선물들은 후에 권력을 가진 사람들에 의해 획득되었는데, 그들은 그 선물들을 자기가 갖거나 존경의 표시로 다른 사람들에게 선사하곤 했다.

구문해설

5행 It is common [to read about warriors {visiting neighboring kingdoms *to exchange* valuable gifts}], [which created a strong feeling of friendship between the two lands]. ▸ It은 가주어이고 첫 번째 [ ]가 진주어이다. { }는 warriors를 수식하는 현재분사구이다. to exchange는 목적을 나타내는 부사적 용법의 to부정사이다. 두 번째 [ ]는 앞서 나온 warriors ... to exchange valuable gifts의 내용을 부연 설명하는 계속적 용법의 주격 관계대명사절이다.

8행 In many cases, these gifts were later captured by powerful individuals, [who would **either** keep the gifts for themselves **or** present them to others as a sign of respect]. ▸ [ ]는 선행사 powerful individuals를 부연 설명하는 계속적 용법의 주격 관계대명사절이다. 「either A or B」는 'A 또는 B'라는 의미이다.

문제해설

(A) 절의 주어가 동명사구(giving an appropriate gift)이고 동사 자리이므로, 단수동사 strengthens가 적절하다.
(B) 전사들은 이웃 왕국을 '방문하는' 주체이므로, 능동의 의미를 나타내는 현재분사 visiting이 적절하다.
(C) 선행사가 powerful individuals이고 관계대명사 that은 계속적 용법으로 쓸 수 없으므로, who가 적절하다.

3 ②

당신이 생각하기에 외국어를 배우는 가장 좋은 방법은 무엇인가? 당신이 단지 단어를 많이 암기하는 것만 한다면, 그 단어들을 조합해 문법적으로 올바른 문장을 만드는 법을 알지 못할 것이다. 당신은 많은 양의 지식을 습득하게 되겠지만, 실제로 그 언어를 사용하지 않으면, 여전히 그것에 대한 진정한 이해는 부족할 것이다. 다시 말해, 당신은 많은 조각을 모아 놓게 될 순 있어도, 그것들을 어떻게 조합할지는 모를 것이다. 이 점이 수학에도 적용된다. 많은 공식과 방정식을 암기하는 것은 당신이 그럭저럭 해내는 데 도움이 될 수 있겠지만, 그것이 진정한 이해로 이어지지는 않는다. 그것은 당신이 수학적 패턴을 이해하거나 심화 문제를 풀게 할 수 없을 것이다. 그러므로, 수학을 진짜로 배우고 싶다면 그것을 외국어처럼 다루어라.

구문해설

1행 What do you think the best way [to learn a foreign language] is? ▸ [ ]는 the best way를 수식하는 형용사적 용법의 to부정사구이다.

3행 You **will have acquired** a great deal of knowledge, but without [actually making use of the language], you will still lack a real understanding of it. ▸ will have acquired는 과거나 현재에서 시작해 미래의 어느 한 시점까지 일어난 일의 완료를 나타내는 미래완료시제이다. [ ]는 전치사 without의 목적어로 쓰인 동명사구이다.

문제해설

외국어를 학습하는 최고의 방법은 단어만 암기하기보다 단어들을 올바르게 조합하여 실제로 사용해 보면서 그 언어를 이해하는 것이며, 수학도 단순히 공식을 외우는 데 그치지 않고 외국어를 공부할 때와 같은 방식으로 해야 한다는 내용의 글이다. 따라서, 밑줄 친 부분이 의미하는 바로 가장 적절한 것은 ② '실생활의 맥락에서 수학을 사용하는 연습을 하라'이다.

① 이론적인 지식을 얻는 데 집중하라
③ 당신이 외국어를 중요시하는 만큼 수학도 그렇게 하라
④ 수학이 문법과 어떤 공통점이 있는지 생각하라
⑤ 공식과 방정식을 할 수 있는 한 많이 암기하라

4 ③ 5 ④

수년 동안, 대학 미식 축구 플레이오프 선발 위원회는 우승을 놓고 경쟁할 네 개의 팀을 선정했다. 얼마 지나지 않아 어떤 경향 하나가 눈에 띄었는데, 몇몇 팀들이 지속적으로 경쟁에 참여하도록 선발되고 있다는 것이었다. 물론, 이것은 단지 운이 아니었다. 대학 미식 축구팀들이 경기에서 승리함에 따라 그들은 텔레비전에서 보일 가능성이 더 커진다. 높아진 노출은 더 많은 팬들을 끌어모으고 또한 프로그램이 가장 재능 있는 새로운 유망주들을 모집하는 데 도움이 된다. 이것은 결과적으로 티켓 판매와 기부를 끌어올려, 프로그램을 최고의 운동선수들에게 훨씬 더 바람직하게 만들고 팀이 미래에 성공을 유지할 가능성을 높인다. 이 피드백 고리는 몇몇 팀들이 플레이오프에 자주 등장하는 경향을 설명한다.

우리가 자연계로 시선을 돌리면 비슷한 양상이 관찰될 수 있다. 서로 다른 두 종이 동일한 먹이와 자원을 놓고 경쟁하면서 완전히 같은 환경에서 사는 것은 불가능하다. 이 종들 중 하나는 다른 종보다 더 빨리 번식하거나 가용 자원을 더 효과적이거나 효율적으로 사용할 것이다. 이와 같은 이점은 그 종이 개체 수를 더 쉽게 늘리게 해줄 것이다. 결과적으로, 열세한(→ 우세한) 종은 상대와 싸울 필요가 없는데, 그것의 우세한 개체 수가 고전하는 경쟁 상대에게 점점 더 적은 자원을 남기기 때문이다. 이것은 더 약한 종이 어쩔 수 없이 다른 자원을 사용하거나 또 다른 장소로 이동하거나 완전히 멸종하게 만든다.

구문해설

6행 This, in turn, boosts ticket sales and donations, [**making** the program even more desirable for top athletes and **increasing** *the chances* {that the team will sustain its success into the future}]. ▸ [ ]는 결과를 나타내는 분사구문으로, making과 increasing이 접속사 and로 병렬 연결되어 있다. the chances와 { }는 동격이다.

11행 **It** is impossible *for two different species* [to live in the exact same environment {while competing for the same food and resources}]. ▸ It은 가주어이고 [ ]가 진주어이다. for two different species는 to live의 의미상 주어이다. { }는 시간을 나타내는 분사구문으로, 의미를 명확히 하기 위해 접속사를 생략하지 않은 형태이다.

18행 This **forces** the weaker species **to use** different resources, **(to) move** to another location, or **(to) die out** completely]. ▸ 「force A to-v」는 'A를 (어쩔 수 없이) …하게 만들다'라는 의미로, to use, (to) move, (to) die out이 접속사 or로 병렬 연결되어 있다.

<u>문제해설</u>
4 경기에서 승리한 대학 미식 축구팀이 더 많은 팬을 확보하고 티켓 판매와 기부가 늘어나 더 바람직한 프로그램을 만들어 미래에도 승리할 가능성이 높아지는 것과 마찬가지로, 자연계에서도 더 빨리 번식하거나 자원을 잘 사용하는 우세한 종이 경쟁 관계의 다른 종을 열세하게 몰아간다는 내용의 글이므로, 글의 제목으로 가장 적절한 것은 ③ '승리의 순환: 승리가 어떻게 더 많은 승리로 이어지는가'이다.
① 약자가 역경에 맞서 성공할 때
② 지배에 대한 환상: 현실 대 신화
④ 다양성: 경쟁 상황에서 생존의 열쇠
⑤ 종들이 어떻게 지배적이면서 동시에 소수일 수 있는가

5 다른 종보다 더 빨리 번식하거나 가용 자원을 더 효과적 또는 효율적으로 사용하는 종은 개체 수가 더 쉽게 증가하는 반면, 더 약한 종은 다른 자원을 사용하거나 다른 장소로 이동하거나 아니면 완전히 멸종하게 된다고 했으므로, 우세한 종은 고전하는 경쟁 상대에게 점점 더 적은 자원을 남기며 그 상대와 싸울 필요가 없어진다는 것을 추론할 수 있다. 따라서, (d)의 minor를 dominant 등으로 고쳐야 한다.

MINI TEST 5회   pp. 136~139

1 ⑤   **2** ①   **3** ③   **4** ④   **5** ③

1 ⑤

많은 여론 조사에 따르면, 미국의 유권자들은 국가 안보, 보건, 경제와 같은 사회적 문제들에 가장 관심이 있다. 대다수의 국민은 환경을 그들의 최우선 사항 중 하나에 포함시키지 않는다. 그러나 기후 변화와 같이 환경과 관련된 문제들은 우리 사회에 직접적인 영향을 미친다. 예를 들어, 기후 변화는 천연자원에 영향을 미치는데, 이 자원들이 부족해지면 갈등이 생기거나 우리의 국가 안보를 위협한다. 게다가, 기온이 상승함에 따라, 바이러스를 옮기는 모기들은 개체 수가 증가하고 말라리아 감염 사례 수의 증가와 같은 심각한 건강상의 우려를 일으킨다. 뿐만 아니라, 기후 변화 문제를 해결하는 데 주력하는 것은 기술의 더 빠른 진전과 새로운 일자리 창출로 이어짐으로써 경제에 유익한 영향을 미치는 것으로 나타났다.

<u>구문해설</u>
3행 Yet <u>matters</u> [related to the environment], [such as climate change], <u>have</u> a direct impact on our society.

<small>S</small>   <small>V</small>

▸ 첫 번째 [ ]는 matters를 수식하는 과거분사구이며, 두 번째 [ ]는 삽입구이다.

8행 Furthermore, [focusing on resolving the climate change issue] has been shown to have beneficial effects on the economy .... ▸ [ ]는 문장의 주어로 쓰인 동명사구이다.

<u>문제해설</u>
미국 유권자들이 국가 안보, 보건, 경제와 같은 사회적 문제에는 관심이 많은 반면 환경은 크게 고려하지 않는데, 사실상 환경과 관련된 문제들은 그들이 관심을 가지는 사회적 문제들에 직접적인 영향을 미친다고 말하고 있다.

2 ①

"Charles! 어디에 있니?"라고 Liz가 외쳤다. 파도 너머를 내다보며, 그녀는 남동생의 이름을 불렀다. 그 폭풍은 거의 한 시간 전에 예고 없이 나타났고, 더 악화되기만 하는 것처럼 보였다. Liz는 수면 위로 남동생의 낚싯배를 볼 수 없었다. 그녀가 들을 수 있는 유일한 소리는 바람의 격렬한 포효뿐이었다. 그런데도 그녀는 계속 Charles를 큰 소리로 불렀다. 그녀는 귀를 파도 쪽으로 돌려 주의 깊게 들어보았지만 아무런 대답이 없었다. 얼마 후, 그녀는 땅에 주저앉아 차가운 비가 그녀에게 퍼붓는 동안 흐느껴 울기 시작했다. 바로 그때, 그녀는 작고 깜빡이는 불빛을 보았고, 그녀의 심장이 갑자기 흥분으로 가득 찼다. 그 불빛은 Charles의 배에서 나오고 있었고, Liz는 누군가가 자신을 향해 손을 흔들고 있는 것을 볼 수 있었다. Charles가 살아있다는 것을 알게 되자, Liz의 걱정은 즉시 사라졌다.

<u>구문해설</u>
1행 [Looking out across the waves], she called her brother's name. ▸ [ ]는 동시동작을 나타내는 분사구문이다.

4행 The only sound [(that) she could hear] was the violent roar of the wind. ▸ [ ]는 선행사 The only sound를 수식하는 목적격 관계대명사절로, 목적격 관계대명사가 생략되었다.

8행 ..., and Liz could **see** someone **waving** to her.
▸ 지각동사 see의 목적어와 목적격 보어가 능동 관계이므로, 목적격 보어로 현재분사인 waving이 쓰였다.

9행 [Realizing {that Charles was alive}], Liz's worries instantly melted away. ▸ [ ]는 이유를 나타내는 분사구문이다. { }는 Realizing의 목적어로 쓰인 명사절이다.

<u>문제해설</u>
Liz는 폭풍 속에서 남동생 Charles의 낚싯배가 보이지 않자 절망적이었다가, 낚싯배의 불빛과 Charles의 손짓을 보고 안도했을 것이다.

3 ③   4 ④   5 ③

(A) 1월의 어느 평일 아침에, 워싱턴 D.C.의 한 지하철역에서 어떤 남자가 바이올린을 연주하기 시작했다. 그는 바흐, 마스네, 슈베르트, 그리고 퐁세의 작품들을 포함한 총 여섯 개의 클래식 곡들을 연주하며 약 45분 동안 연주했다. 이 혼잡 시간대에, 천 명 이상의 사람들이 이 역을 지나갈 것으로 예상되었다.

(C) 처음 3분간의 연주가 지나고, 한 중년 남성이 목적지를 향해 계속 가

면서 바이올린 연주자를 향해 고개를 돌렸다. 그러고 나서 그 바이올린 연주자는 그의 바이올린 케이스에 돈을 던져 넣고 (그의 연주를) 듣기 위해 멈추지 않고 계속 가던 길을 간 한 여성으로부터 첫 번째 달러 팁을 받았다. 공연 시작 6분 만에 한 남성이 마침내 벽에 기대기 위해 멈춰 섰다. 그는 떠나기 전에 약 3분 동안 (그의 연주를) 들었다.

(D) 세 살짜리 남자아이가 그 바이올린 연주자를 보기 위해 잠시 멈춰 섰지만, 그의 어머니는 그를 재촉해 데려갔다. 몇몇 다른 아이들이 이 행동을 반복했고 (그의 연주를) 듣고 싶어 했다. 모든 부모들은 이 바쁜 아침에 자신의 아이들이 계속해서 움직이도록 독려했다. 이 45분간의 공연에서, 총 7명의 사람들이 (그의 음악을) 듣기 위해 멈춰서 머물렀다. 27명의 사람들이 그에게 돈을 줬는데, 그들 중 대부분은 멈추지 않고 그냥 지나갔다. 그 바이올린 연주자는 그날 아침 총 32달러를 벌었다.

(B) 그 바이올린 연주자가 연주를 마쳤을 때, 정적이 그 역을 메웠다. 군중으로부터 아무런 박수나 환호도 없었다. 단 한 명의 여성만이 그가 클래식 음악계에서 가장 훌륭한 음악가 중 한 명인 Joshua Bell이라는 것을 알아봤다. 이날 아침 공연 3일 전, 그는 티켓 한 장당 평균 약 100달러인 보스턴에 있는 한 극장을 매진시켰다. 만약 그 역에 있던 사람들이 세계 최고의 음악가 중 한 명의 공연을 놓쳤다면, 그들은 다른 어떤 것들을 놓치고 있을까? 우리 주변의 세상에는 너무나 많은 것들이 있다. 우리는 그저 고개를 들어 주의를 기울여야만 한다.

구문해설

2행 He played for about forty-five minutes, [performing a total of six classical pieces, ...]. ▸ [ ]는 동시동작을 나타내는 분사구문이다.

13행 ..., a middle-aged man turned his head toward the violinist [while continuing to his destination]. ▸ [ ]는 시간을 나타내는 분사구문으로, 의미를 명확히 하기 위해 접속사를 생략하지 않은 형태이다.

14행 The violinist then received his first dollar tip from a woman [who **tossed** money into his violin case and **kept** walking without stopping *to listen*]. ▸ [ ]는 선행사 a woman을 수식하는 주격 관계대명사절이며, tossed와 kept가 접속사 and로 병렬 연결되어 있다. to listen은 목적을 나타내는 부사적 용법의 to부정사이다.

문제해설

3 어느 바이올린 연주자가 워싱턴 D.C.의 한 역에서 혼잡 시간대에 연주를 시작했다는 내용의 (A)에 이어서, 초반 몇 분간의 연주에 대한 사람들의 반응을 언급한 (C)가 가장 먼저 나오고, 이후 45분간 이어진 연주에서 사람들이 보인 다양한 반응이 담긴 (D)가 이어진 후, 그 연주자는 사실 세계적으로 유명한 바이올리니스트였으며 사람들이 그런 대단한 연주도 놓칠 만큼 바쁘게 살고 있음을 보여주는 (B)로 이어지는 것이 가장 자연스럽다.

4 (d)는 잠시 벽에 기대어 연주를 들은 남자이고, 나머지는 모두 바이올린 연주자를 가리킨다.

5 ③ 바이올린 연주자에게 첫 번째 팁을 준 사람은 바이올린 케이스에 돈만 던져 넣고 계속 가던 길을 간 여성이었다.

MEMO

독해

READING EXPERT

중고등 대상 7단계 원서 독해 교재

Level 1 | Level 2 | Level 3 | Level 4 | Level 5 |
Advanced 1 | Advanced 2

기강 잡고

기본을 강하게 잡아주는 고등영어

독해 잡는 필수 문법 | 기초 잡는 유형 독해

빠바
빠른독해 바른독해

빠른 독해를 위한 바른 선택

기초세우기 | 구문독해 | 유형독해 | 수능실전

The 상승

독해 기본기에서 수능 실전 대비까지

직독직해편 | 문법독해편 | 구문편 |
수능유형편 | 어법·어휘+유형편

수능

맞수

맞춤형 수능영어 단기특강 시리즈

구문독해 기본편 | 실전편
수능유형 기본편 | 실전편
수능문법어법 기본편 | 실전편
수능듣기 기본편 | 실전편
빈칸추론

PICK 수능유형

핵심만 콕 찍어주는 수능유형 필독서

독해 기본 | 독해 실력 | 듣기

특급

수능 1등급 만드는 특급 시리즈

독해 유형별 모의고사 | 듣기 실전 모의고사 24회 |
어법 | 빈칸추론 | 수능·EBS 기출 VOCA

얇빠 얇고 빠른 미니 모의고사 10+2회

수능 핵심유형들만 모아 얇게! 회당 10문항으로 빠르게!

입문 | 기본 | 실전

수능만만

만만한 수능영어 모의고사

기본 영어듣기 20회 | 기본 영어듣기 35회+5회 |
기본 영어독해 10+1회 | 기본 문법·어법·어휘 150제 |
영어듣기 20회 | 영어듣기 35회 |
영어독해 20회 | 어법·어휘 228제

NE능률 영어교육연구소

NE능률 영어교육연구소는 전문성과 탁월성을 기반으로
영어 교육 트렌드를 선도합니다.

최 동 석   現 인천국제고등학교 교사
인하대학교 영어교육학 박사
캘리포니아 주립대 TESOL 석사

김 하 영   現 인화여자고등학교 교사
이화여자대학교 영어교육학 박사
인천광역시 교육청 전국연합학력평가 출제·검토 위원

신 유 승   선임연구원   **이 지 영**   선임연구원   **손 원 희**   연구원

펴 낸 날   2025년 1월 5일 (개정판 1쇄)
펴 낸 이   주민홍
펴 낸 곳   (주)NE능률

지 은 이   최동석, 김하영
NE능률 영어교육연구소
개 발 책 임   김지현
개   발   신유승, 이지영, 손원희
영 문 교 열   Alison Li, Courtenay Parker, Curtis Thompson, Keeran Murphy, Patrick Ferraro
디자인책임   오영숙
디 자 인   민유화, 김명진
제 작 책 임   한성일

등 록 번 호   제1-68호
I S B N   979-11-253-4893-1

대 표 전 화   02 2014 7114
홈 페 이 지   www.neungyule.com
주   소   서울시 마포구 월드컵북로 396(상암동) 누리꿈스퀘어 비즈니스타워 10층